Barthélémy-Griño architectes

Barthélémy-Griño architectes

Frameworks / *Trait pour trait*

Birkhäuser – Publishers for Architecture
Basel · Berlin · Boston

Translation from French into English / *Traduction du français à l'anglais*
Brina Goldfarb, Paris
(texts by Stéphane Allaire, Philippe Barthélémy and Maryse Quinton /
textes de Stéphane Allaire, Philippe Barthélémy et Maryse Quinton)

Translation from English into French / *Traduction de l'anglais au français*
Emilie Gourdet, Orléans
(text by Mohsen Mostafavi / texte de Mohsen Mostafavi)

Layout / *Conception graphique*
Barthélémy-Griño architectes: Brina Goldfarb, Sylvia Griño, Paris

Lithography and Printing / *Photogravure et imprimerie*
Konkordia Druck GmbH, Bühl

A CIP catalogue record for this book is available
from the Library of Congress, Washington D.C., USA

Bibliographic information published by
Die Deutsche Bibliothek
Die Deutsche Bibliothek lists this publication in the Deutsche
Nationalbibliografie; detailed bibliographic data is available in
the Internet at <http://dnb.ddb.de>.

This work is subject to copyright. All rights are reserved, whether the whole or
part of the material is concerned, specifically the rights of translation, reprint-
ing, re-use of illustrations, recitation, broadcasting, reproduction on microfilms or
in other ways, and storage in data banks. For any kind of use, permission of the
copyright owner must be obtained.

© 2005 Birkhäuser – Publishers for Architecture,
P.O. Box 133, CH-4010 Basel, Switzerland
Part of Springer Science+Business Media
Printed on acid-free paper produced from chlorine-free pulp. TCF ∞

Printed in Germany

ISBN-13: 978-3-7643-7268-2
ISBN-10: 3-7643-7268-0

9 8 7 6 5 4 3 2 1

http://www.birkhauser.ch

Contents
Sommaire

Mohsen Mostafavi	6	A Matter of Detail / *En fait de détail*
Frames / *Charpentes*	12	
	14	Community Centre / *Salle communale*, La Petite-Raon
	20	Sports Complex / *Complexe sportif*, Ailly-sur-Somme
	30	Stadiums and Bow-and-Arrow Range / *Stades et pas de tir à l'arc*, Nanterre
	42	Sports Shelter / *Halle de sport*, Vanves
Components / *Composants*	48	
	50	Housing, Schools and Parking Lot / *Logements, écoles et parking*, Paris
	58	Library and City Ateliers / *Bibliothèque et ateliers municipaux*, Paris
	66	Junior High School / *Collège*, Nanteuil-lès-Meaux
Insides / *Intérieurs*	72	
	74	Xippas Gallery / *Galerie Xippas*, Paris
	80	Paolo Roversi Studio / *Atelier de Paolo Roversi*, Paris
	86	Management Offices / *Bureaux de direction*, Issy-les-Moulineaux
	90	Vineyard Estate / *Domaine Vinicole*, Le Thoronet
	98	French Consulate / *Consulat de France*, London / *Londres*
	104	Géricault's Studio / *Atelier Géricault*, Paris
	110	Community Offices / *Hôtel administratif*, Saint-Martin-de-Ré
Skins / *Enveloppes*	116	
	118	Commercial Building / *Immeuble commercial*, Rio de Janeiro
	124	Parking and Commercial Space / *Parking aérien et commerces*, Kōbe
	136	Double-Skin Façades / *Façades climatiques*, Paris
Project List / *Liste des projets*	142	
Selected Bibliography / *Bibliographie sommaire*	147	
Biographies / *Biographies*	148	
Acknowledgements / *Remerciements*	150	
Credits / *Crédits*	151	

A Matter of Detail: The Architecture of Philippe Barthélémy and Sylvia Griño
En fait de détail : L'architecture de Philippe Barthélémy et Sylvia Griño

Contemporary architecture in France, at least visually, remains deeply indebted to the representational tendencies of modernism. Perhaps the tradition endures because France was the site of so many of the major developments in architecture during the early part of the last century. Or could it be that the recognisable look of the country's architecture has more to do with the insularity of its architectural profession, which has prevented a more systematic contamination of the discipline by other styles and approaches?

Whatever the reasons, there appears to be no shortage of polite modernist buildings in France today. In this regard they might even be the European market leader. Despite the unease with which one might view this architecture, it is distinguished by the fact that it supports and invariably promotes social programmes which in a large part remain consistent with the ideological agenda of modernism: housing, schools, public parks, etc. Other countries have had a difficult time either formulating or implementing their social agenda with the same effectiveness as the French.

Working within such a context, the Franco-Uruguayan team of Philippe Barthélémy and Sylvia Griño have pushed the boundaries of the prevailing tendency by combining everyday programmes with a greater attention to materials and their details, to the arrangement of building parts, to structures as well as construction. The advances and progressions in their work are thus less stylistic and more didactic in nature.

This approach has also been sustained by their research interests and teaching methods. One person who seems to have had a particular impact

L'architecture contemporaine en France, tout au moins en apparence, reste profondément redevable envers les tendances propres au Modernisme. Peut-être cette tradition perdure-t-elle en raison du nombre considérable d'avancées architecturales majeures qui se sont produites en France au début du siècle dernier. Ou peut-être ce caractère reconnaissable de l'architecture française tient-il davantage à l'insularité de la profession, un trait qui aurait prémuni la discipline contre l'influence trop systématique d'autres styles et d'autres approches ?

Quelles qu'en soient les raisons, on ne semble pas aujourd'hui en France manquer d'édifices modernistes bon ton. A cet égard, il se pourrait même que la France soit en tête du marché européen. En dépit du malaise qu'une telle architecture peut susciter, celle-ci ne s'en distingue pas moins pour son engagement et son soutien indéfectibles en faveur de programmes sociaux qui, pour la plupart, restent en accord avec l'ambition idéologique du Modernisme : logements, écoles, jardins publics, etc. D'autres pays n'ont pas fait preuve d'autant d'efficacité dans l'expression ou la mise en œuvre de leur ambition sociale.

C'est dans un tel contexte que l'équipe franco-uruguayenne que forment Philippe Barthélémy et Sylvia Griño s'affranchit de l'horizon de cette tendance dominante en portant, lors de la réalisation de programmes courants, une attention plus grande aux matériaux et à leurs particularités, à l'agencement des différentes parties, à la structure aussi bien qu'à la mise en œuvre. Les avancées et les progrès dans leur travail sont donc d'une nature plus didactique que proprement stylistique.

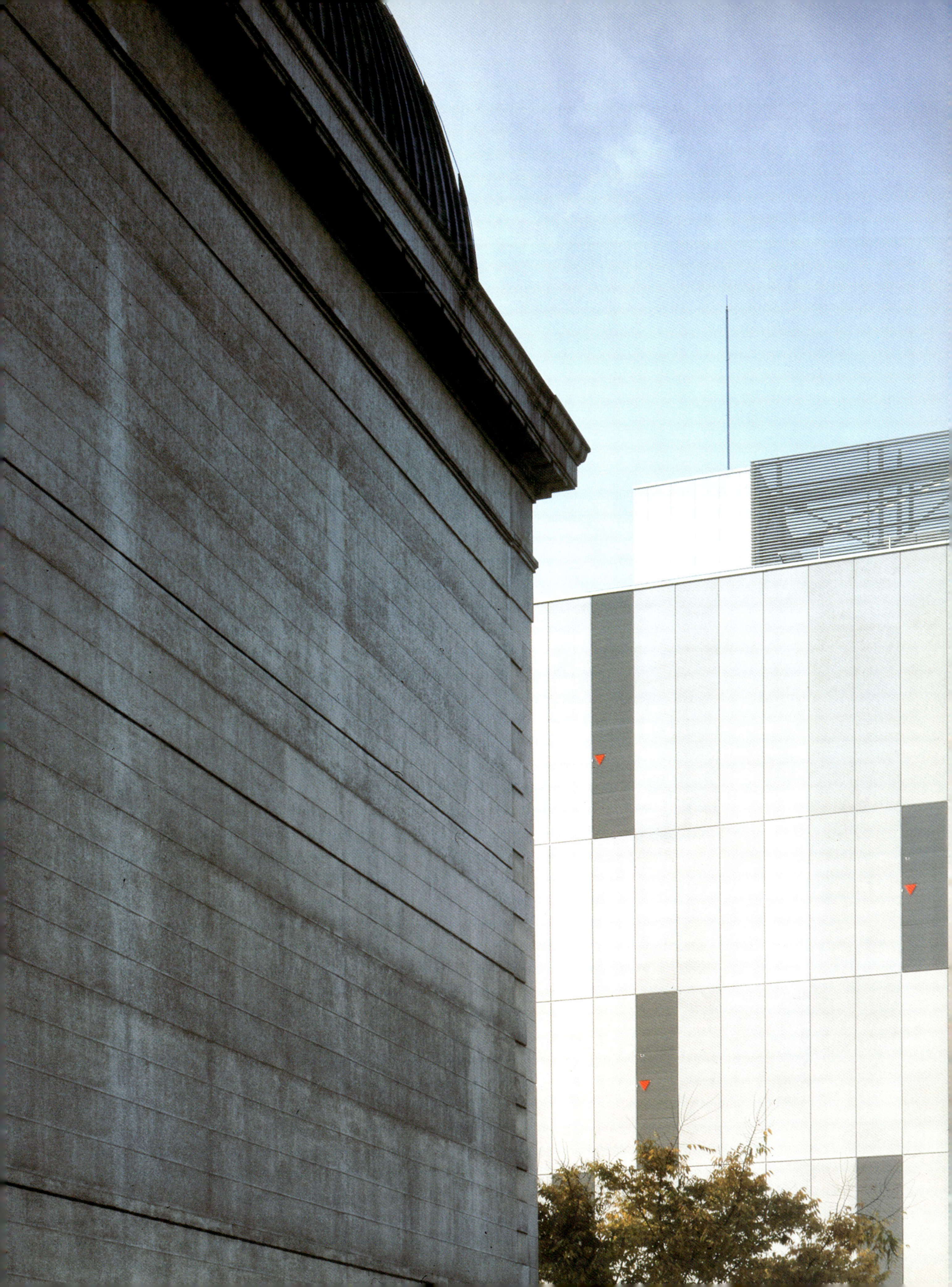

Don Bosco School Gymnasium
Gymnase du collège Don Bosco
Eladio Dieste
Montevideo, Uruguay 1975-1983

Warehouse for Lanas A.D.F.
Entrepôt pour Lanas A.D.F.
Eladio Dieste
Canelones, Uruguay 1994

on their thinking is the late Uruguayan engineer Eladio Dieste, an underrated figure whose work is only now beginning to achieve wider recognition. Dieste was a master with a particular talent for creating structures that had a strong spatial presence. His contribution to structural brickwork, for example, led to the design of a number of buildings with beautiful, geometrically structural, warped surfaces. Dieste's work provides a clue to the increasing interest in the structural as a consistent and inseparable part of Barthélémy-Griño's architecture.

Another source of interest is the collaboration with Bernard Vaudeville of RFR, the Paris engineering firm founded by the innovative engineer Peter Rice, whose openness to uncommon architectural solutions paved the way for a more unitary approach to architecture and engineering. Barthélémy-Griño architectes worked closely with Vaudeville on the new stadium for the town of Nanterre on the western edge of Paris. Nanterre is a major financial and governmental centre. It has a historic and coherent urban core surrounded by a wasteland of fragmented modernist planning. It also has a predominantly communist administration that is unusually committed to the social, cultural and spatial improvement of its territory.

The political mission of the community leaders is exemplified in the Nanterre stadium project. The lightness of touch that defines the landscaping can also be found in the stadium stands, in the simple detailing of the concrete seating and the butterfly-wing canopies of Douglas fir. The canopies have a transparent, almost latticework quality about them; they simultaneously provide light and shade. Their triangular hull-shaped structure is supported by a series of timber and steel posts at the top of the stands. The overall effect of this arrangement is to make the canopies seem to hover or float, as if suspended.

Some years ago I had the chance to invite Philippe to teach at the Architectural Association School of Architecture in London. During this period the students' use of large-scale models became a critical component of the work of the studio. These models were specifically made to study the spatial and configurative character of the buildings. They therefore had to be large enough to bear some direct resemblance to the full-scale construction, but

Cette approche est encore confortée par leur intérêt pour la recherche et par leur méthode d'enseignement. L'un de ceux qui semblent avoir tout particulièrement influencé leur réflexion est Eladio Dieste, cet ingénieur uruguayen longtemps sous-estimé et aujourd'hui disparu dont l'œuvre commence tout juste à être reconnue. Dieste était passé maître dans l'art de créer des structures ayant une présence spatiale forte, et il avait dans ce domaine un talent remarquable. Sa contribution à la construction en brique, par exemple, a permis la conception d'un certain nombre de bâtiments comportant de magnifiques surfaces courbes et aériennes, dont les profils gauches assurent la résistance et la stabilité. L'œuvre de Dieste explique l'intérêt croissant manifesté par Barthélémy-Griño pour la structure en tant qu'élément constitutif et inséparable de leur architecture.

Autre source d'intérêt : la collaboration avec Bernard Vaudeville, du bureau d'étude RFR (bureau d'ingénierie fondé à Paris par le très novateur Peter Rice), dont la propension à adopter des solutions architecturales qui sortent de l'ordinaire a ouvert la voie à une approche plus unitaire de l'architecture et de l'ingénierie. Barthélémy-Griño architectes ont travaillé en étroite collaboration avec cet ingénieur pour le projet du stade en bord de Seine situé à Nanterre. Ce grand centre administratif et financier proche de Paris possède un noyau urbain historique et cohérent mais une périphérie dont la déshérence résulte pour partie d'une planification typiquement moderniste. Au demeurant, la municipalité de Nanterre, de majorité communiste, est particulièrement attentive au développement social, culturel et géographique de son territoire.

La mission politique que s'est assignée l'équipe municipale est illustrée par le projet du stade de Nanterre. On retrouve également la légèreté de touche qui caractérise les aménagements paysagers dans les tribunes du stade, les éléments simples des sièges en béton et la toiture en forme d'ailes de papillon. Cette toiture en pin Douglas donne une impression de transparence, presque comme une résille ; elle procure de l'ombre tout en laissant passer la lumière. Sa structure en forme de coque est maintenue par un ensemble de poteaux de bois et de tirants métalliques implantés au sommet des tribunes. Une telle disposition donne l'impression que la toiture est suspendue en l'air, ou qu'elle flotte.

Architectural Association School, Student Models
Maquettes d'étudiants de l'Architectural Association School
Unit 5: Philippe Barthélémy, Jonathan Woolf
London / *Londres,* Great Britain / *Grande-Bretagne* 1997-1998

unlike many models in offices and in schools of architecture they were working models, fabricated sequentially for the purpose of examining particular qualities of the design at first hand or through special photographs. This process, which was both interactive and iterative, enabled the students to make changes to their work based on a form of physical simulation of the real. This tension between the formal and the experiential qualities of the models was an important and direct source of inspiration for the students.

Often the models would be detailed enough to show the interior, to demonstrate spatial adjacencies, even the furniture. They would provide the viewer with a sense of almost being in the space: a form of direct experience. Such literal engagement with spatial effects constructs an alternative to the more prevalent practice of using words to mediate between the abstraction of the drawing and its future actuality.

This attitude towards the actuality of things is taken still further in one of the practice's more recent projects, the LVMH global store in Kōbe, Japan. The Louis Vuitton architecture department has been responsible for creating a highly specific and enviable brand identity by using architecture in an experimental manner. The store in Kōbe fits into this larger genealogy of buildings, which in addition to those designed in-house, also includes projects by such prominent Japanese architects as Jun Aoki and Kengo Kuma.

What is common to all of these projects is an emphasis on the façade of the buildings as a multi-layered assembly of material effects that simultaneously emphasise the tactility of materials and their visual and experietial conditions. At Kōbe, Barthélémy-Griño architectes fuse details and patterns of the LV brand with construction materials and fabrics such as woven metal-mesh screens. The external skin of the building is divided into a lower section, which houses the Louis Vuitton store, and an upper part enclosing the car park. The louvers surrounding the parking floors allow light and air to filter into the building and at the same time act as an ephemeral billboard, one that changes from night to day.

As in most other LV stores, the lower portion of the façade needs to provide a substantial degree of opacity or wall space from within, so as to create

Il y a quelques années, j'ai eu l'occasion d'inviter Philippe à venir enseigner à l'Architectural Association School of Architecture à Londres. Durant son séjour, l'utilisation par les étudiants de maquettes à grande échelle est devenue une composante essentielle des travaux de l'atelier. Ces maquettes étaient réalisées dans le but spécifique d'étudier les caractéristiques de configuration et de spatialité des bâtiments. Il fallait donc qu'elles soient suffisamment grandes pour présenter une réelle ressemblance avec la construction à venir, mais contrairement à de nombreuses maquettes dans les agences ou les écoles d'architecture, il s'agissait là d'outils de travail fabriqués au fur et à mesure en vue d'explorer, directement ou à l'aide de photos, les qualités spécifiques du design. Ce procédé à la fois interactif et itératif a permis aux étudiants d'apporter à leurs travaux des changements suscités par cette forme de simulation du réel. La tension entre le caractère formel et le caractère vécu de ces maquettes a été une source d'inspiration directe non négligeable pour les étudiants.

Généralement, les maquettes étaient suffisamment détaillées pour montrer l'intérieur et représenter les configurations spatiales, et même l'ameublement. En les observant, on avait presque une sensation d'espace : c'était une sorte d'expérience immédiate. Un engagement aussi concret dans les implications spatiales constitue une véritable alternative à la méthode plus répandue consistant à se servir de mots comme intermédiaires entre l'abstraction du dessin et sa future réalisation.

Cette orientation tournée vers la réalité matérielle des choses est poussée plus avant encore dans un projet plus récent de l'agence, le global store du groupe LVMH à Kōbe, au Japon. Le département d'architecture de Louis Vuitton a été chargé de créer une identité de marque attractive et radicalement spécifique par le biais de l'architecture prospective. Le magasin de Kōbe s'inscrit dans cette généalogie plus vaste de bâtiments qui, outre les projets conçus en interne, inclut également des projets signés d'éminents architectes japonais tels que Jun Aoki ou Kengo Kuma.

Ce qu'il y a de commun entre tous ces projets, c'est l'importance toute particulière accordée à la façade des bâtiments, envisagée comme un assemblage multicouche d'effets de matériaux qui soulignent tout à la fois la

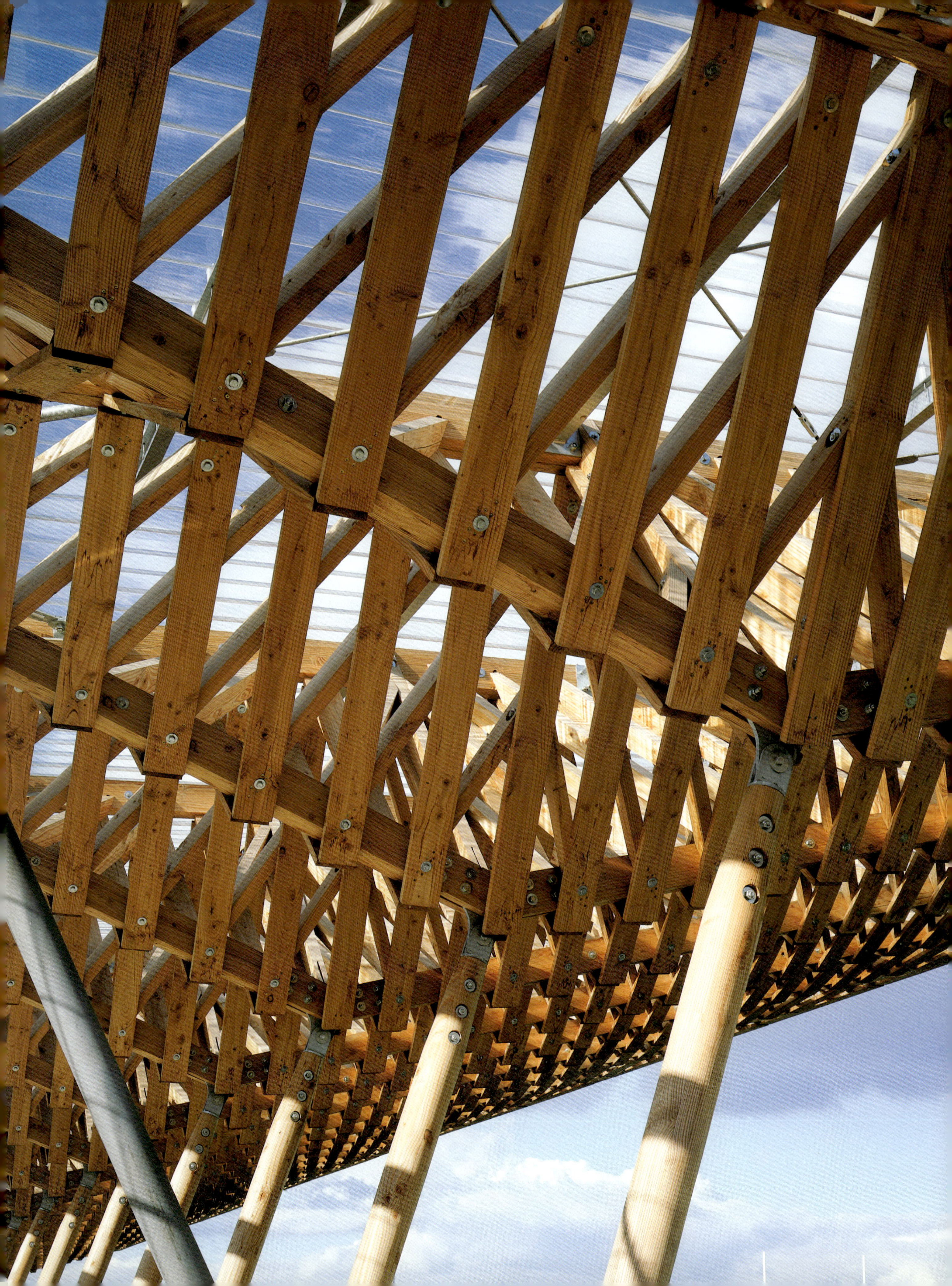

the necessary backdrop for the display of merchandise. Yet from the outside, the large display windows and the secondary layer of perforated mesh produce a light and almost transparent feel. This architecture builds on the pedagogic studies of Barthélémy-Griño architectes by working with and examining the material effects of the building envelope at full scale. Mock-ups of the building components at full scale provide a means of testing and verifying the architects' speculations regarding the experiential qualities of the different surfaces.

This attention to materials and the precise manner of their montage assembly, based on their haptic and visual qualities, distances the work of Barthélémy-Griño architectes from the mainstream of contemporary French practice and makes them closer in spirit to a handful of more experimental architects. It is interesting to speculate how Philippe Barthélémy and Sylvia Griño will build on the success of their recent projects and transform and position themselves in the years to come. What seems certain is that the attention to the detail of things will be an important part of that process.

Mohsen Mostafavi
Dean of the College of Architecture, Art and Planning
Cornell University
Ithaca, New York, USA

texture de ces matériaux et leur impact visuel. A Kōbe, Barthélémy-Griño architectes mêlent les détails et les motifs de la marque Louis Vuitton à des matériaux et des artefacts tels que des résilles métalliques tissées en métal. L'enveloppe extérieure du bâtiment comporte deux niveaux : le niveau inférieur est consacré aux commerces, le niveau supérieur au parc de stationnement. Les lames verticales qui ceignent les étages du parking permettent à l'air et à la lumière de filtrer à l'intérieur du bâtiment tout en jouant le rôle de panneaux d'affichages dont la perception change de jour et de nuit.

Comme pour la plupart des autres magasins Louis Vuitton, la partie inférieure de la façade doit offrir un certain degré d'opacité ou un mur interne afin de procurer l'arrière-plan nécessaire à l'étalage des marchandises. Pourtant, vues de l'extérieur, les grandes vitrines et la couche secondaire de résille perforée donnent une impression de lumineuse légèreté, presque de transparence. Cette architecture s'appuie sur les expérimentations pédagogiques menées par Barthélémy-Griño architectes, qui ont travaillé sur les effets concrets que produit l'enveloppe du bâtiment grandeur nature, et qui les ont analysés. Les maquettes grandeur nature des différentes parties d'un bâtiment permettent de mettre à l'essai et de vérifier les hypothèses des architectes quant au ressenti que procurent les différentes surfaces.

Cette attention toute particulière prêtée aux matériaux et à la méthode précise utilisée pour les assembler, méthode choisie en fonction de leurs caractéristiques visuelles et tactiles, démarque les travaux de Barthélémy-Griño architectes de la pratique contemporaine dominante en France et les rapproche de l'esprit d'un petit nombre d'architectes plus prospectifs. Il n'est pas inintéressant de se demander comment Philippe Barthélémy et Sylvia Griño tireront profit du succès de leurs derniers projets pour évoluer et prendre position dans les années à venir. Une chose semble sûre en tout cas : la prise en compte du détail jouera dans cette évolution un rôle non négligeable.

Mohsen Mostafavi
Doyen du College of Architecture, Art and Planning
Cornell University
Ithaca, New York, USA

To summarise in a few lines the work of our architectural collaboration of over 20 years obliges us to extract key moments. Those moments could be expressed by projects themselves, because they each incarnate the mix of aspirations and actions of a particular episode in our development. With this in mind we present 17 projects, whose diversity has been one of the least expected aspects of our professional journey, a testament surely to the firm's close attention to a great variety of territories, be they geographic, technical or programmatic. Across the variety of these projects, there are several recurrent themes that come to the fore. They enable us today to juxtapose our projects within the following four rubrics.

Philippe Barthélémy and Sylvia Griño

Rassembler en quelques lignes les grands traits de notre parcours d'architectes depuis bientôt 20 ans nous incite à en extraire des moments. Les projets, par ce qu'ils condensent de désirs et d'efforts mêlés, peuvent être ces moments-là. Il s'agit donc ici de 17 projets dont la diversité signe peut-être l'un des aspects les plus inattendus du parcours, attestant plus sûrement de l'attention portée par l'agence aux territoires les plus variés, tant géographiques que techniques ou programmatiques. A travers la variété de ces projets, des problématiques récurrentes et finalement peu nombreuses ont été mises en évidence. Elles permettent aujourd'hui de les juxtaposer dans les quatre rubriques qui suivent.

Philippe Barthélémy et Sylvia Griño

Roof Framing of the Sully-sur-Loire Château
Charpente du château de Sully-sur-Loire
Sully-sur-Loire, France late 14th century / *fin 14ᵉ siècle*

Frames
Charpentes

Polonceau Trusses of the Gare du Nord
Fermes Polonceau de la Gare du Nord
Jacques-Ignace Hittorf
Paris, France 1865

Reinforced Brick Self-Carrying Vaults of the Barbieri and Leggire Service Station
Voûtes auto-porteuses en briques armées de la station service Barbieri et Leggire
Estudio Dieste y Montañez
Salto, Uruguay 1976

To outline – the frame as an operating mode

The implicit problematic of each of these projects is above all else the question of how to resolve a span. Should material resistances be exploited or should surface resistances and formal resistances be used? Retrospectively, these two approaches correspond to two periods in our career, which is not to say that the progression is definitive. Associated with the resistances of materials are the older projects, such as the Polonceau trusses of the Petite-Raon community centre, and the articulated beams with subtended tie rods of the Ailly-sur-Somme sports complex in which the beams of the shed roof extend to serve as truss webbing. The resistance of surfaces and forms is more often associated with the newer projects, such as the wooden hulls of the Nanterre grandstand roofs, and the reticulated nave of the Michelet high school in Vanves. In short, each of these projects was conceived according to choices resulting above all from a practical and economical understanding of material space and how it is built. Construction is therefore at the crux of these projects. Their coherence, function and expression are determined through command of their built structure.

Tracer – le trait comme mode opératoire

La question du franchissement a sans doute été, plus que toute autre, la question résolutoire de chacun de ces projets. Comment résoudre le franchissement ? Organiser la résistance des matériaux ? La résistance des surfaces ? Celle des formes ? Singulièrement, ces approches correspondent à autant de périodes, sans que leur succession ne soit toutefois arrêtée. Les projets les plus anciens sont ainsi associés à la résistance des matériaux : les fermes Polonceau de la salle communale à la Petite-Raon, ou encore les poutres articulées sous-tendues où le shed fait office de barre de flèche dans le cadre du complexe sportif d'Ailly-sur-Somme. De fait, les projets les plus récents sont le plus souvent associés à la résistance des formes et des surfaces : les coques de bois tridimensionnelles sur les tribunes du stade de Nanterre, ou encore la nef réticulée du lycée Michelet à Vanves. En définitive, chacun des projets aura été conçu selon des choix résultant d'abord d'une compréhension pratique et économique de l'espace matériel et de son mode de production. La question constructive aura donc été au centre de ces projets. En garder la maîtrise était tout ensemble la condition de leur réalisation et la condition pour en contrôler la cohérence, l'usage et l'expression.

Community Centre
Salle communale

La Petite-Raon, France   1986-1993

60 km from Strasbourg, the Vosges mountain range looks out over the Alsace plains. In the course of the past generation the textile industry has left the villages of the upper valleys.

All that was left of the old waterworks were the ruins of a turbine and the outsized lot on the zoning ordinance. In an effort to revalorise the one-street village typical of the Vosges, this spot was chosen for the new community centre in favour of others, because unlike the similar locations large enough to hold the program, this one was situated in the heart of town. The municipality held strong to the ambition that its modest funds would not necessitate compromises on the quality of the renewal project. Every effort at economy was made in the design of the simple volume, under-supported tie-rod trusses, primary steel structure and secondary wood structure, which all benefited from the regional artisans' close attention to detail. A system of window mullions was developed that could be built by the local prefabricated carpentry factory, the sole remaining industry in the area. In the spirit of the vernacular architecture, the community centre assumes its multi-functionality without appearing low-tech or bland. It forms a discrete promontory that has forged a new connection between the river and village life.

A 60 km de Strasbourg, le massif montagneux des Vosges domine la plaine d'Alsace. Depuis plus d'une génération, les villages des hautes vallées ont été désertés par l'industrie textile.

Des métiers de l'eau depuis longtemps abandonnés ne subsistaient que les vestiges d'une turbine et l'empreinte dilatée du cadastre. Seule à même par sa taille d'accueillir une telle salle au cœur de ce village-rue typique des Vosges, la parcelle choisie fut préférée à toute autre hors du village pour offrir une image recentrée et revalorisée de l'activité communale. A tout le moins les modestes moyens mis en œuvre ne devaient justifier de sacrifier cette ambition opiniâtre. Toute l'économie du projet en a été orientée : volume simple, fermes sous-tendues, charpente primaire en acier, charpente secondaire en bois, bardage en sapin, menuiseries détournées d'une production locale, tout a été fait pour rendre possible cette réalisation en attachant un soin méticuleux aux finitions – bois, plâtre, etc. –, résolument éloignées de toute solution d'économie. Inscrite de raison et de cœur dans la lignée vernaculaire locale, la salle pouvait assumer sa polyvalence sans sacrifier à une esthétique rudimentaire ou à un expressionnisme d'aucune sorte. Elle offre aujourd'hui un promontoire discret devenu pour les villageois un point de tangence retrouvé avec la rivière.

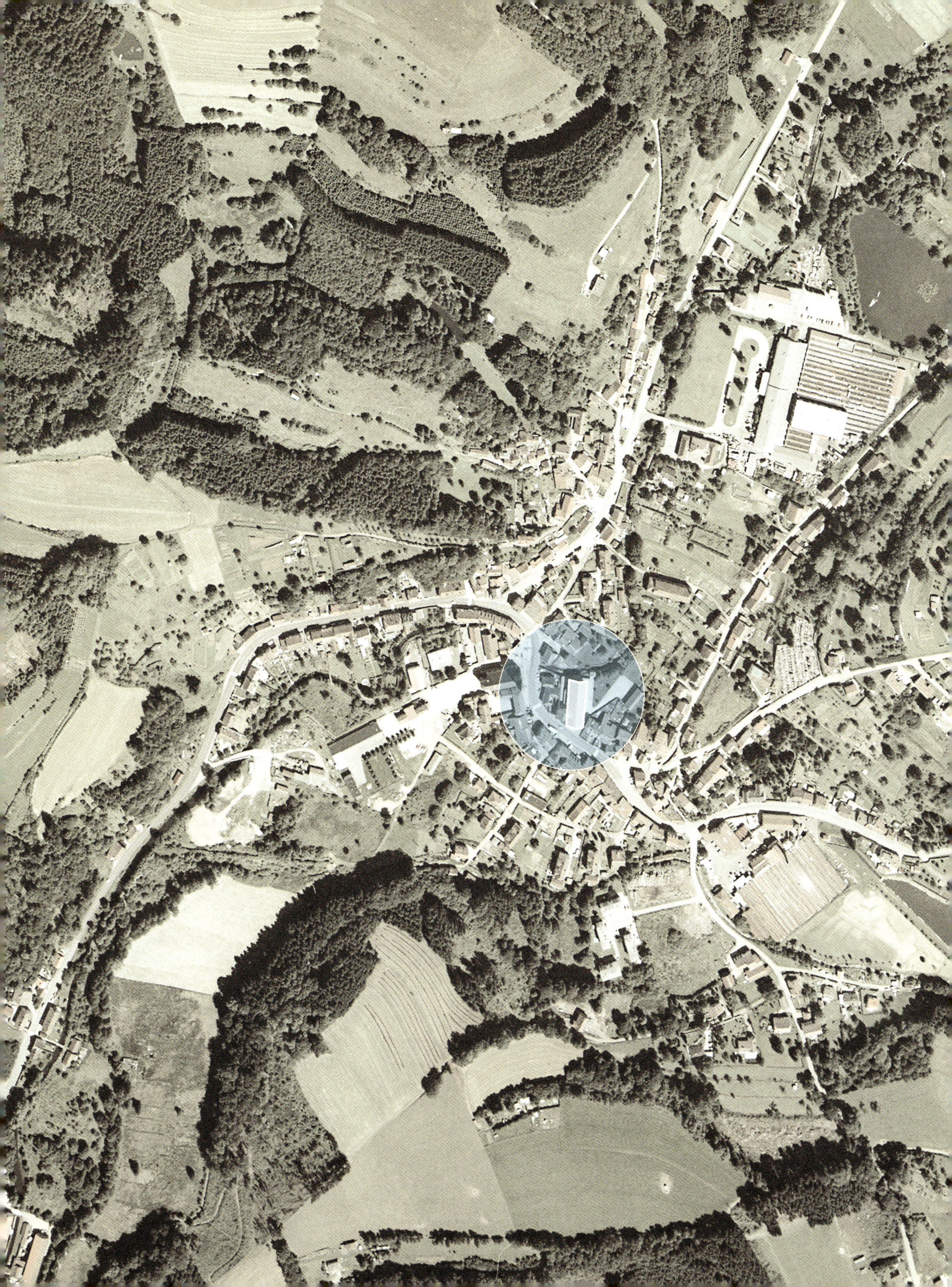

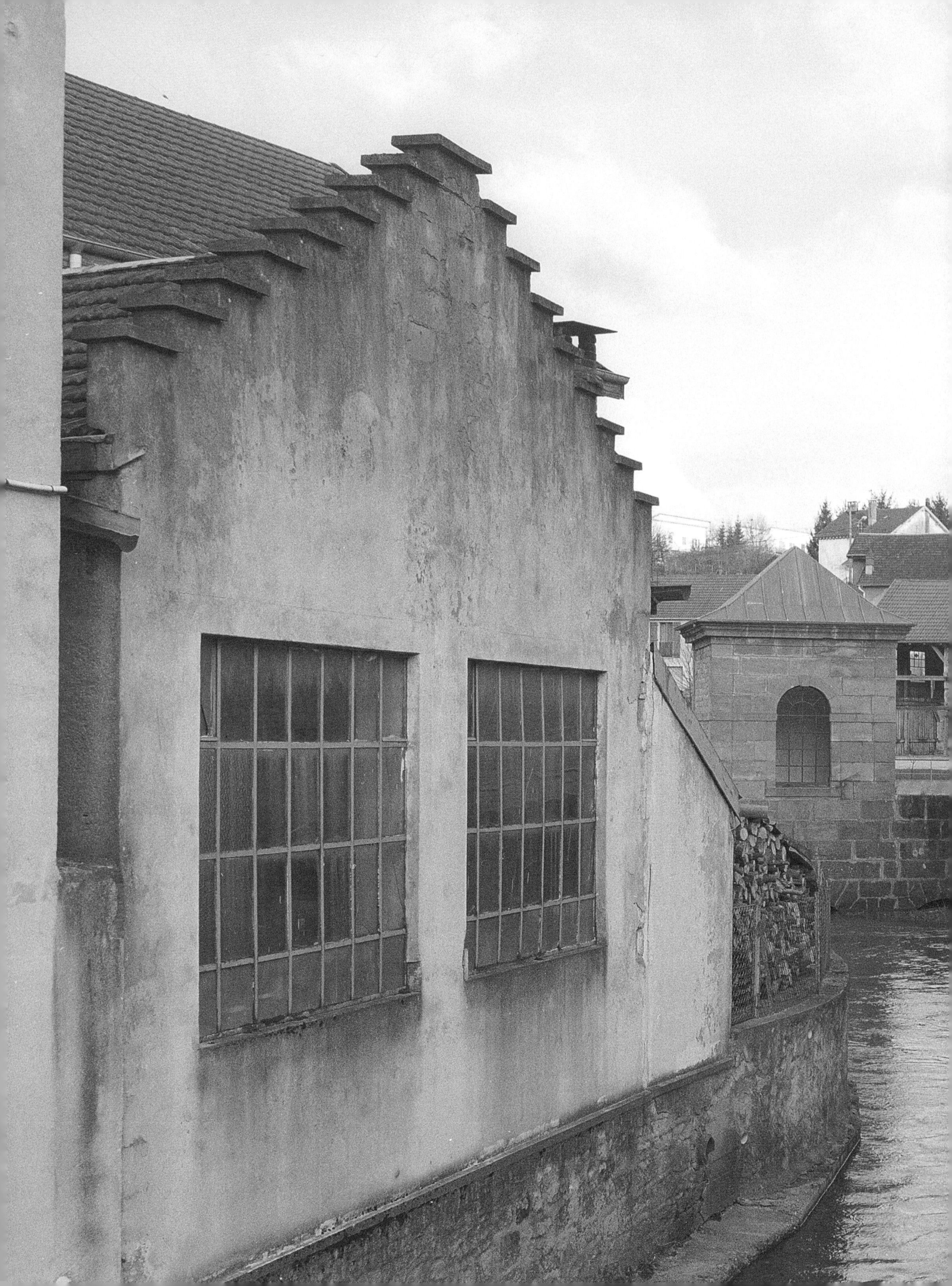

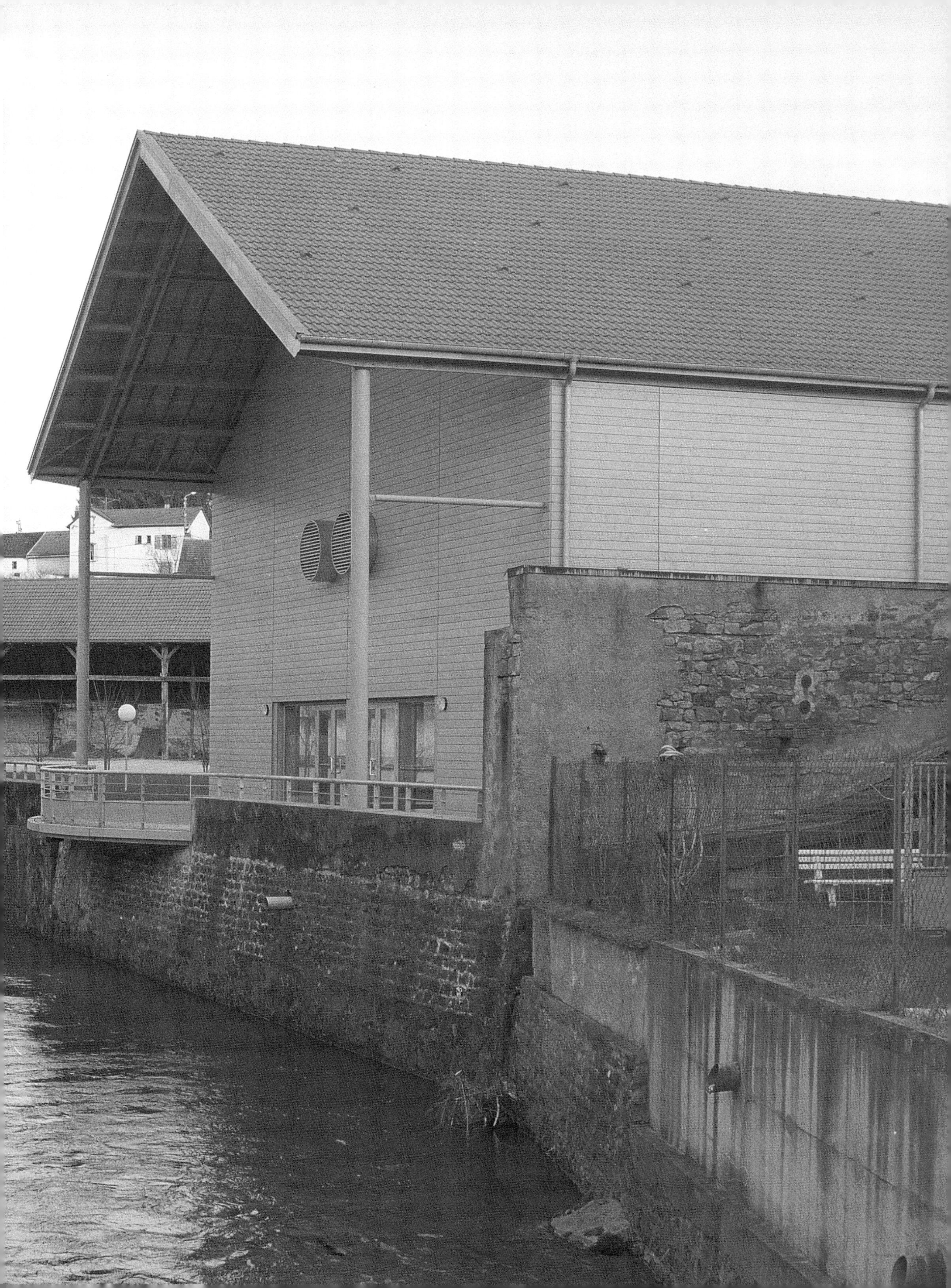

Site Plan, scale 1:1000
Plan de situation, échelle 1:1000

Sports Complex
Complexe sportif

Ailly-sur-Somme, France   1992-2002

On the edge of the river, Ailly-sur-Somme is a small suburb 20 km outside Amiens.

This unanticipated program is partitioned along a split-level with a library set against the slope of the hill and a gymnasium and exercise rooms above. Unanticipated, because faced with the difficulty of bringing together the necessary funds – it took eight years for the building to be realised, and the municipality was obliged to add a community library to the athletic programme in order to obtain the needed public subsidies. Nothing fancy here, an optimal construction system was adopted that unites simple construction details, techniques familiar to the local artisans, and industrial components. The duality of the programme is resolved by exploiting the slope of the terrain: on street level, the two entrances are positioned side by side, one opening onto the ground floor library, the other leading to the upper floor exercise rooms that are separated from the gymnasium by a band of locker rooms. With the primary structure, secondary structure and envelope one in the same, the framing system dictates the frank form of the building. The roof trusses span the slope of the hill, while the metal deck pitches up, the bend of the roof integrated into the trusses' post-tensioning system. The pitch opens up a monumental skylight above the gymnasium, its glass surface echoing the glass curtain wall of the principal façade. The metal deck wraps the primary structure, running up the back façade onto the roof where it continues free all mechanical encumbrances, extending out over the eaves of the front façade, defining the building's clear-cut profile.

En bordure du fleuve, Ailly-sur-Somme est une petite commune à l'ombre d'Amiens, à 20 km en aval.

Programme inattendu que celui que forme aujourd'hui entre deux pans écarlates trois salles de sport et une bibliothèque sur les coteaux de cette commune picarde. Inattendu car devant la difficulté à réunir les moyens nécessaires – huit années d'accompagnement de la maîtrise d'ouvrage –, il fallut adjoindre une bibliothèque au programme initial pour trouver à réaliser l'ensemble grâce à des subsides publics. Rien ici de somptuaire : toutes les conditions ont été réunies en optant pour un système constructif optimisé et en privilégiant les détails de construction simples, les techniques familières aux entreprises de la région et les composants industriels. La dualité des programmes est résolue en exploitant la déclivité du terrain : au niveau de la rue, les deux entrées juxtaposées distribuent la bibliothèque de plainpied et l'ensemble des salles de sport à l'étage que sépare une bande de vestiaires. Conjoint à l'enveloppe et dénué d'ossature secondaire, le système structurel dicte ici la forme franche du volume. Reprenant le pendage naturel, les fermes de charpente assurent le franchissement en s'aidant du shed qui éclaire le gymnase de part en part. Sous-tendant la structure, le shed dessine ainsi une inflexion qui accentue l'effet de pliage de la toiture et redouble le plan vitré de la façade principale. Constitué d'un bardage rigide faisant office de structure secondaire, ce grand développé de toiture, lissé de tout exutoire technique, couvre la façade arrière jusqu'à former un auvent sur l'entrée et décrire un profil tendu et identifiable à ce bâtiment tranché.

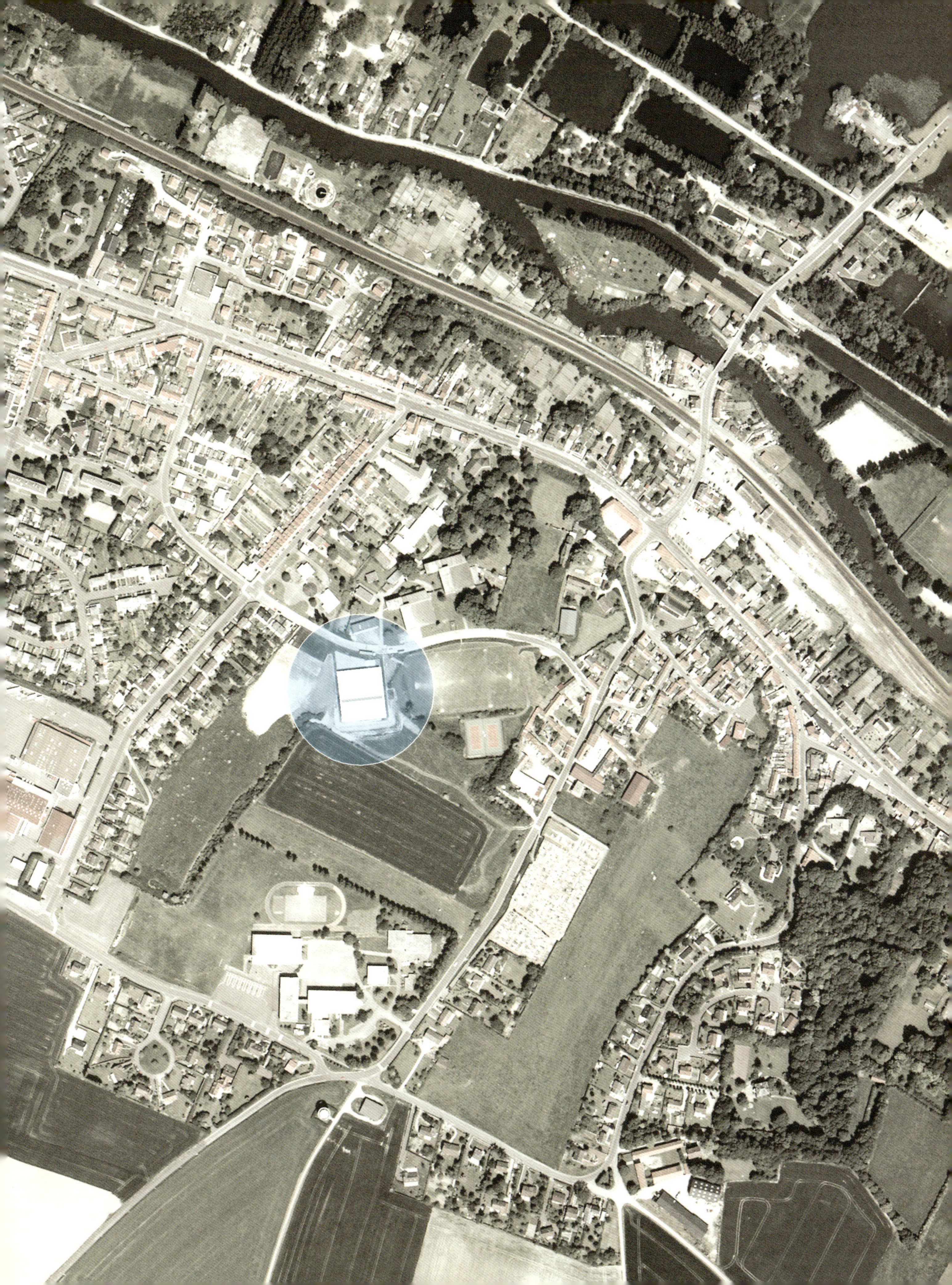

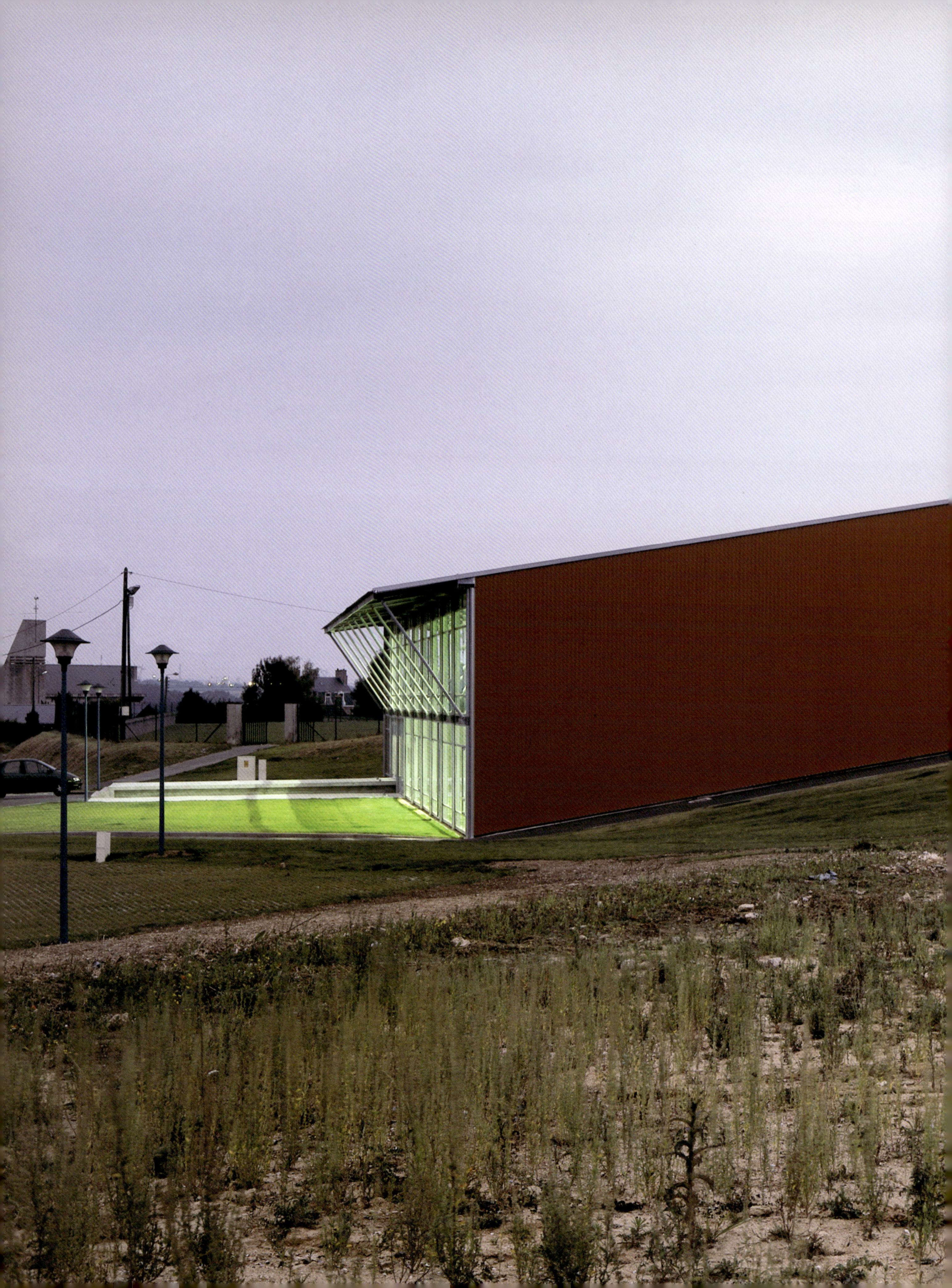

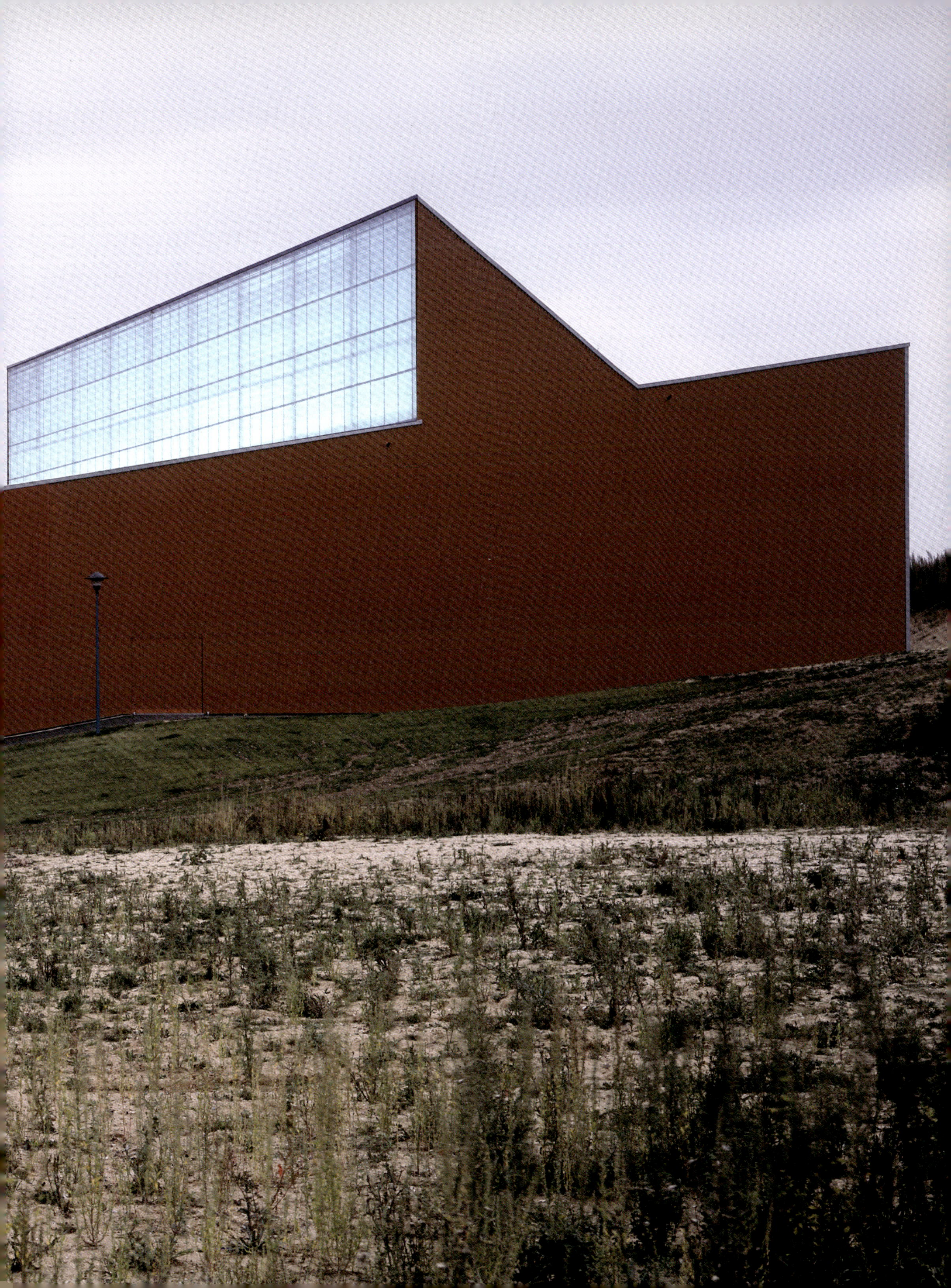

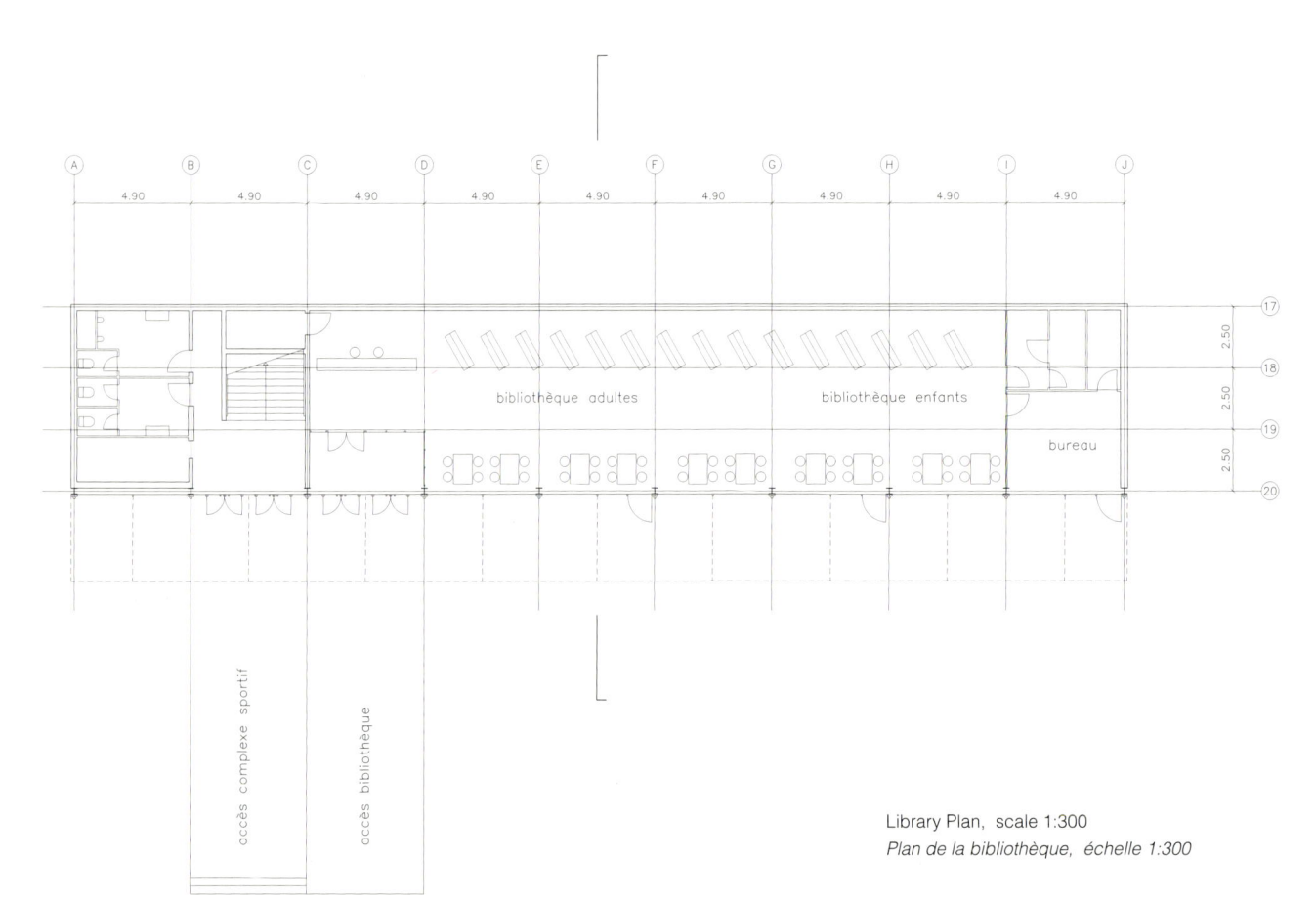

Library Plan, scale 1:300
Plan de la bibliothèque, échelle 1:300

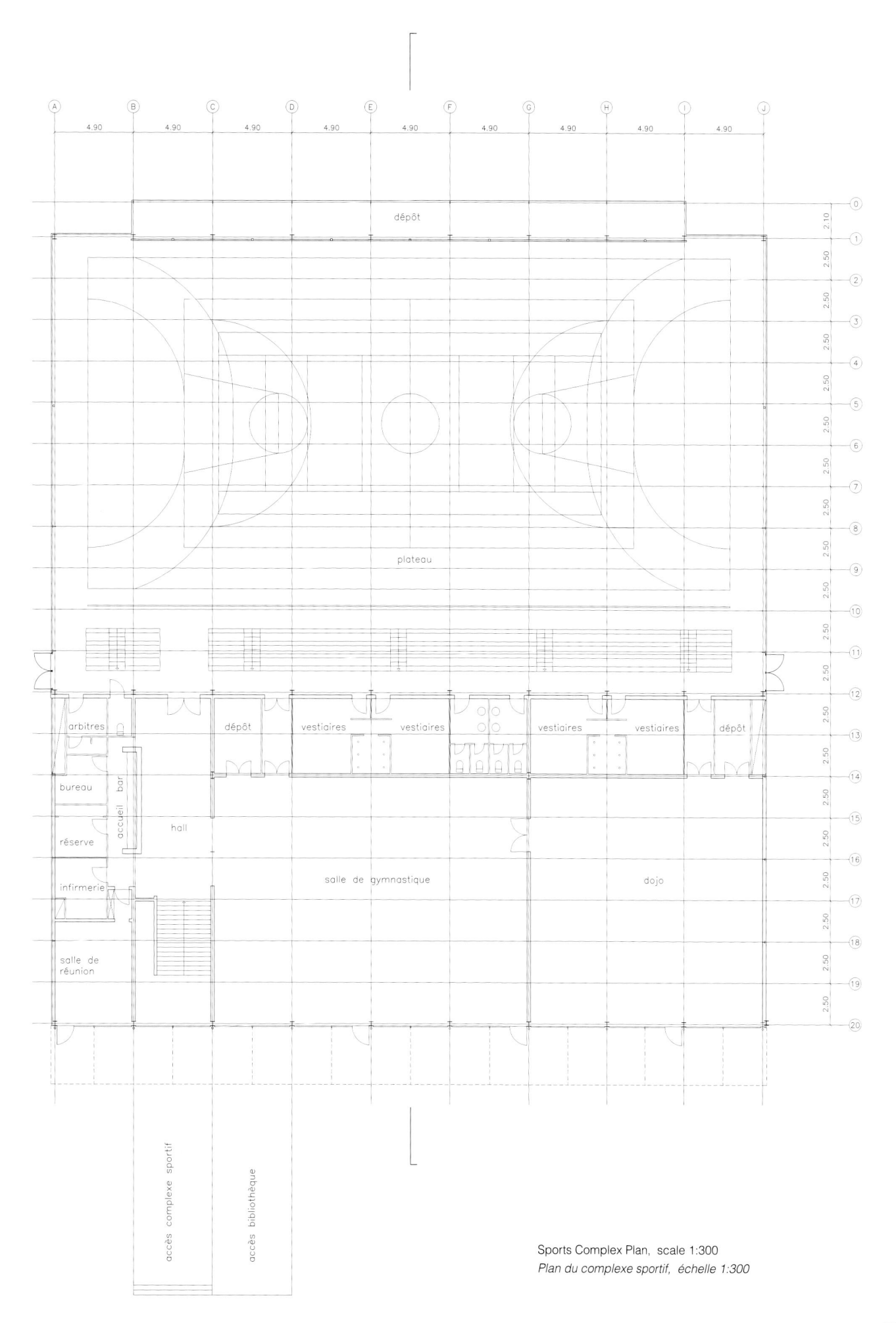

Sports Complex Plan, scale 1:300
Plan du complexe sportif, échelle 1:300

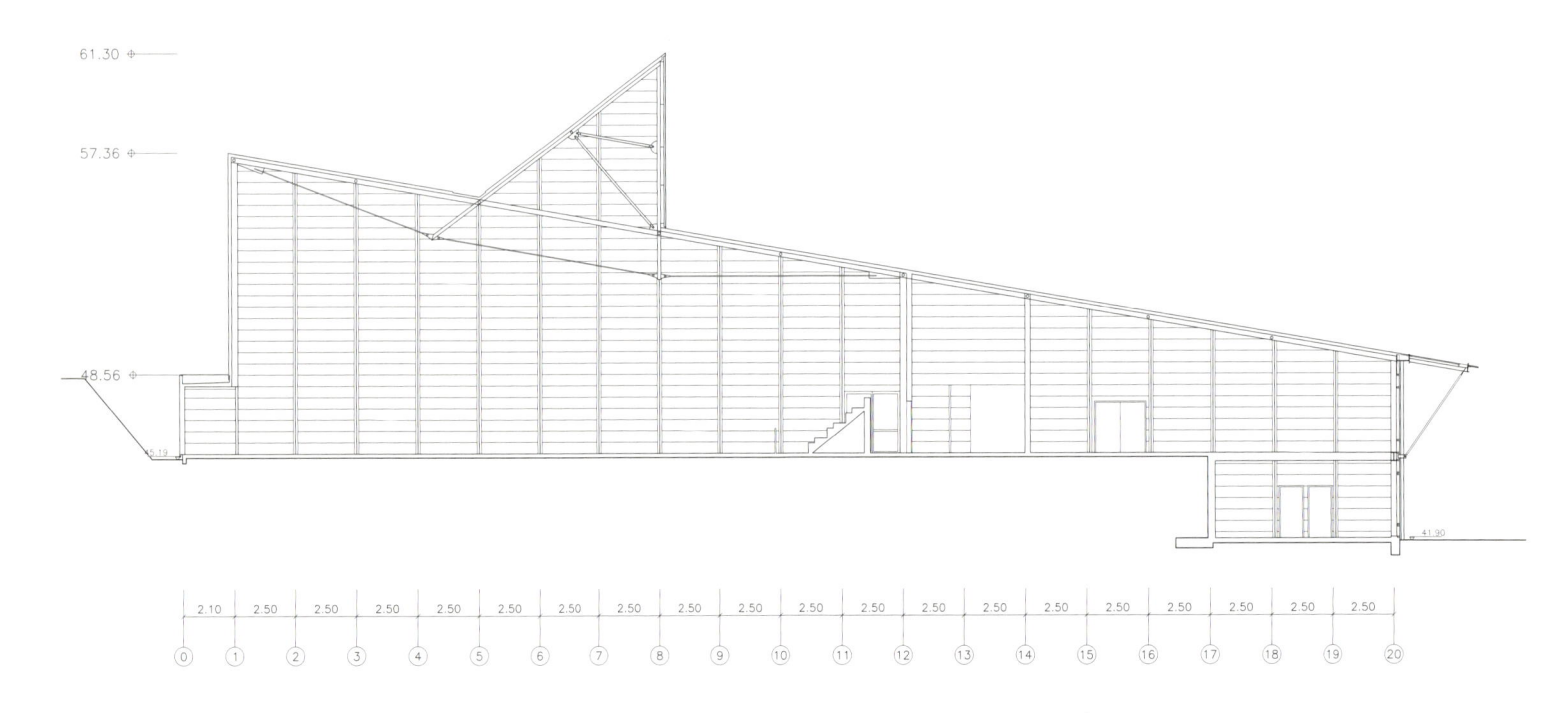

Transverse Section, scale 1:300
Coupe transversale, échelle 1:300

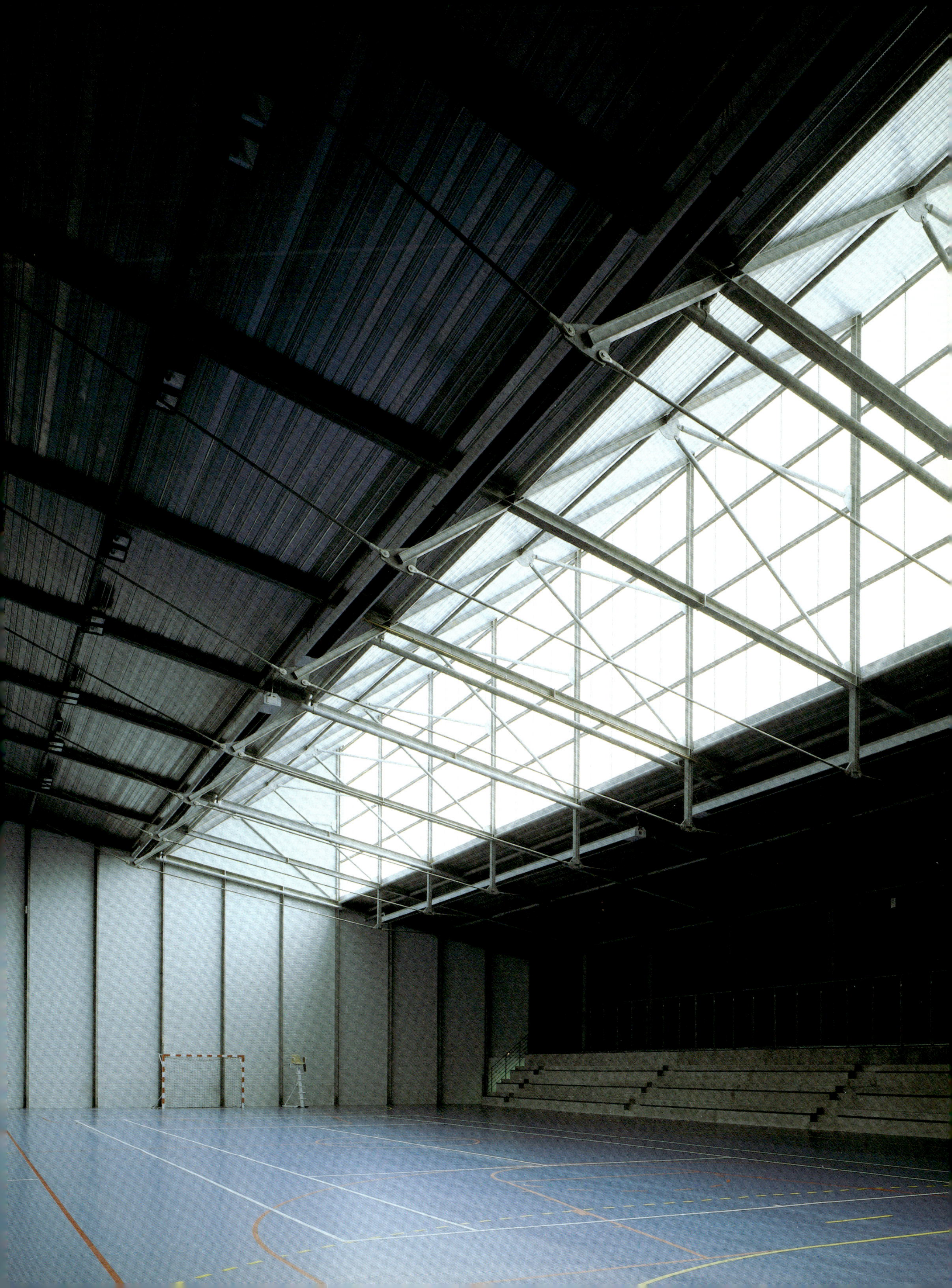

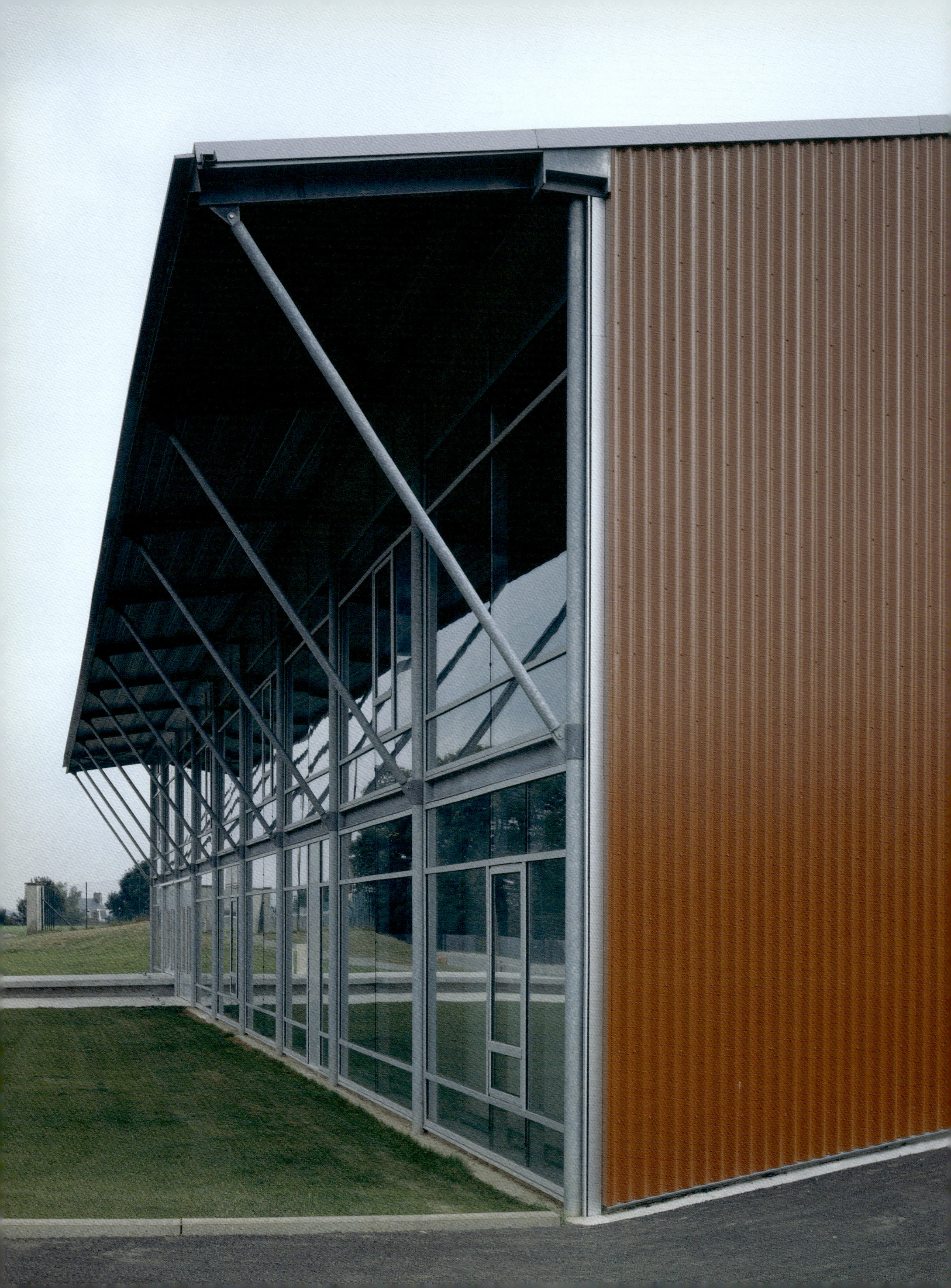

Entrance Façade
Vertical Section, scale 1:20

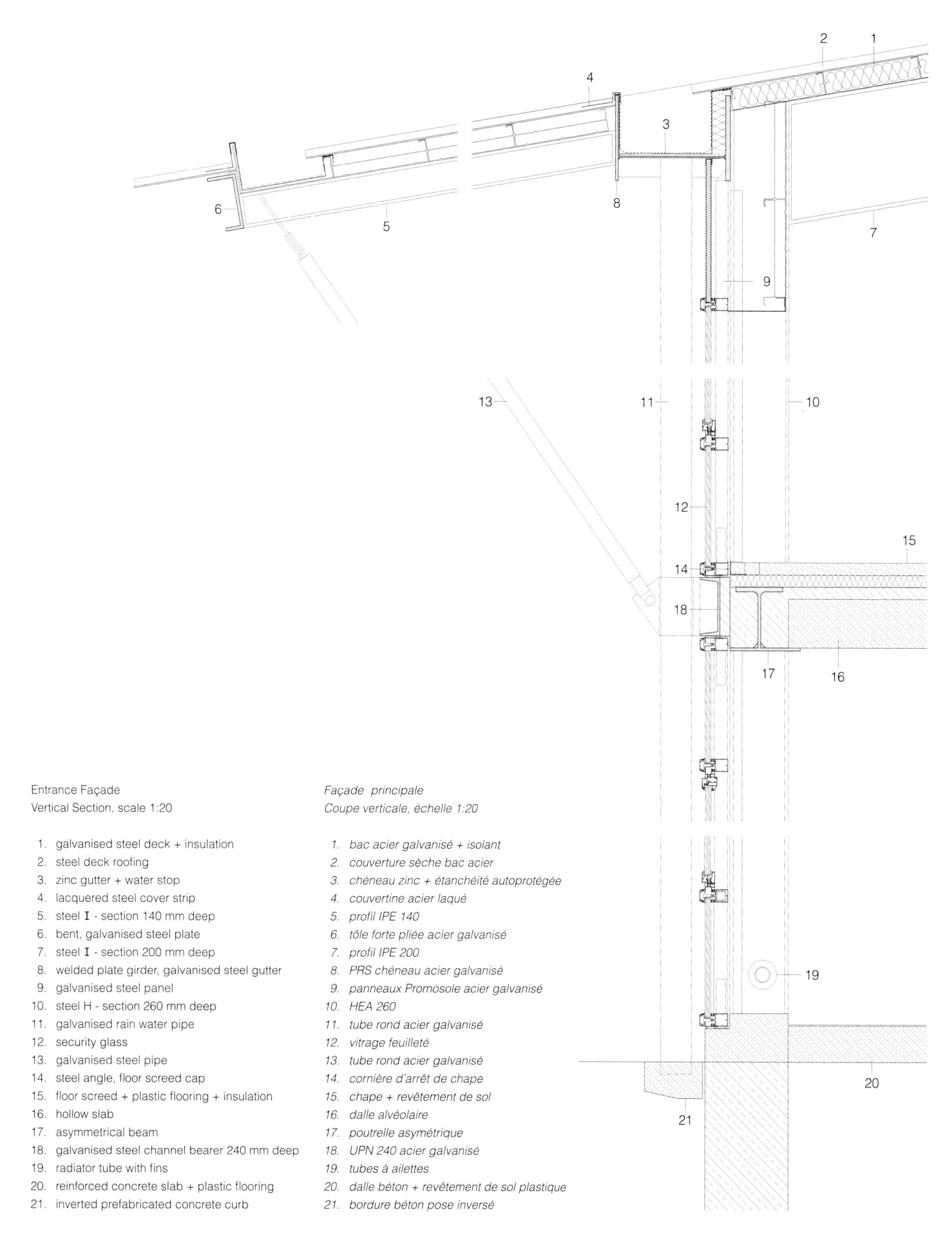

1. galvanised steel deck + insulation
2. steel deck roofing
3. zinc gutter + water stop
4. lacquered steel cover strip
5. steel I - section 140 mm deep
6. bent, galvanised steel plate
7. steel I - section 200 mm deep
8. welded plate girder, galvanised steel gutter
9. galvanised steel panel
10. steel H - section 260 mm deep
11. galvanised rain water pipe
12. security glass
13. galvanised steel pipe
14. steel angle, floor screed cap
15. floor screed + plastic flooring + insulation
16. hollow slab
17. asymmetrical beam
18. galvanised steel channel bearer 240 mm deep
19. radiator tube with fins
20. reinforced concrete slab + plastic flooring
21. inverted prefabricated concrete curb

Façade principale
Coupe verticale, échelle 1:20

1. *bac acier galvanisé + isolant*
2. *couverture sèche bac acier*
3. *chéneau zinc + étanchéité autoprotégée*
4. *couvertine acier laqué*
5. *profil IPE 140*
6. *tôle forte pliée acier galvanisé*
7. *profil IPE 200*
8. *PRS chéneau acier galvanisé*
9. *panneaux Promosole acier galvanisé*
10. *HEA 260*
11. *tube rond acier galvanisé*
12. *vitrage feuilleté*
13. *tube rond acier galvanisé*
14. *cornière d'arrêt de chape*
15. *chape + revêtement de sol*
16. *dalle alvéolaire*
17. *poutrelle asymétrique*
18. *UPN 240 acier galvanisé*
19. *tubes à ailettes*
20. *dalle béton + revêtement de sol plastique*
21. *bordure béton pose inversé*

Stadiums and Bow-and-Arrow Range
Stades et pas de tir à l'arc

Nanterre, France   2000-2003

To the west of Paris, beyond the La Défense financial district, the city of Nanterre has been making a concerted effort to redevelop its abandoned industrial properties.

Bordered on all sides by a prison, an electrical plant and a highway, everything would seem to indicate a poor future for this former industrial flood plain, except that it is at this point, near the highway overpass, that a connection could best be made between the city and the Seine. The low-density occupation of the surrounding area necessitated a large-scale organisation of the site as a whole. The project consists of two lines that delineate the landscape and incorporate the various programs. In the axis of the overpass, a walkway raised on top of an earth berm cuts along the edge of the site, attenuating the impact of the prison walls and offering a direct path to the Seine. The two grandstands are set into its slope and the locker rooms and service spaces are located beneath. A second line takes the form of an animated palisade that projects perpendicular to the base of the first and extends along the route of the highway. It forms an enclosure for the bow and arrow range as well as the custodian's living quarters and storage space. In a counterpoint to the harshness of the site, Douglas pine provides a warm unifying constructive identity to the project. The palisade is clad with a traditional system of vertical struts, backed by boards when interior enclosure is necessary, and left open to form a screen around the bow-and-arrow range. More structurally complex, the grandstand roofs are made up of a string of butterfly frames, hung out on a series of wooden masts and tied back by a succession of galvanised steel columns. Clad with clear polycarbonate, their regular bows form a luminous and perennial canopy.

A l'ouest de Paris, au-delà des quartiers d'affaires de la Défense, la ville de Nanterre réinvestit progressivement le territoire industriel délaissé.

Les hauts murs, la prison, l'autoroute, son bourdonnement même qui relaie celui aujourd'hui réformé d'un plein champ de transformateurs électriques, tout semblait vouer à l'abandon cette friche inondable si elle n'avait offert l'occasion de lier là, avec ce projet de stade, le Petit Nanterre à la Seine toute proche par-delà le pont franchissant l'autoroute. La faible densité à bâtir conjointe à l'âpreté de l'endroit commandait de renoncer à construire un simple bâtiment. Deux lignes composent donc le paysage en incorporant le programme : dans l'axe du pont, dissimulant les vestiaires, une longue ligne haute formée des terres de nivellement atténue le surplomb de la prison et offre de traverser le site vers la Seine au gré de la succession des auvents ; face au pont et perpendiculaire à ce mail une palissade à la matérialité changeante se déploie en retrait de l'autoroute et accompagne sa course : cette ligne est celle que façonne l'enclos du pas de tir qui loge en les masquant les locaux d'accueil et d'exploitation. En contrepoint à la rudesse du site, le bois offre son aménité et une unité constructive aux éléments visibles du projet. La palissade est dressée selon un procédé traditionnel de planches verticales et de couvre-joints, les planches faisant place au jour pour former une claire-voie le long du pas de tir. Plus complexes, les auvents des deux tribunes sont des coques ajourées et juxtaposées maintenues par un double alignement de mâts et de tirants. Surmontée d'une peau transparente, leur ramure régulière forme une canopée lumineuse et pérenne.

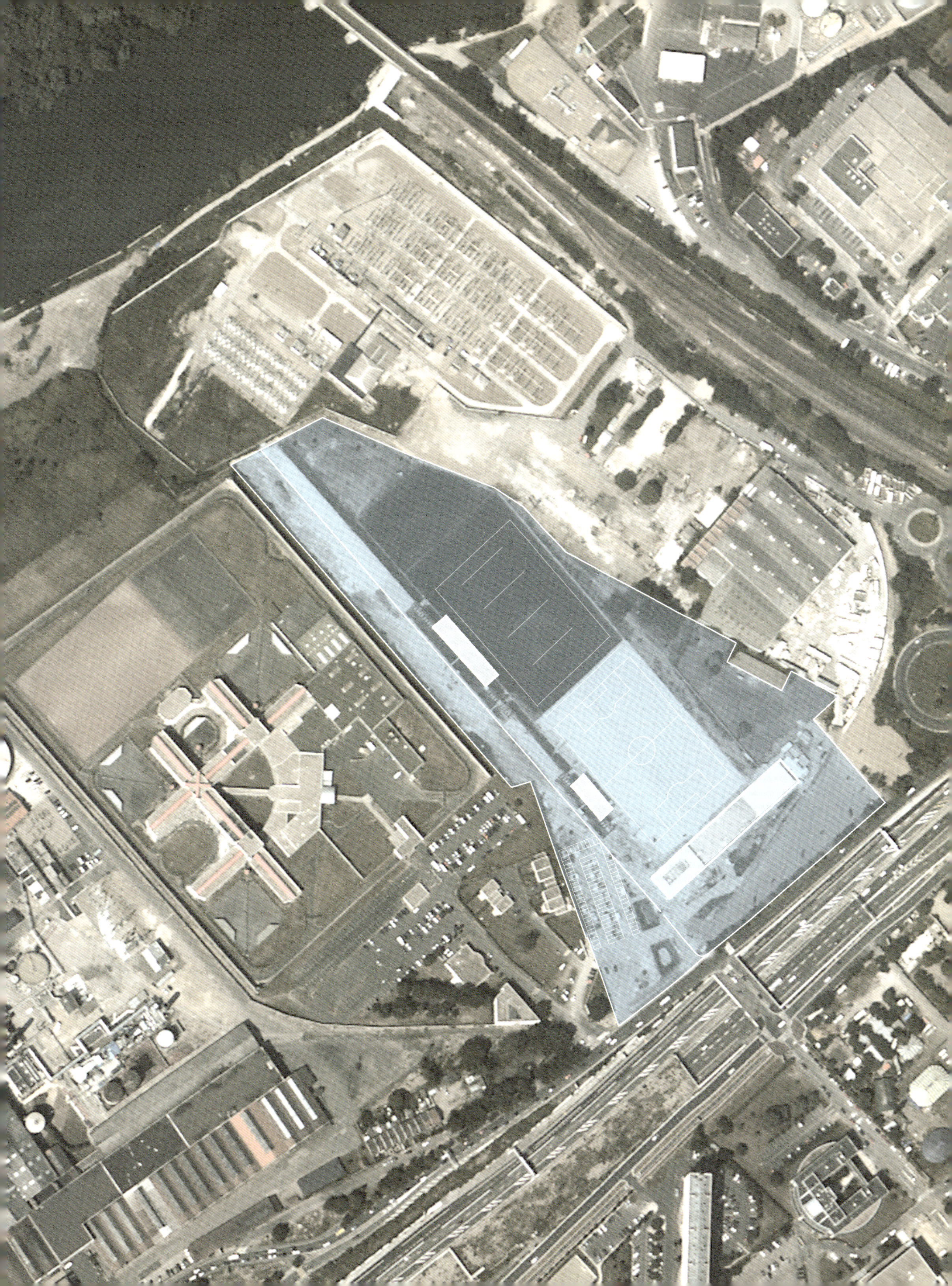

Les stades en bords de Seine

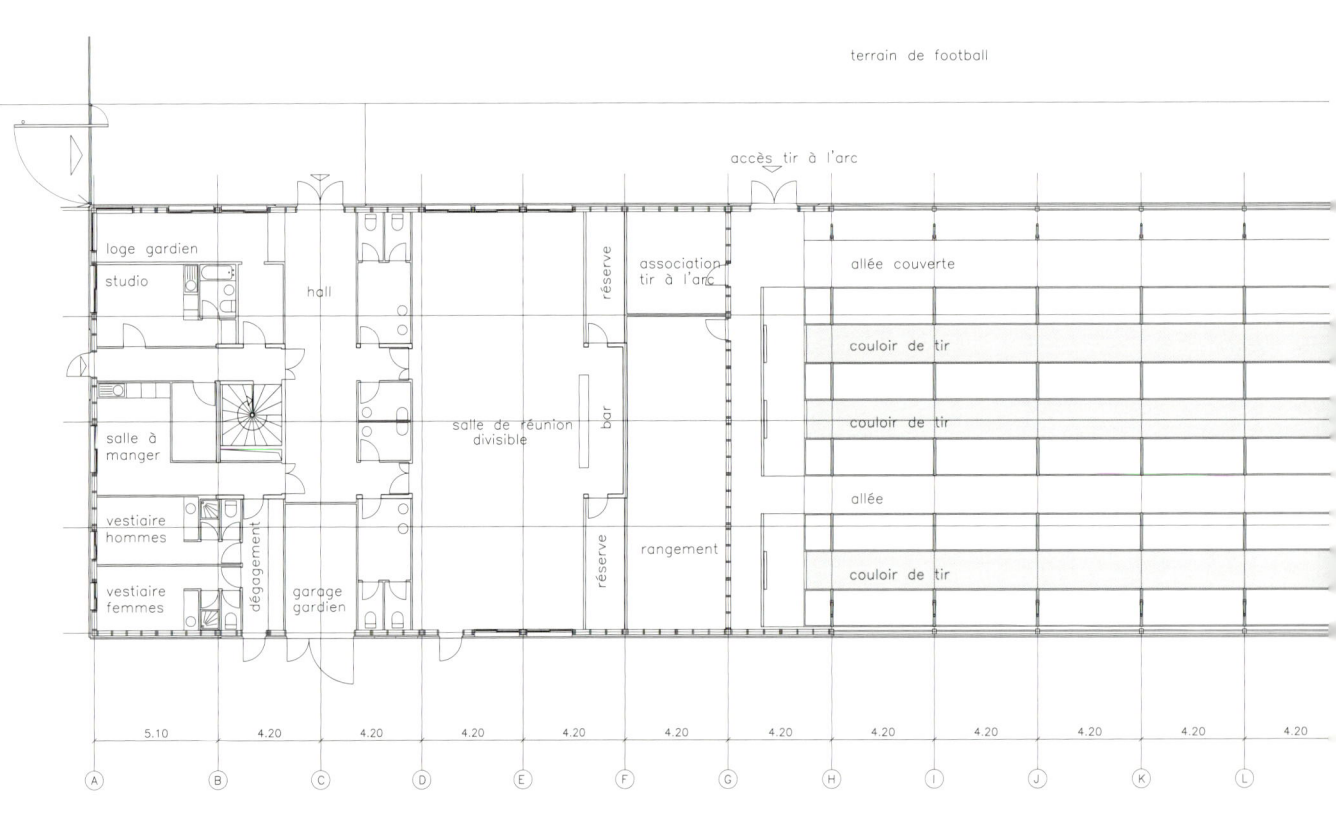

Bow-and-Arrow Range, Ground Floor Plan, scale 1:300
Plan de tir rez-de-chaussée, échelle 1:300

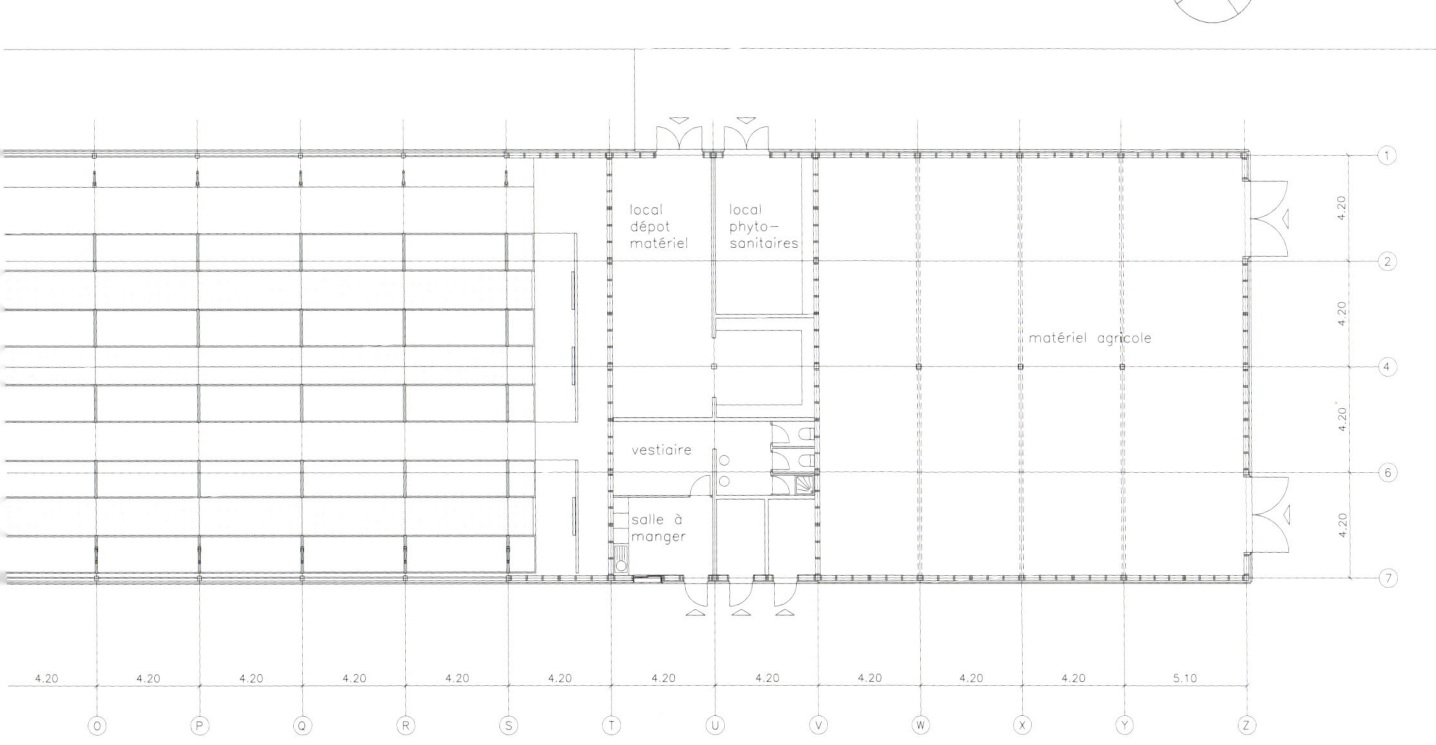

local dépôt matériel	local phyto- sanitaires
vestiaire	
salle à manger	

matériel agricole

4.20 4.20 4.20 4.20 4.20 4.20 4.20 4.20 4.20 4.20 4.20 5.10

O P Q R S T U V W X Y Z

33

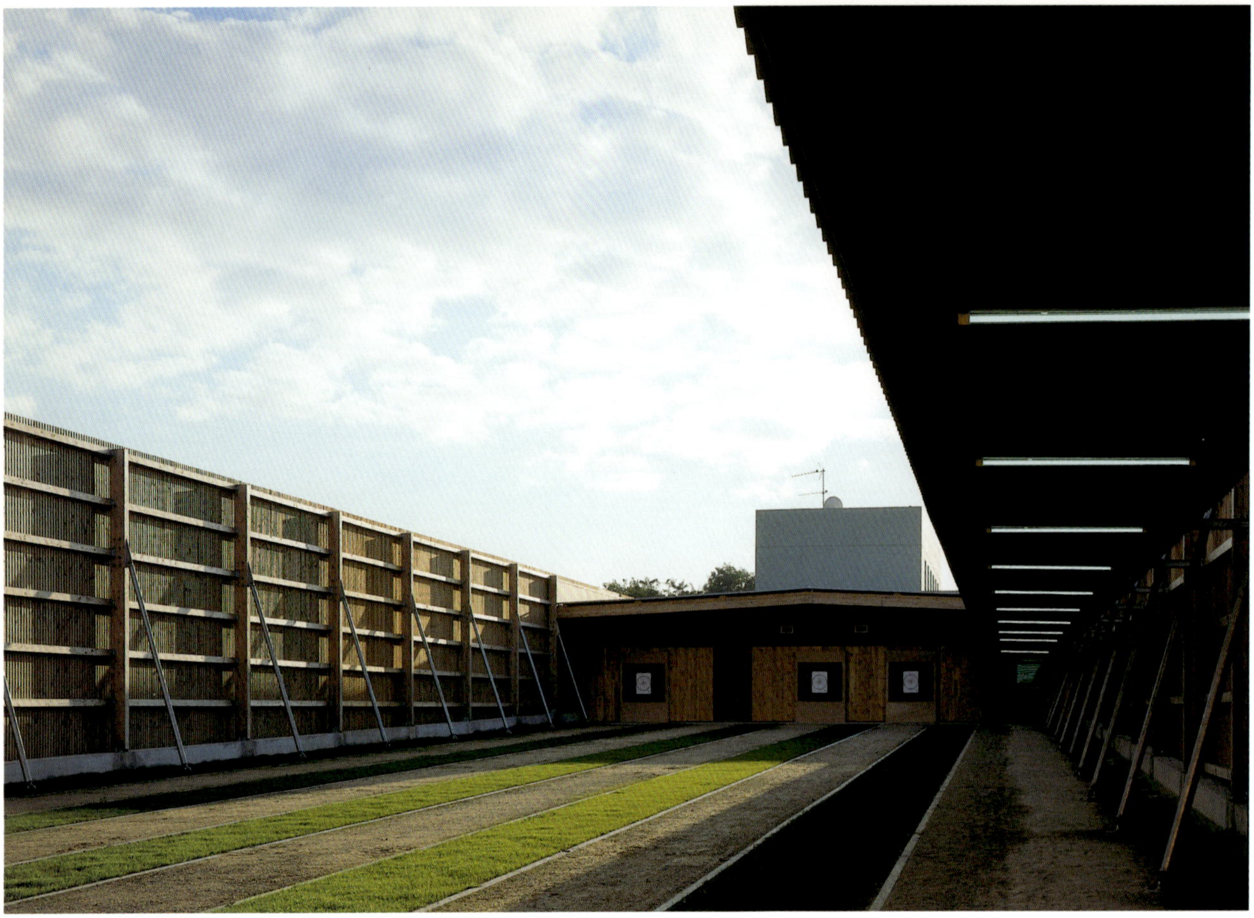

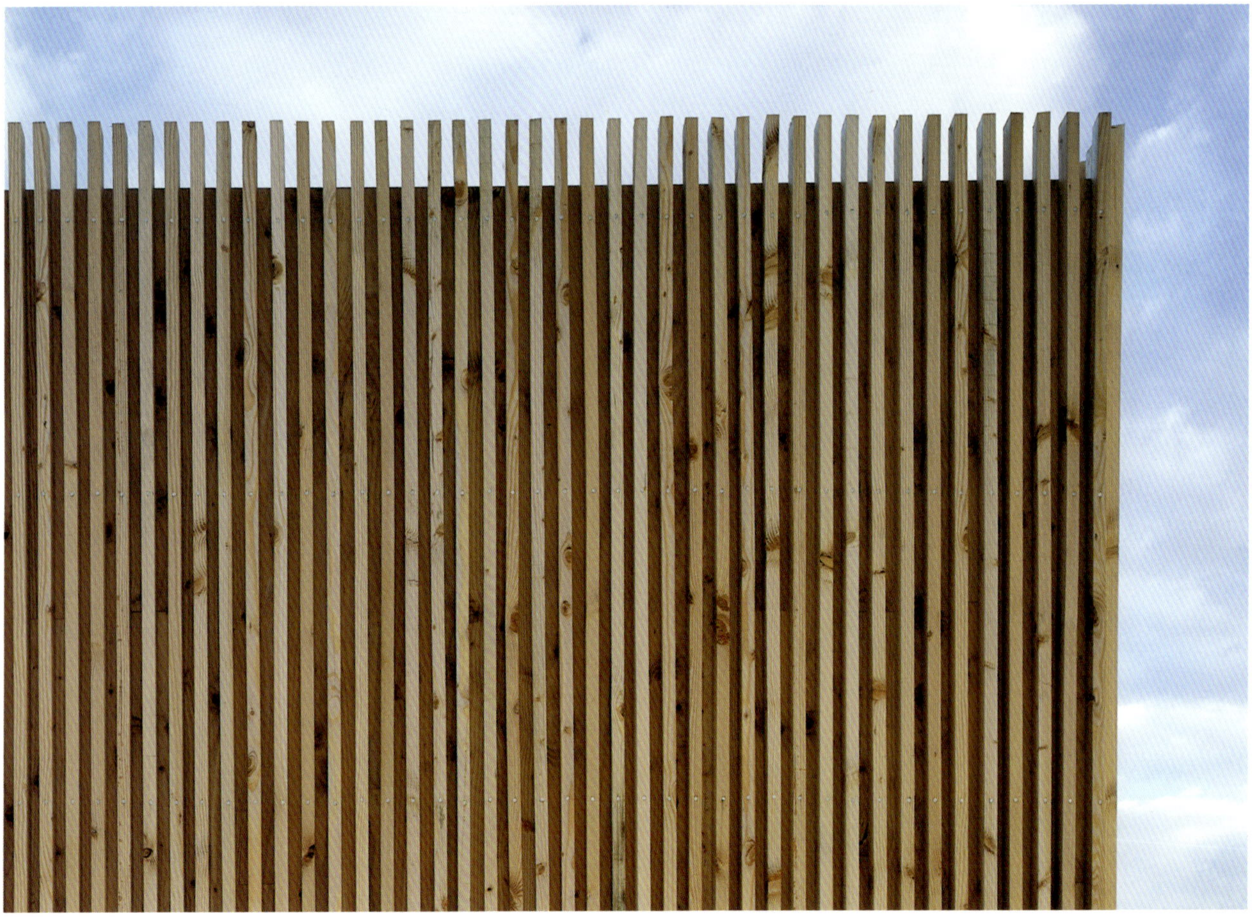

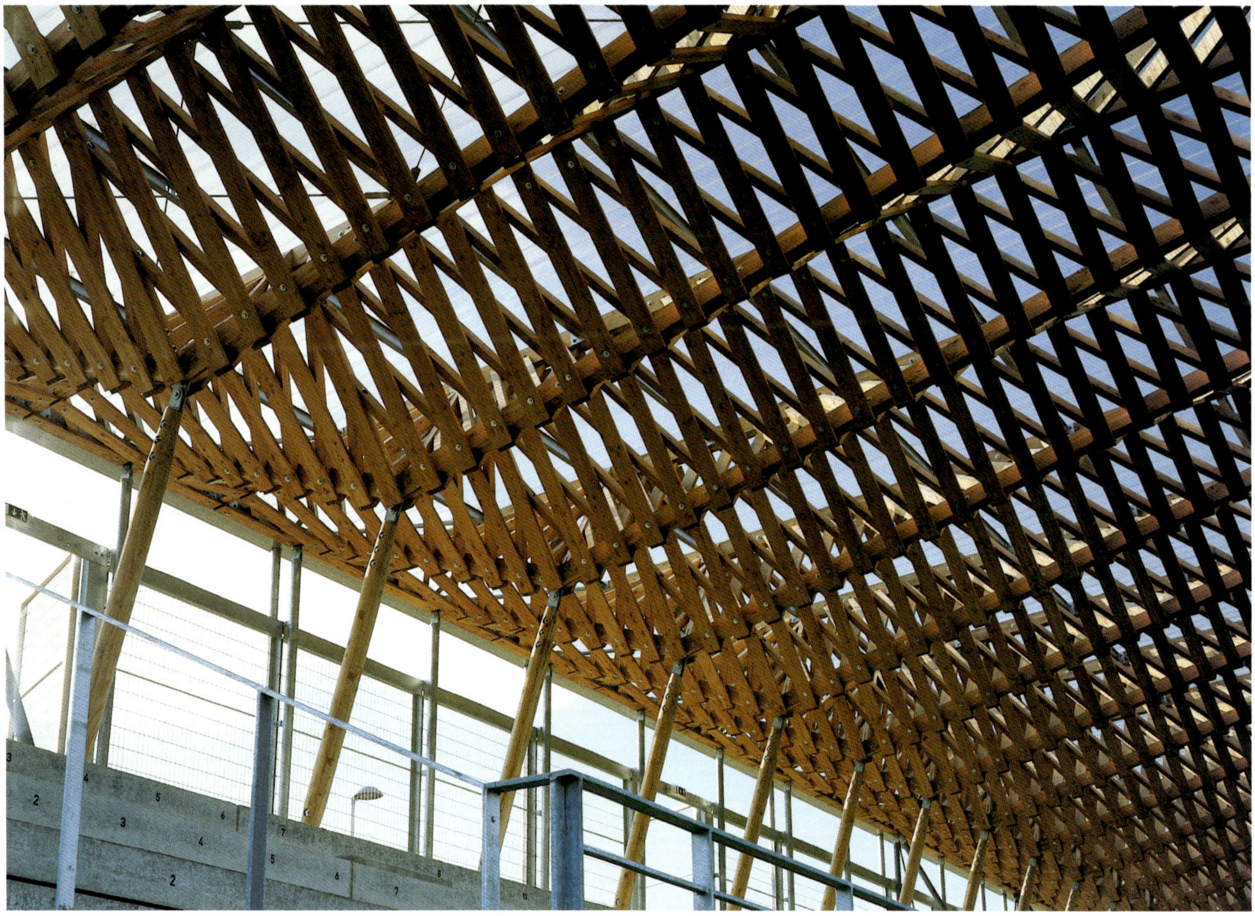

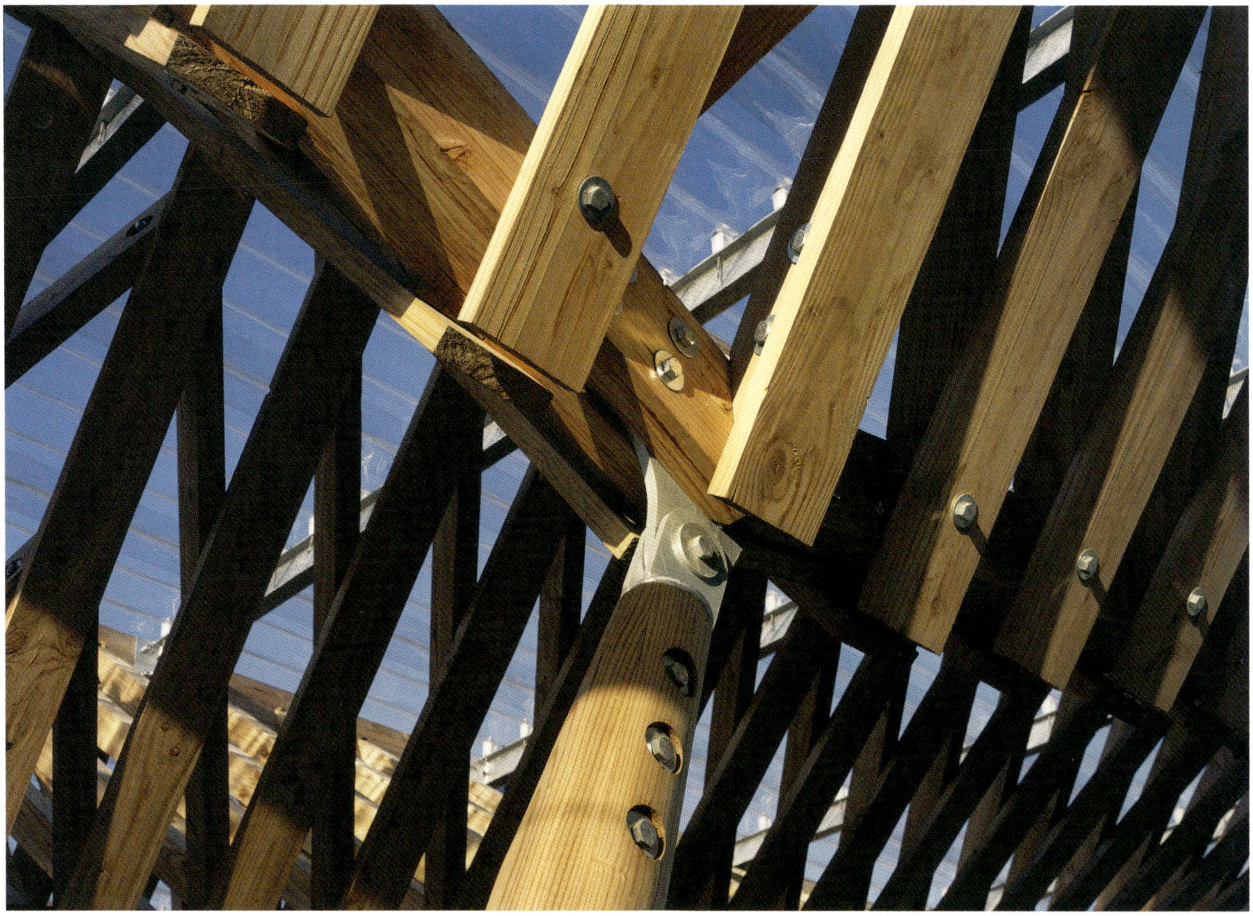

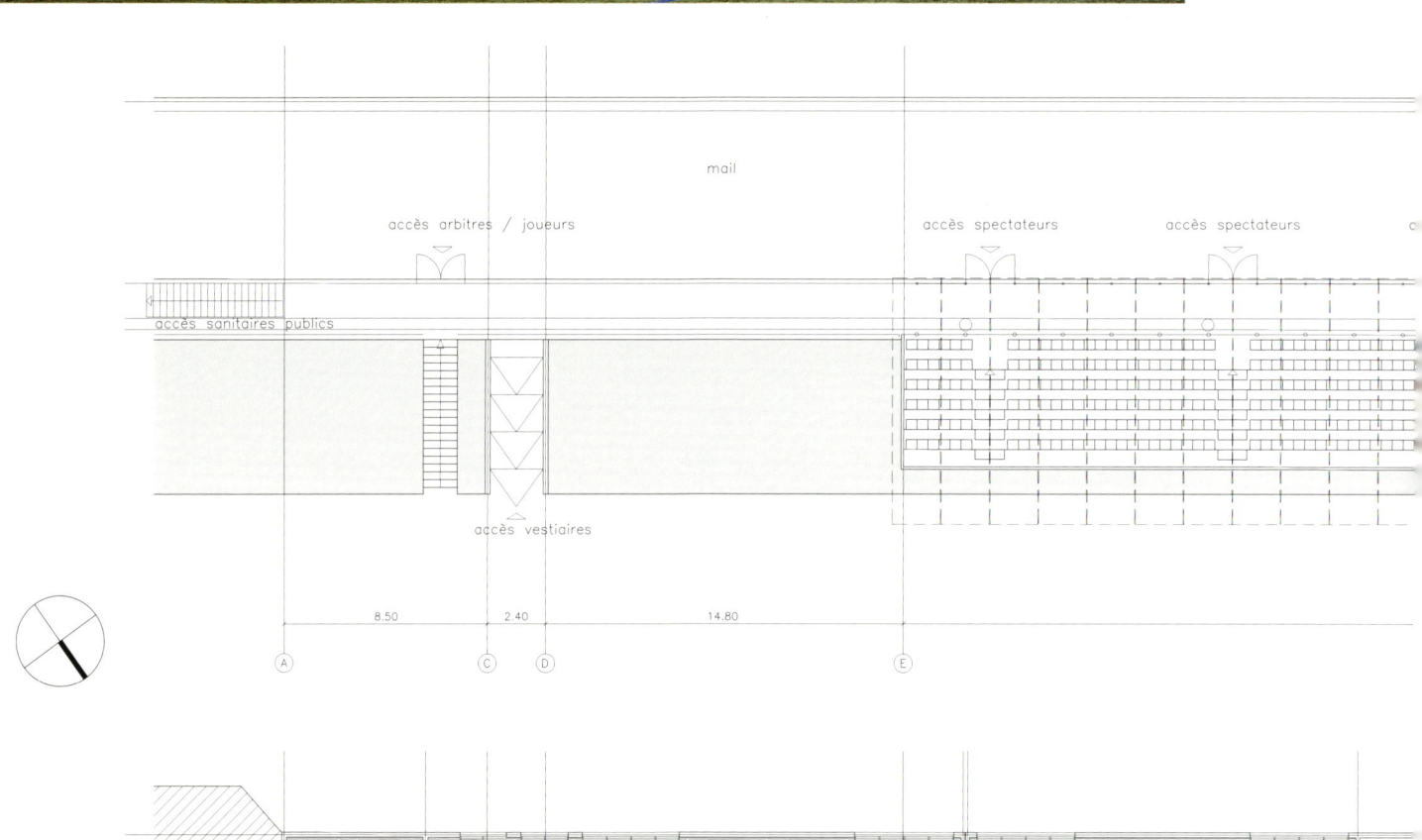

accès sanitaires publics   accès arbitres / joueurs   accès spectateurs   accès spectateurs
mail

accès vestiaires

8.50   2.40   14.80

Ⓐ   Ⓒ Ⓓ   Ⓔ

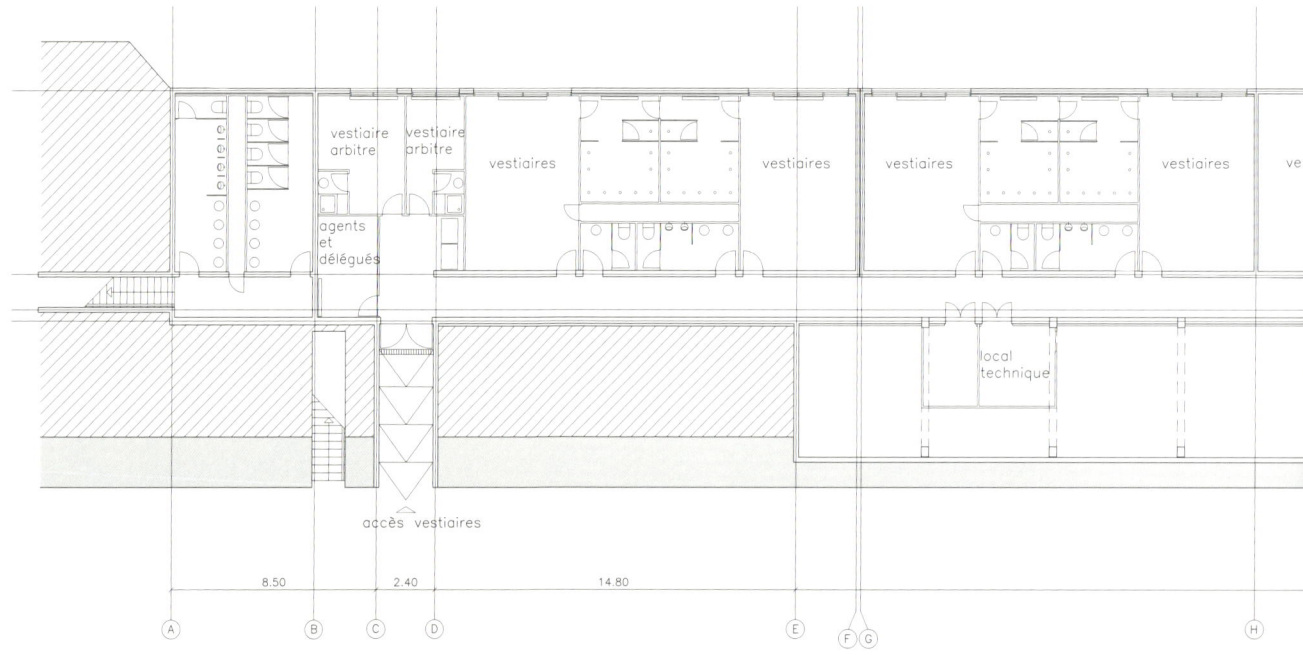

vestiaire arbitre | vestiaire arbitre | vestiaires | vestiaires | vestiaires | vestiaires | ven
agents et délégués
local technique

accès vestiaires

8.50   2.40   14.80

Ⓐ   Ⓑ   Ⓒ Ⓓ   Ⓔ Ⓕ Ⓖ   Ⓗ

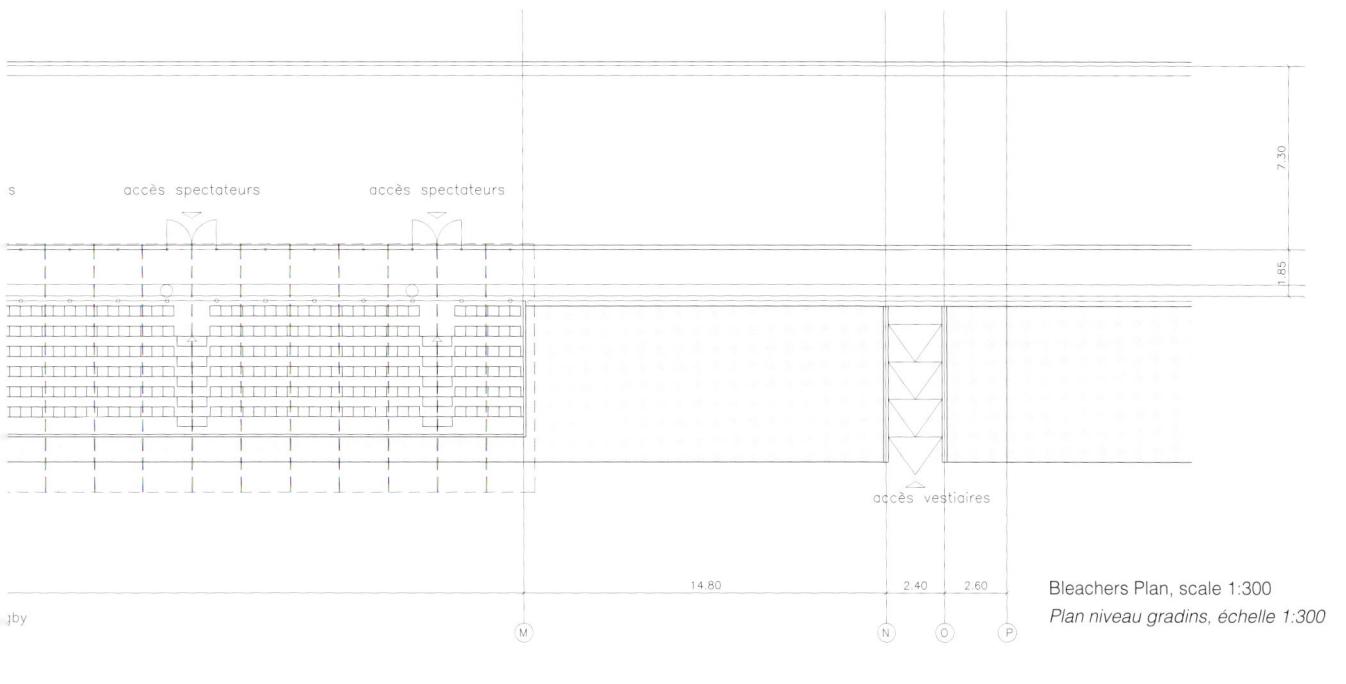

Bleachers Plan, scale 1:300
Plan niveau gradins, échelle 1:300

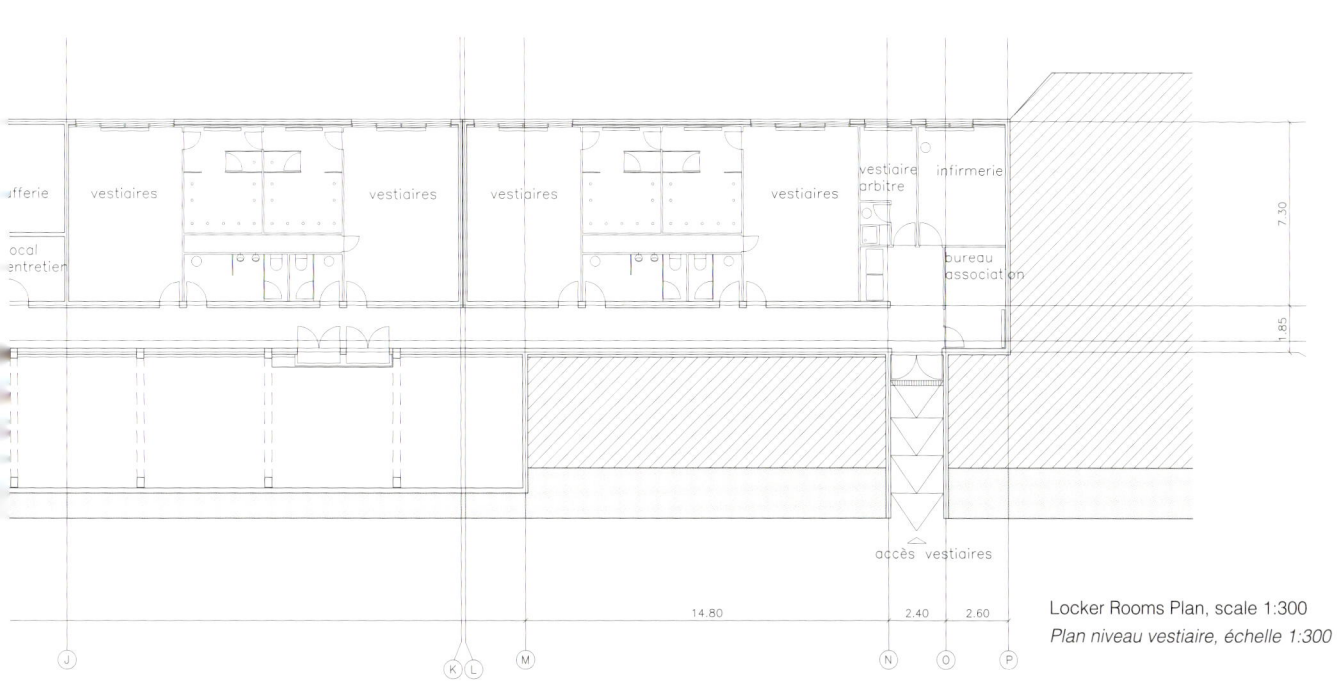

Locker Rooms Plan, scale 1:300
Plan niveau vestiaire, échelle 1:300

37

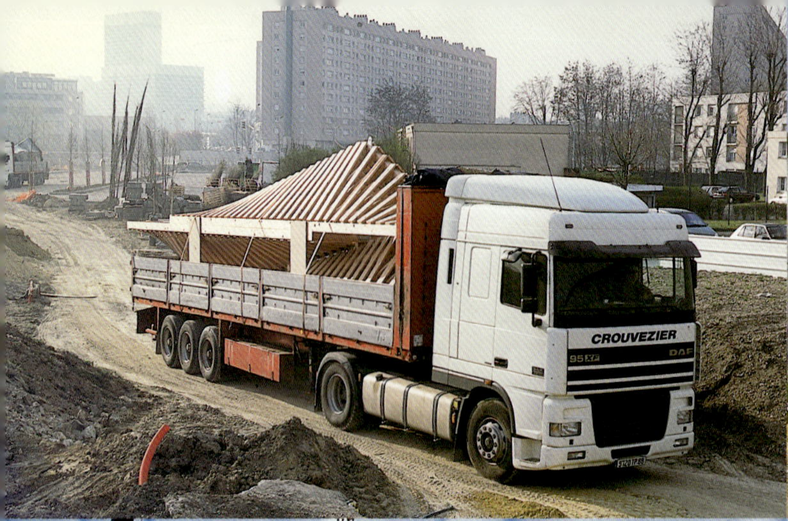
CROUVEZIER
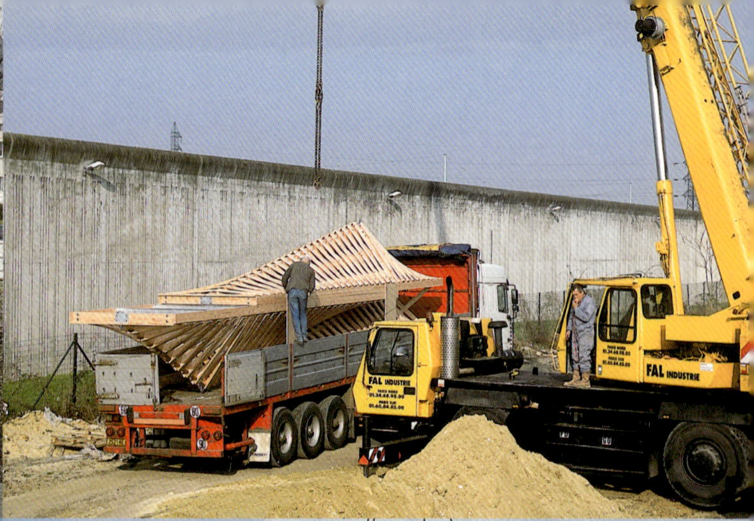
FAL INDUSTRIE
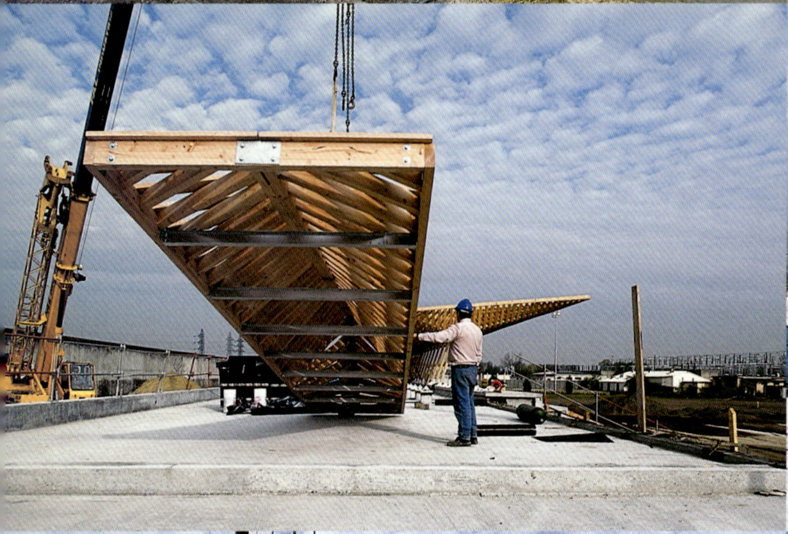
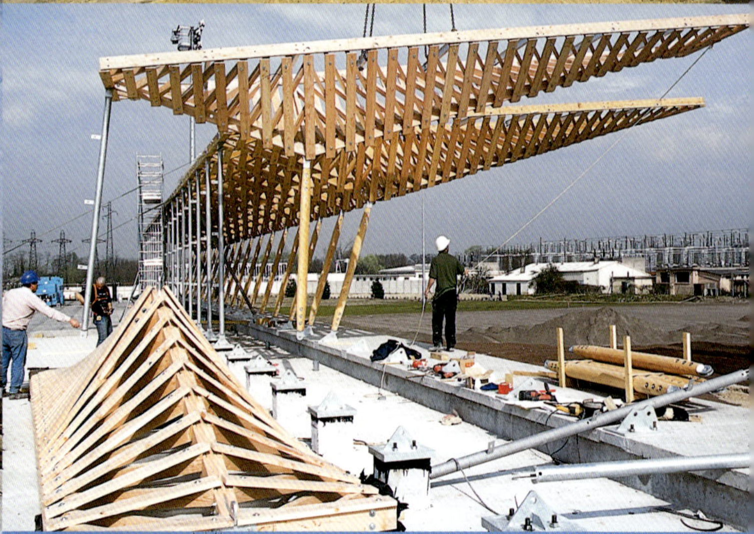
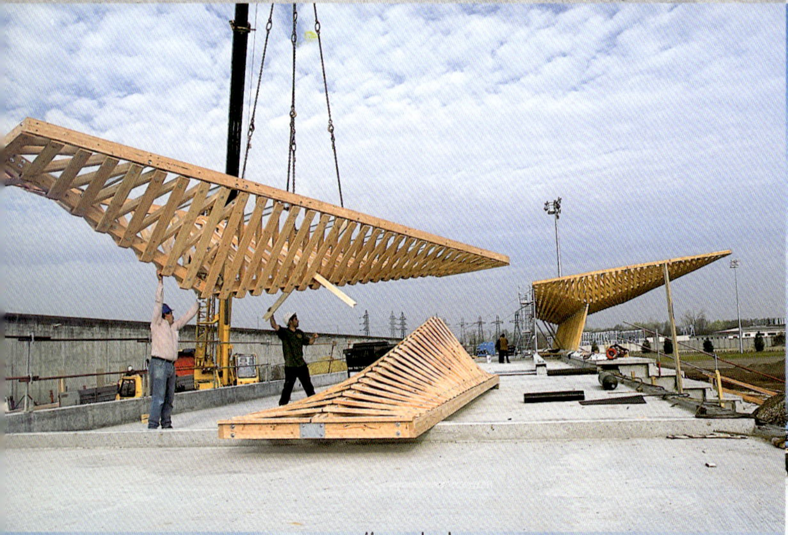
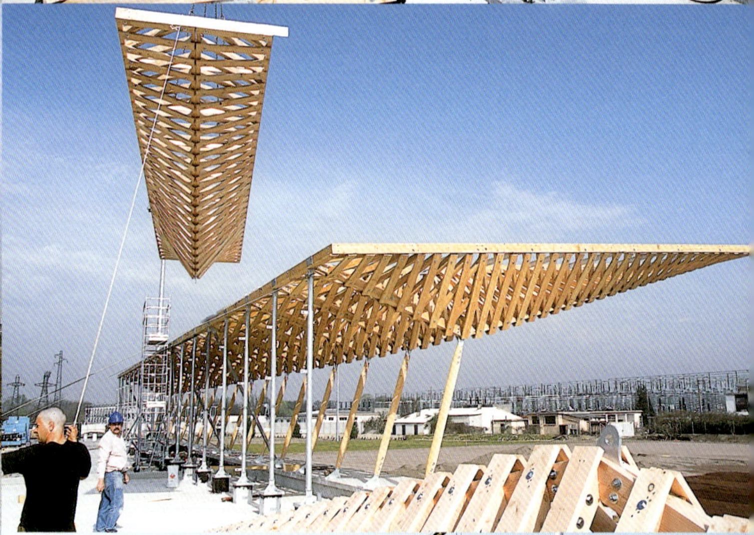
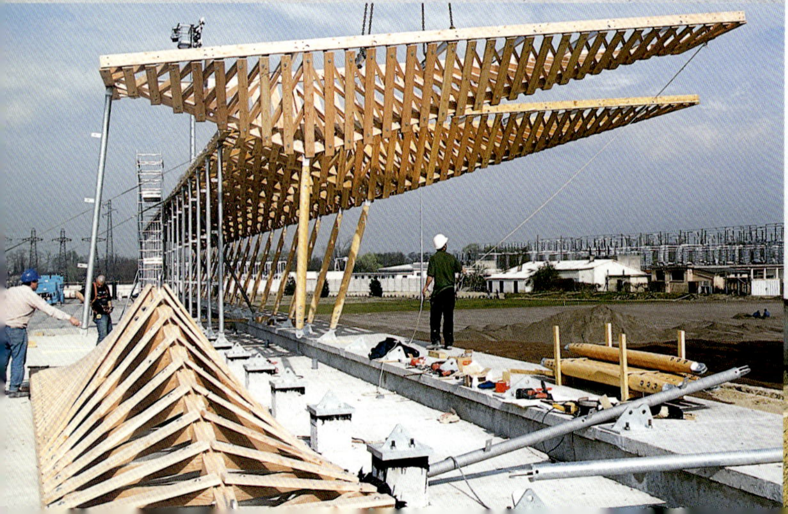
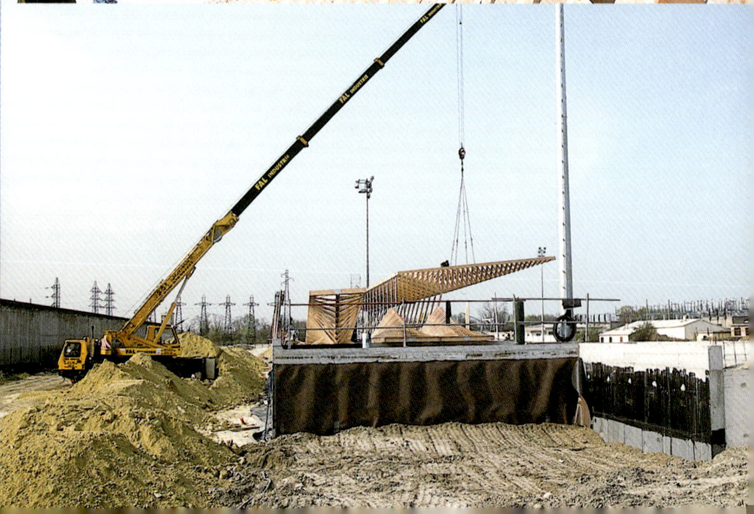

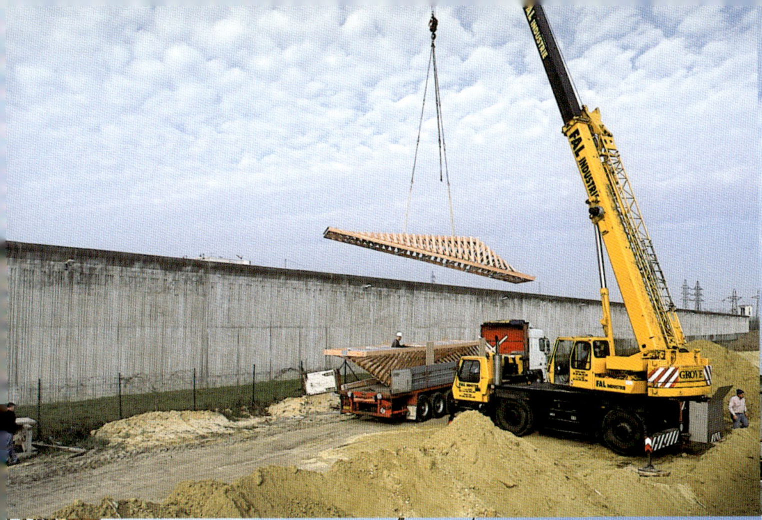
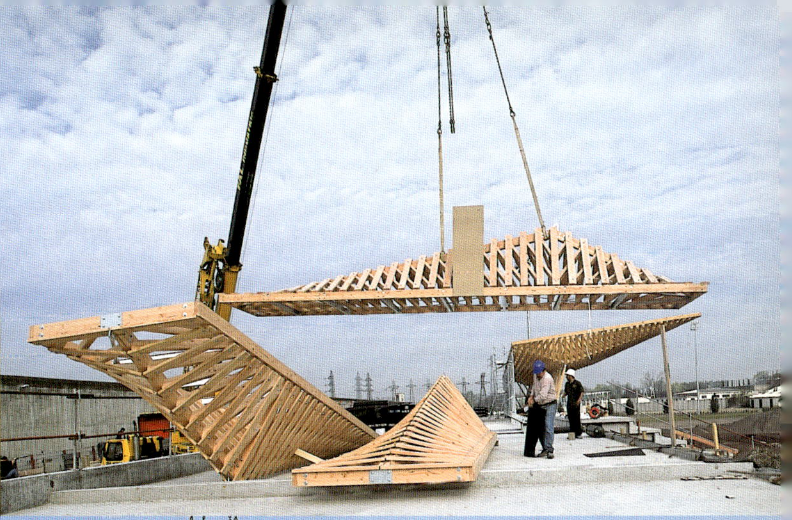
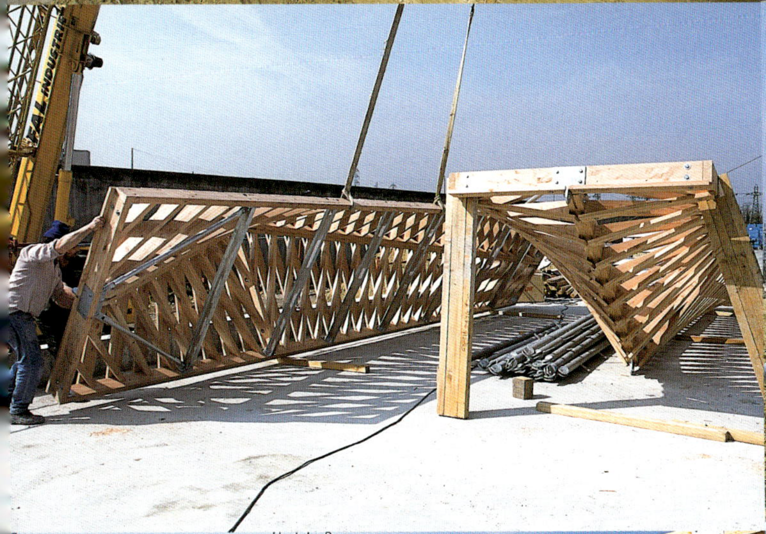
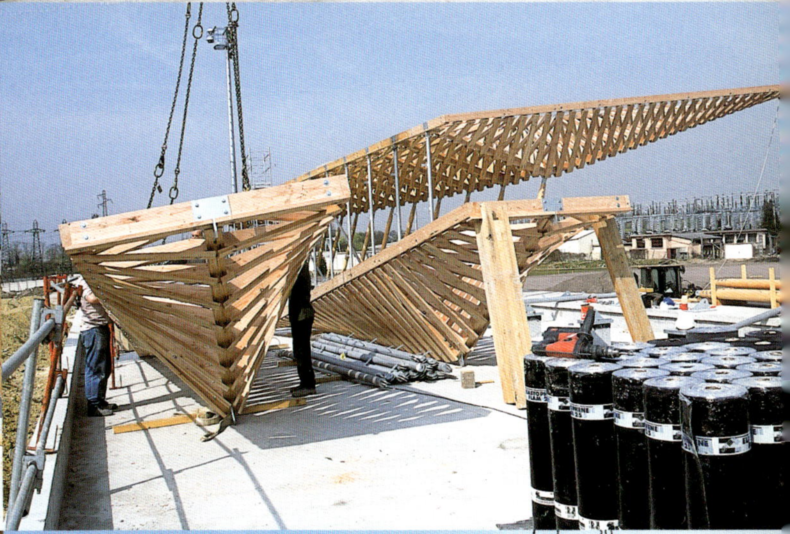
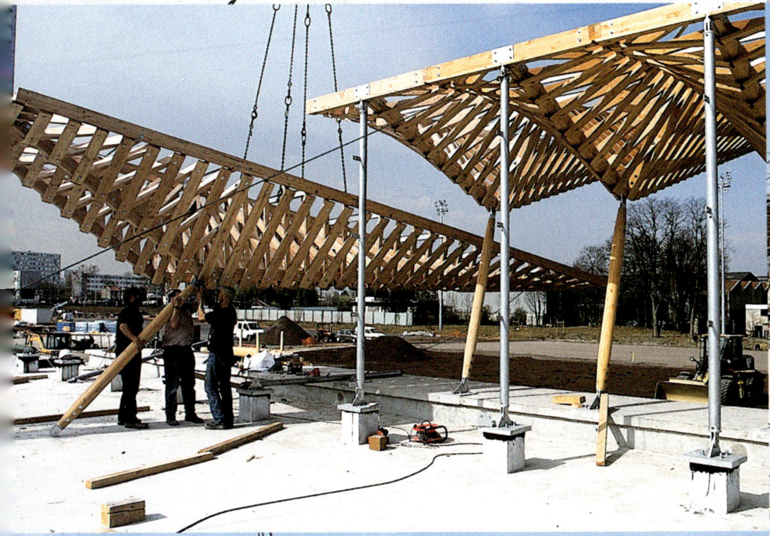
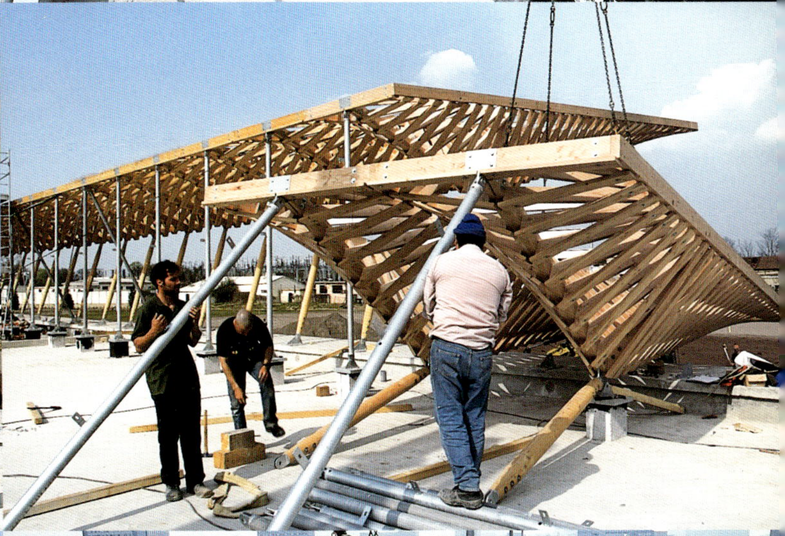
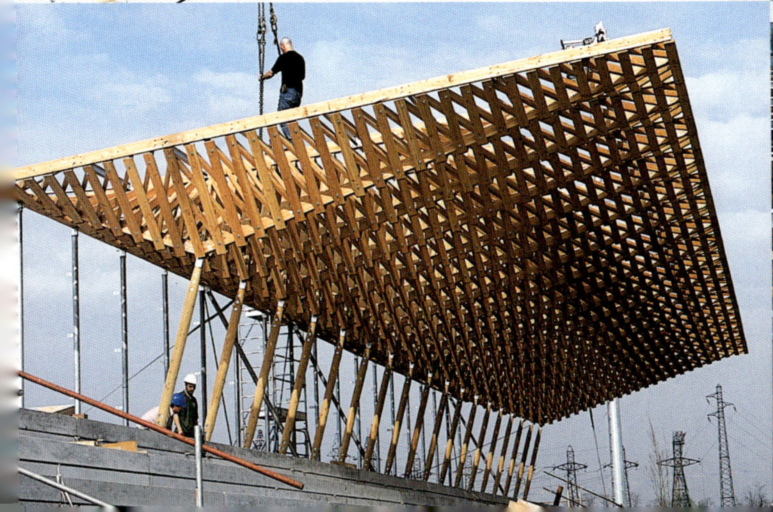
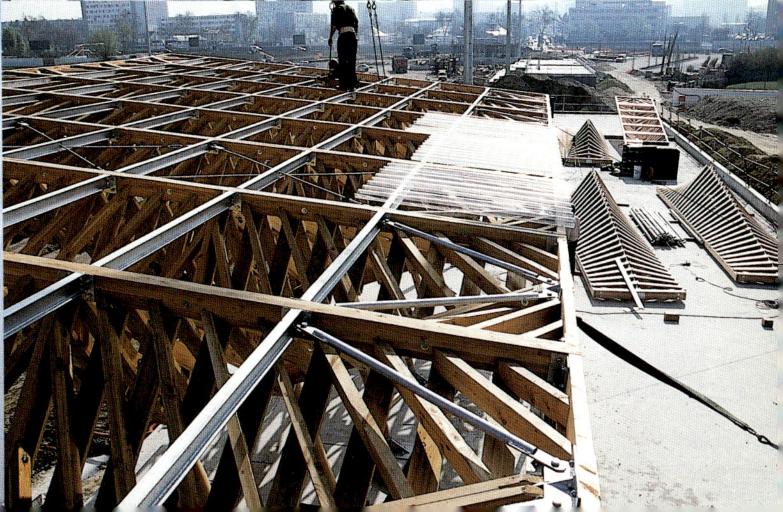

Grandstand Roofs
Vertical Section, scale 1:20

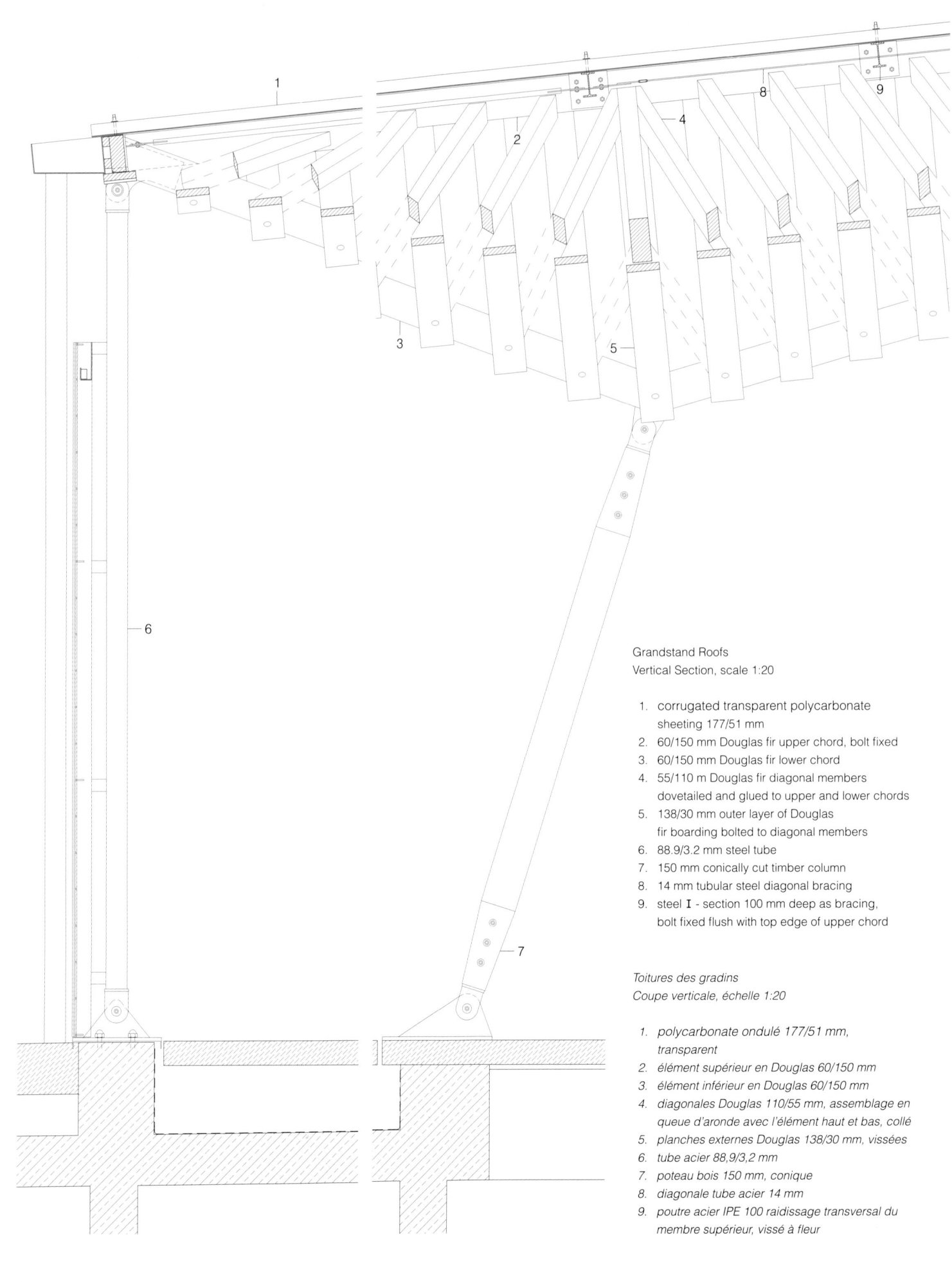

1. corrugated transparent polycarbonate sheeting 177/51 mm
2. 60/150 mm Douglas fir upper chord, bolt fixed
3. 60/150 mm Douglas fir lower chord
4. 55/110 m Douglas fir diagonal members dovetailed and glued to upper and lower chords
5. 138/30 mm outer layer of Douglas fir boarding bolted to diagonal members
6. 88.9/3.2 mm steel tube
7. 150 mm conically cut timber column
8. 14 mm tubular steel diagonal bracing
9. steel I - section 100 mm deep as bracing, bolt fixed flush with top edge of upper chord

Toitures des gradins
Coupe verticale, échelle 1:20

1. *polycarbonate ondulé 177/51 mm, transparent*
2. *élément supérieur en Douglas 60/150 mm*
3. *élément inférieur en Douglas 60/150 mm*
4. *diagonales Douglas 110/55 mm, assemblage en queue d'aronde avec l'élément haut et bas, collé*
5. *planches externes Douglas 138/30 mm, vissées*
6. *tube acier 88,9/3,2 mm*
7. *poteau bois 150 mm, conique*
8. *diagonale tube acier 14 mm*
9. *poutre acier IPE 100 raidissage transversal du membre supérieur, vissé à fleur*

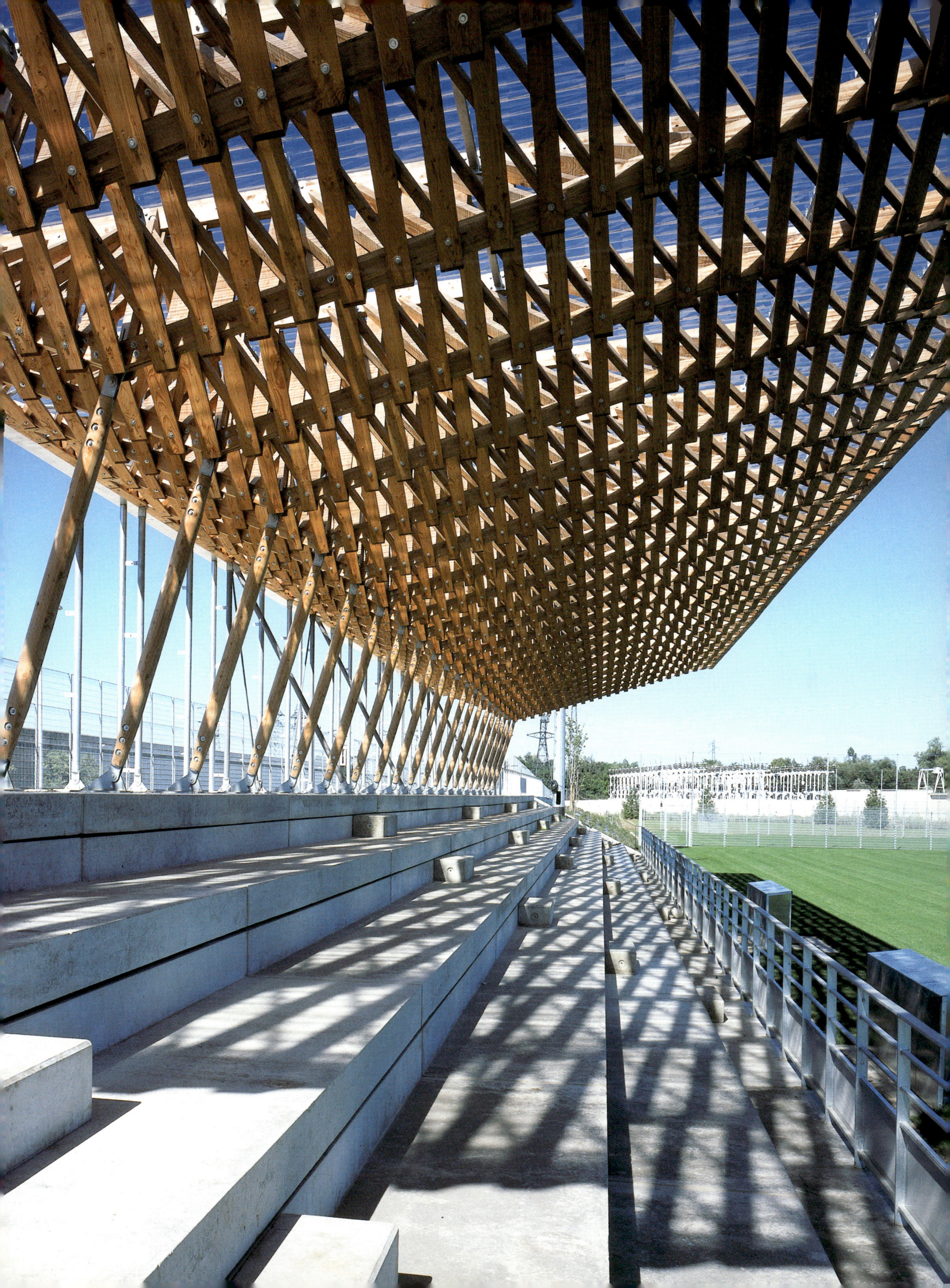

Sports Shelter
Halle de sport

Vanves, France   2005 (competition / *concours*)

Once a popular summering spot just south of Paris, this charming tree-lined suburb is in the process of rethinking the relationship between its urban plan and that of the capital.

Here structure alone is at its most expressive. In the image of the *utilité et volupté* of the 19th-century greenhouses, the object of economical construction is animated by the repetition of identical elements. Lightweight and luminous, this sports shelter is placed in the heart of a historic park of a château designed by Jules Hardouin-Mansart. Simple and resistant articulations, the splayed heading joints make possible a refined rectangular framework, made even slimmer by the three hinged framing system. Pinned down to the activities plateau, level with the green, the construction is clad with a polycarbonate membrane printed with plant-like patterns, which shields the players from the elements while echoing the flora of the surrounding park. Protective netting is strung between the lower arches. Without sacrificing on function – the groups of high school students do not cross paths between classes thanks to a circulation route that exploits the slope of the site – the project fosters a renewed intimacy between the park and the city: at dusk the structure becomes a lantern, bestowing an enchanting yet familiar glow.

Ancien lieu de villégiature apprécié aux abords sud de Paris, cette commune arbore un charme provincial que renouvellent les plans de coopération urbaine avec la capitale.

La charpente est là des plus expressives, à l'image de cette architecture «d'utilité et de volupté» que pouvait être celle des serres du 19ᵉ siècle dont la transparence et l'élégance, dans une commune recherche d'économie de matière, étaient animées par la répétition d'éléments identiques. Avec cette halle de sport blottie au cœur du parc historique du château édifié par Jules Hardouin-Mansart, l'enjeu était tout ensemble celui de la luminosité et de la légèreté. Réalisant des articulations simples et résistantes, les entures permettent ici de déployer une fine ossature réticulaire qu'une conception en demi portiques permet encore d'alléger. Arrimée au plateau d'évolution et de plain-pied avec le parc, la nef ainsi formée est surmontée d'une membrane polymère ornée de frondaisons imprimées qui tout à la fois démultiplie le théâtre végétal offert par le parc et assure le couvert de la halle en partie haute, laissant place à un filet dans le plan des arches basses et des tympans. Ainsi, sans s'affranchir de la fonctionnalité requise dans les pratiques scolaires – les groupes de lycéens ne se croisent pas grâce à une distribution en plateaux qui tire partie de la déclivité du site –, la halle noue entre le parc et la ville une relation d'intimité renouvelée jusqu'à se faire lanterne, la nuit venue, offrant alors sa magie poétique et familière.

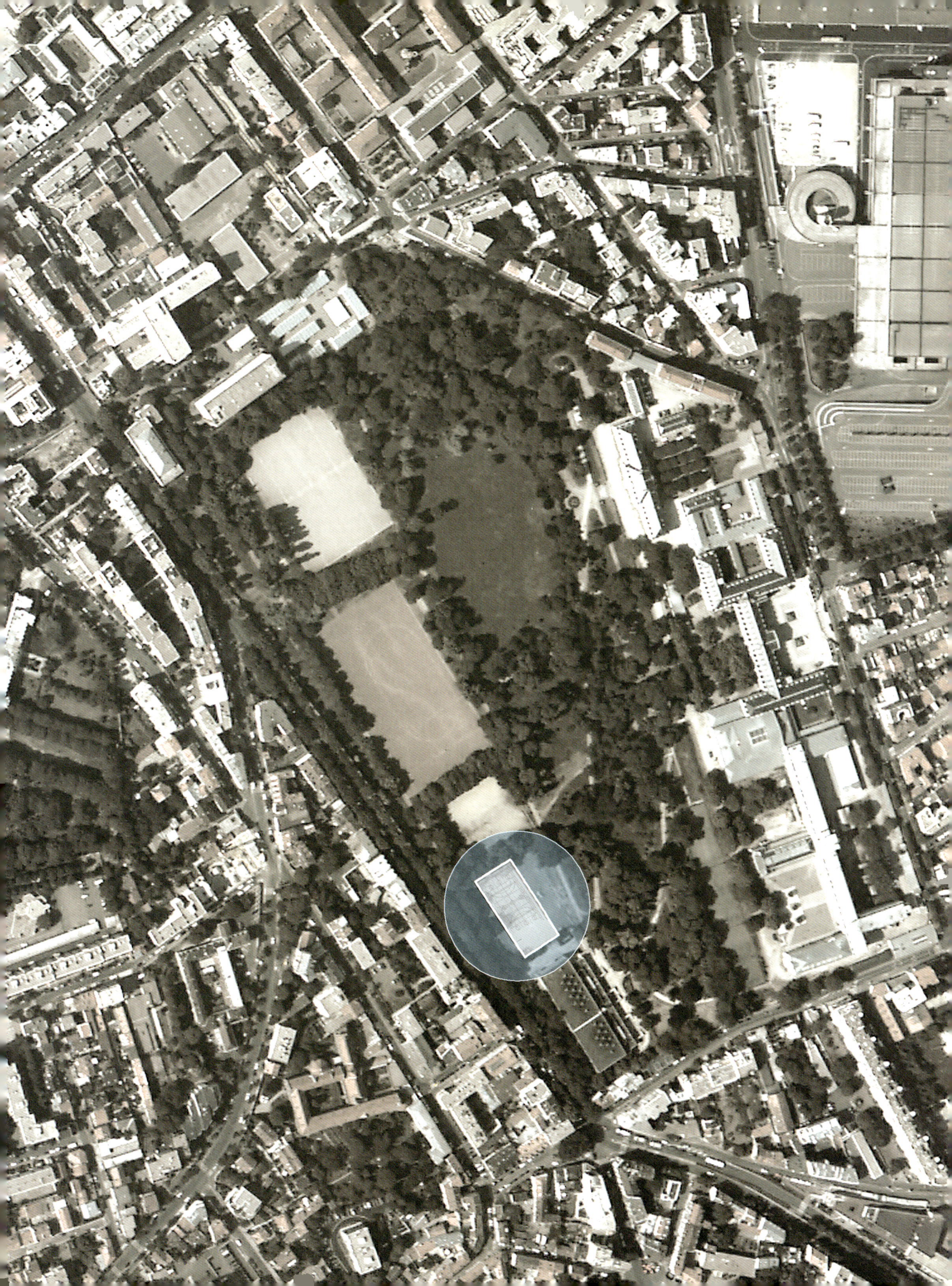

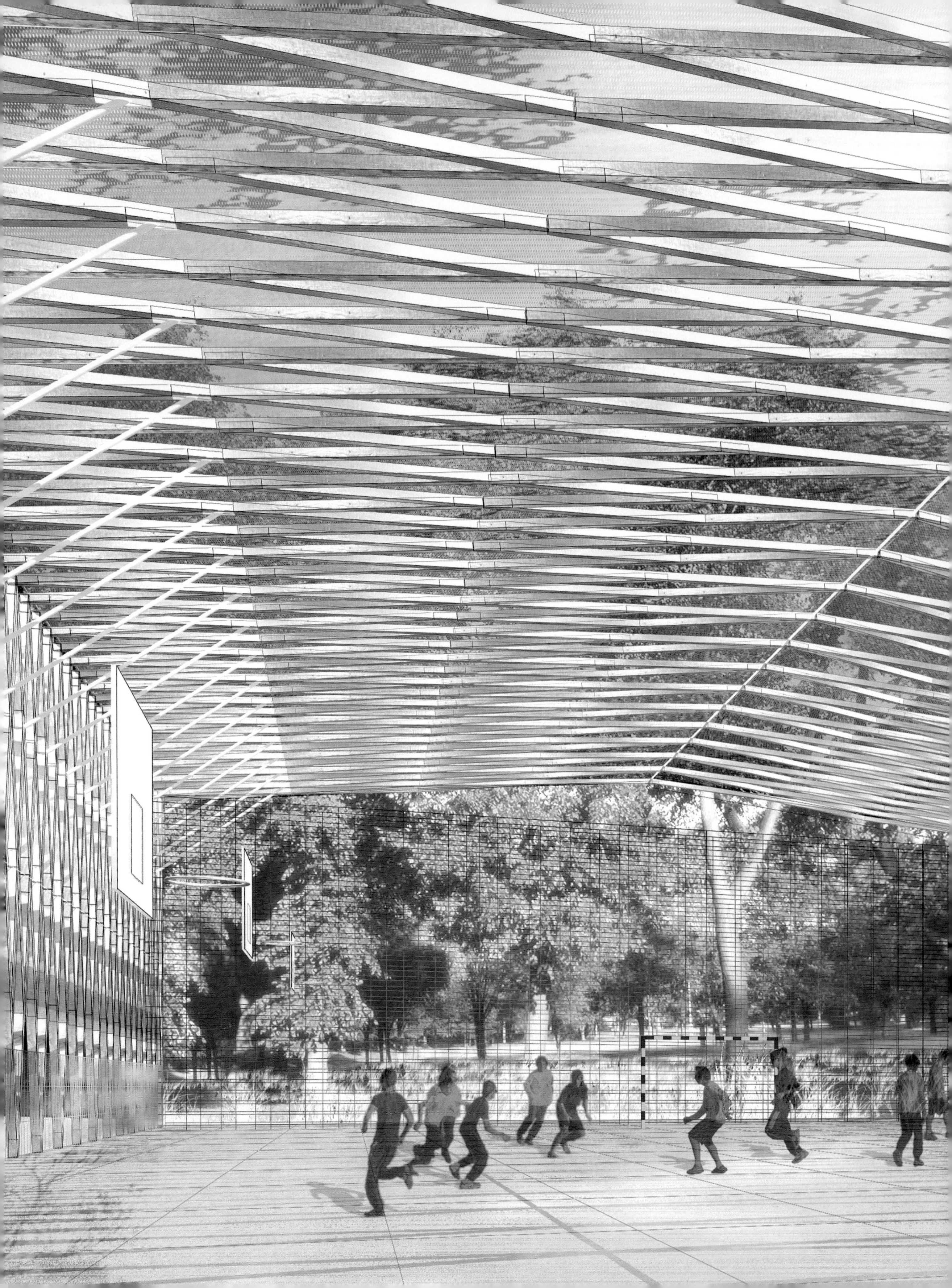

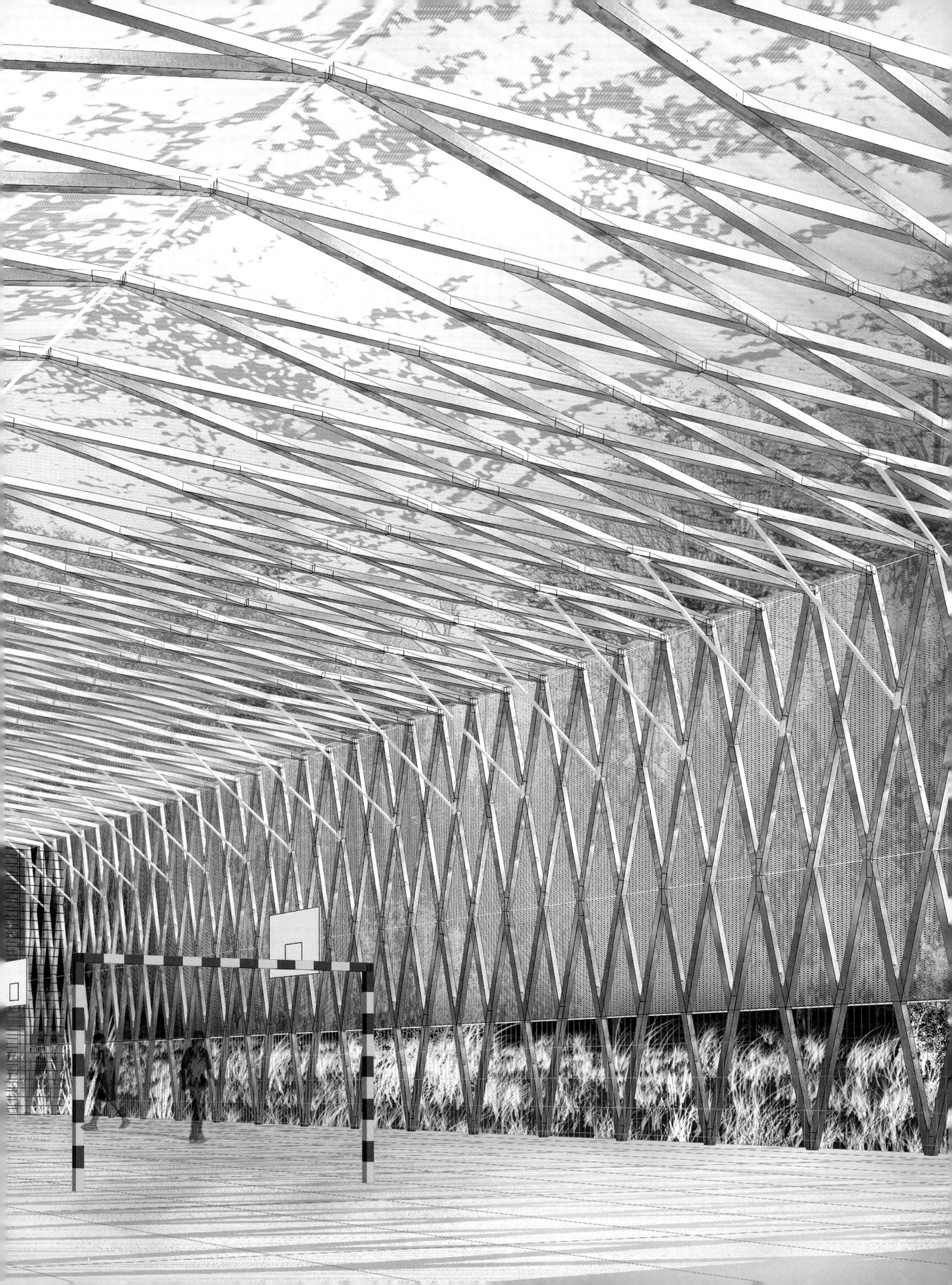

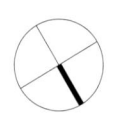

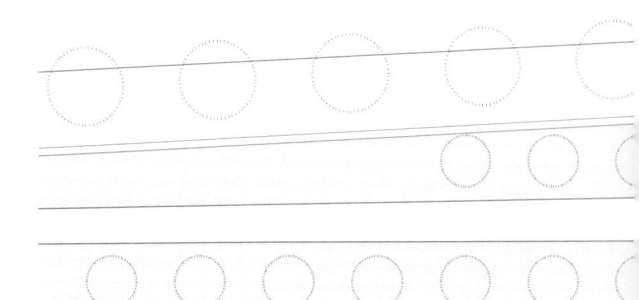

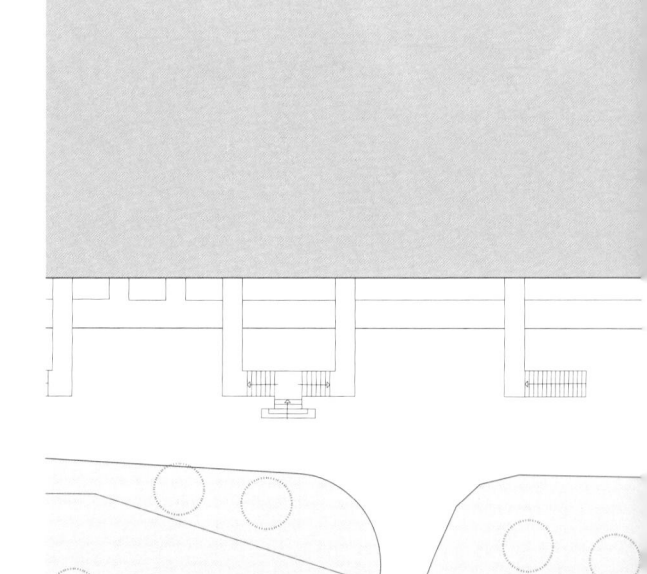

Site Plan, scale 1:500
Plan de situation, échelle 1:500

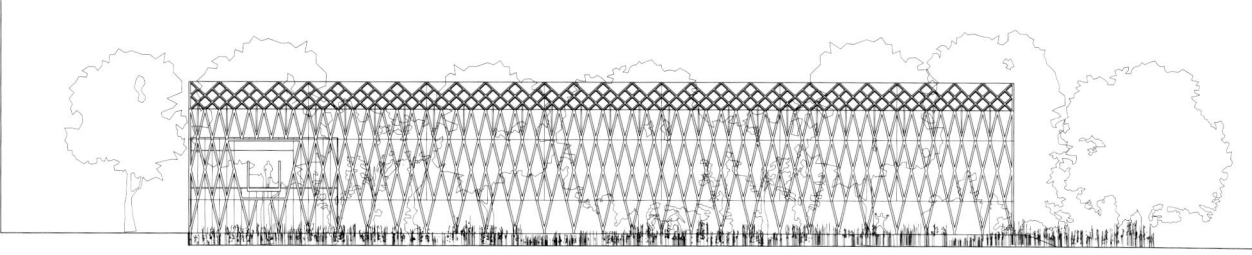

Elevation, scale 1:500
Elévation, échelle 1:500

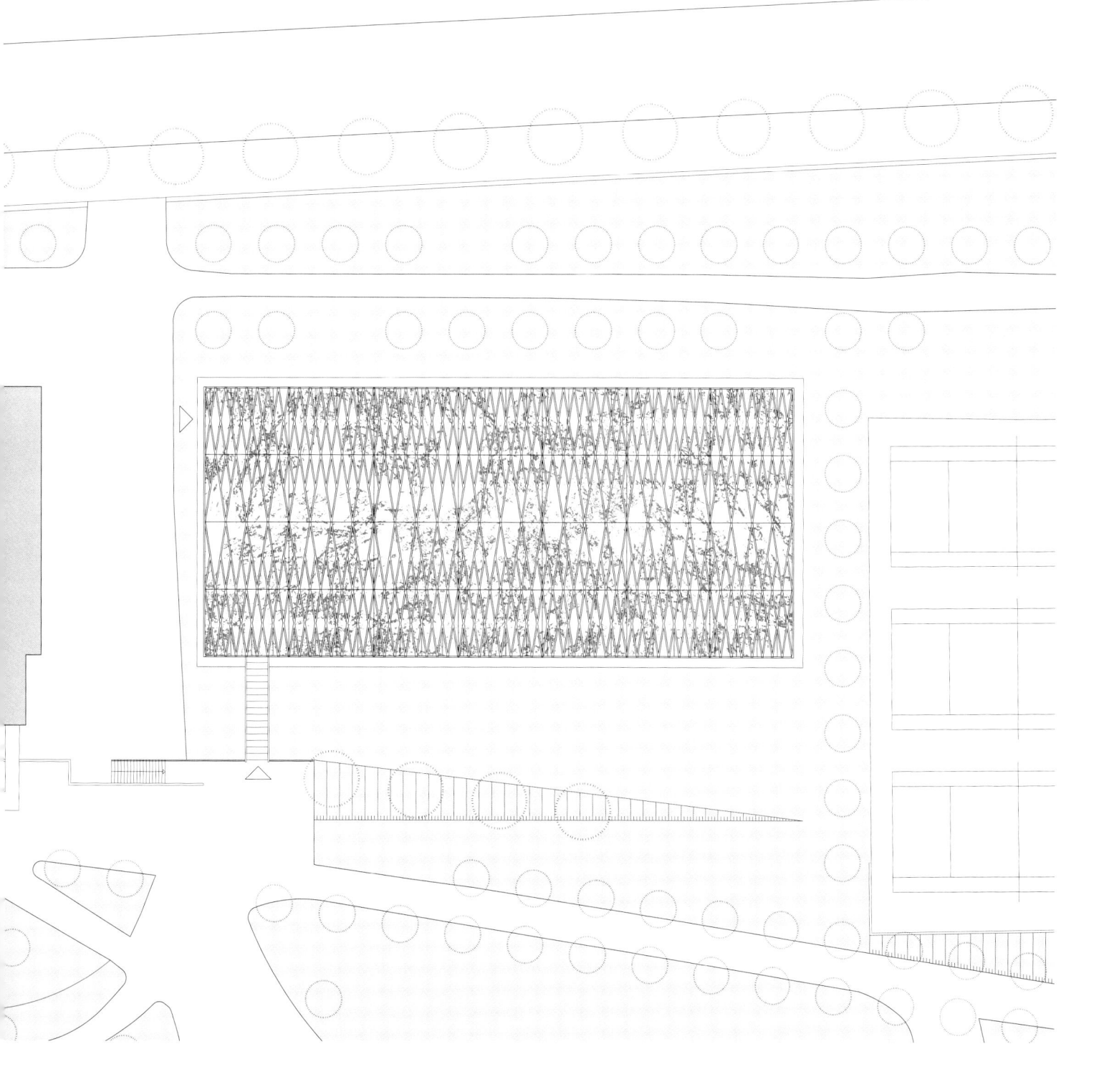

47

Assembly of Prefabricated Façade Panels of the *Fédération du Bâtiment*
Assemblage des panneaux de façade préfabriqués de la Fédération du Bâtiment
Jean Prouvé, Gravereaux et Lopez
Paris, France 1949

Components
Composants

Assembly of Prefabricated Façade Panels of
the *Fédération du Bâtiment*
*Assemblage des panneaux de façade pré-
fabriqués de la Fédération du Bâtiment*
Jean Prouvé, Gravereaux et Lopez
Paris, France 1949

Prefabricated Concrete Façade Panels of the Australian Embassy
Panneaux de façade préfabriqués de l'Ambassade d'Australie
Harry Seidler
Paris, France 1978

To associate and assemble

The notion of construction in the modern era has grown up along with that of technical reason, both under the influence of the political and economic motivations that have characterised them since the outset. What place does the question of construction take, in corollary with that of technical innovation, in today's architecture? The programs presented in this chapter are part of a field in France in which research into technical innovation has been set aside due to restricted budgets and lead times, and normative regulations and expectations. Therefore, here we chose to optimise rather than innovate, in this way bringing the construction closer to an act of assembly. To succeed, priority needed to be given to the design of the plan. A regular grid was established to organise the ensemble of the different functions, networks and construction systems. This enabled the prefabrication of structural and mechanical components and set up the association between these elements and those of the secondary structure, illustrated by the entirely prefabricated concrete structure of the Nanteuil-lès-Meaux junior high school. To optimise these assemblies, the secondary structural elements were chosen from the repertory of tested and catalogued products, illustrated by the curtain wall façades of the Montparnasse neighbourhood library and the polished concrete façades of the public housing in Paris's Tolbiac neighbourhood. This approach was facilitated by the use of prototypes, which not only offered opportunities for aesthetic inquiry, but also enabled the team to ascertain the optimal order of operations and thus the most economical approach to construction. These economies that went hand in hand with the mastery of the technical environment in turn opened up the opportunity for each project to be enriched beyond the stipulations of the programme.

Associer et assembler

L'influence de la question constructive a grandi avec celle de la raison technique, et l'une et l'autre avec l'influence des motivations politiques et économiques qui les fondent. Quelle est alors la place faite à la question constructive et en corollaire à l'innovation technique dans l'architecture d'aujourd'hui ? Les programmes présentés sous cette rubrique appartiennent à un champ où ont été bannis en France la recherche et l'innovation technique pour des raisons de coût, de délai de réalisation, ou de cadre réglementaire et normatif. On a donc cherché ici à optimiser plus qu'à innover, rapprochant en cela plus encore l'acte de construire d'une activité d'assemblage. Pour y parvenir s'est imposée comme un préalable la maîtrise du plan. La mise en place d'une trame régulière organise tout ensemble les fonctions, les réseaux et la construction. Cette mise en place autorise la préfabrication d'éléments de gros œuvre et de réseaux et prépare leur association avec les éléments de second œuvre, à l'image de la structure en béton entièrement préfabriquée du collège de Nanteuil-lès-Meaux. Pour accroître la maîtrise de ces assemblages, les éléments de second œuvre sont choisis dans le catalogue des produits répertoriés et testés, à l'image de ceux retenus pour les façades rideaux en verre de la bibliothèque du quartier Montparnasse, ou de ceux retenus pour les façades en béton poli des logements du quartier Tolbiac. Accompagnée par la réalisation de prototypes, cette démarche permet ainsi de rationaliser les coûts de construction – les prototypes permettant, par-delà les aspects esthétiques, de vérifier le bon enchaînement des tâches. Elle permet d'offrir un environnement technique maîtrisé tout en générant une économie qui autorise l'introduction d'un élément inattendu dans chaque projet.

Housing, Schools and Parking Lot
Logements, écoles et parking

Paris, France   1995-1998

In the 13th arondissement of Paris, between the Austerlitz train station and the Seine, the National Library is a centrepiece of a new neighbourhood that is practically a city unto itself.

Inscribed in the first phase of the large public development project, this building brings together 52 apartments and a school with twelve classrooms. Sandwiched into a site initially intended for a more modest programme, the project is doubly constrained by the new zoning regulations and by the footprints and looming presence of two adjacent buildings. Topped by the housing units, the spatial requirements of the school dictate the composition of the ensemble. The courtyard is open to a big Paris sky and, even more uncommonly, to the neighbouring park on the other side of the street. The programmes are distributed around it: to the west running along the street, the elementary school classrooms are located above an open ground floor that functions as an indoor/outdoor playground; to the east, the nursery school is level with the courtyard; to the north, the library and art classrooms are located above the cafeteria and administrative offices. The cafeteria is set back from the adjacent building by a small passageway and faces a neighbouring courtyard, while the administrative offices face the primary courtyard. The apartment levels rise above the north wing. Crowned by a series of duplexes, the apartments are outfitted with south-facing planted balconies that attenuate the drop over the school courtyard. Open on two sides, each apartment benefits from a micro-room, not specified in the programme, made possible by the rationality of the plan. Homogenous and economical, the prefabricated façade system ensures the general coherence of the project.

A Paris, autour du bâtiment phare qu'est la Bibliothèque nationale de France, émerge un vaste fragment de ville entre la gare d'Austerlitz et la Seine.

Inscrit dans la première phase d'une vaste opération urbaine publique, le projet associe un ensemble de 52 appartements à une école de douze classes au cœur du quartier Tolbiac. Confiné dans un site prévu initialement pour un programme plus modeste, le projet se trouvait doublement contraint par les règles strictes qui présidaient à l'aménagement du quartier et par l'aplomb des deux bâtiments mitoyens. Surplombé par les appartements sociaux, l'école a réglé l'implantation de l'ensemble. Ouvert largement sur le ciel parisien et de façon plus inhabituelle encore sur le jardin voisin par-delà la rue latérale, la cour organise la répartition des éléments du programme : côté rue, les salles de classes élémentaires couronnent le rez-de-chaussée traversant que forment une salle de jeu et le préau vitré ; côté intérieur, la maternelle se déploie parallèlement en rez-de-chaussée ; au nord de la cour, ouvert sur le passage mitoyen et en retrait du haut aplomb bâti encadrant une cour contiguë, les enseignements spécifiques et la bibliothèque surplombent les restaurants qui s'installent en rez-de-chaussée face aux bureaux administratifs bordant la cour de l'école. Au-dessus de la bibliothèque, couronnés par une série de villas en duplex, les appartements sont dotés au sud de balcons plantés qui atténuent l'aplomb sur la cour d'école. Tous traversants, les appartements bénéficient chacun d'une micro-pièce hors programme rendue possible par la rationalité du plan. Homogène et économique, le système constructif préfabriqué des façades assure la cohérence générale du projet.

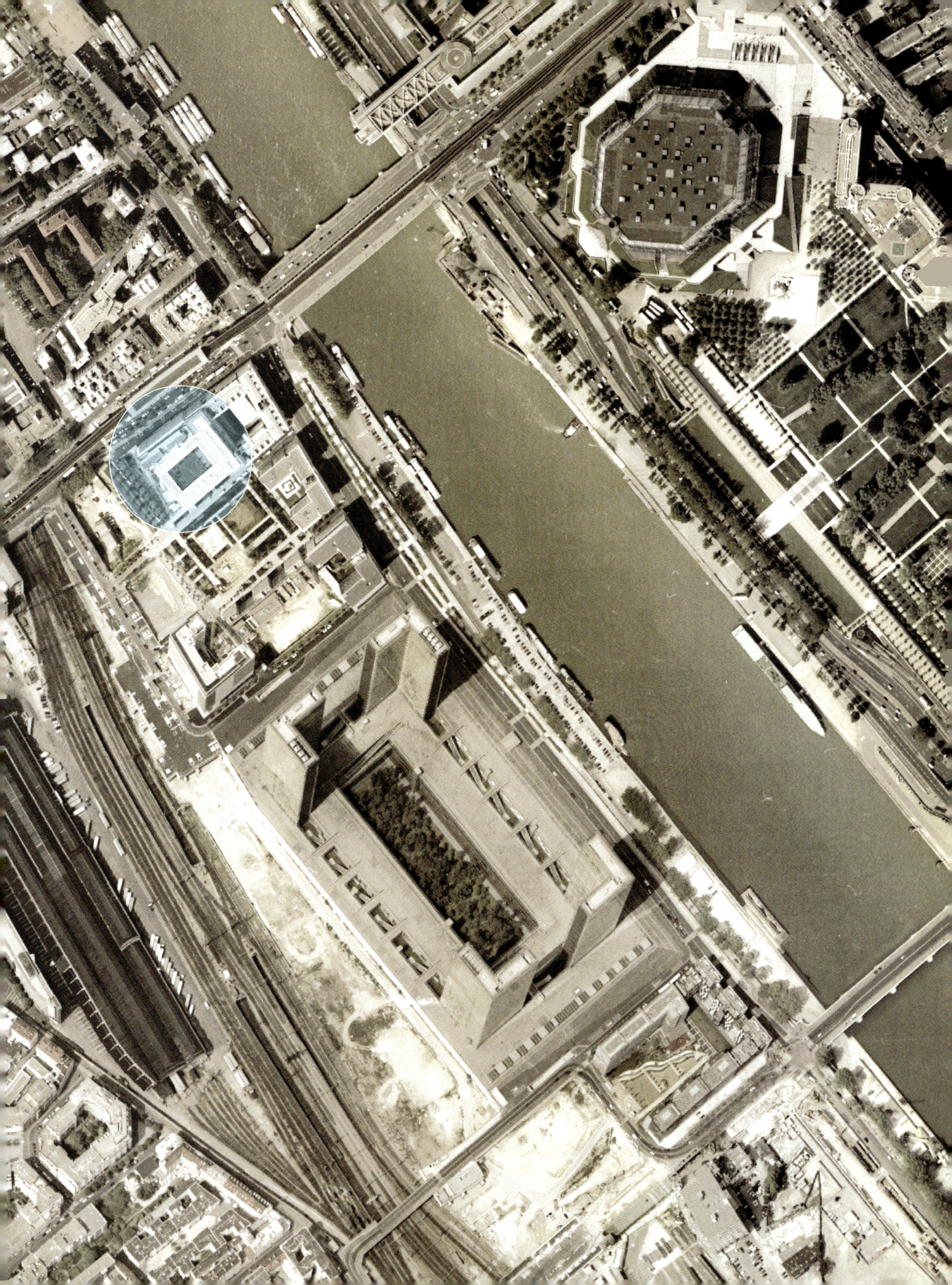

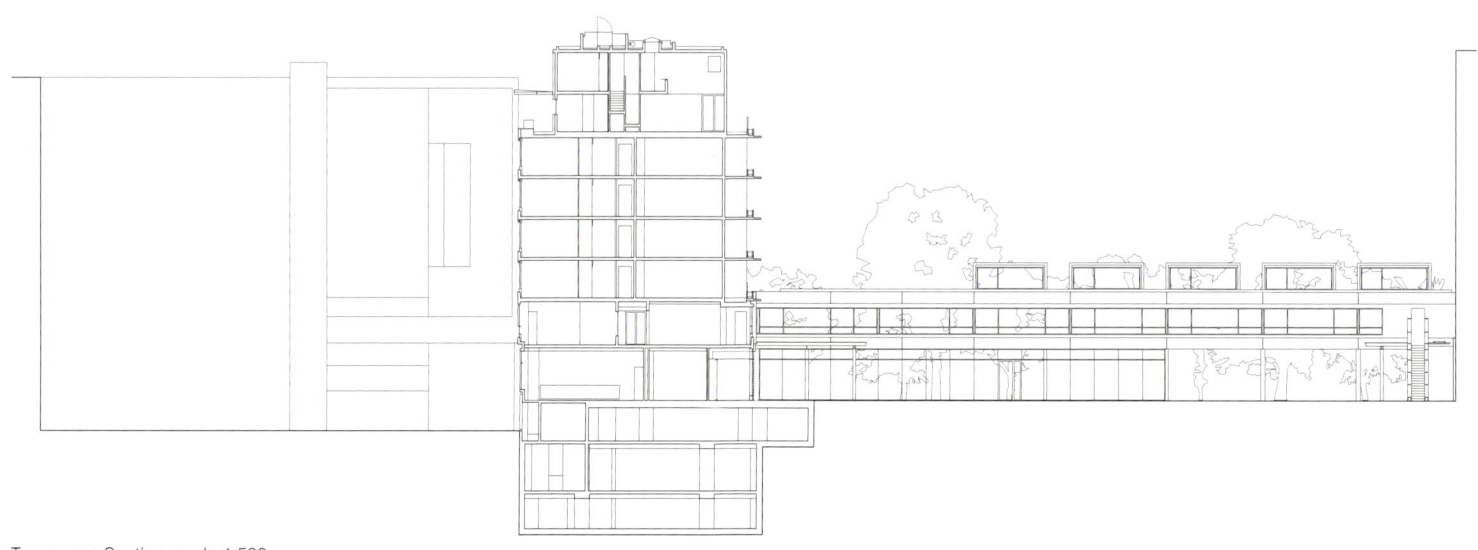

Transverse Section, scale 1:500
Coupe transversale, échelle 1:500

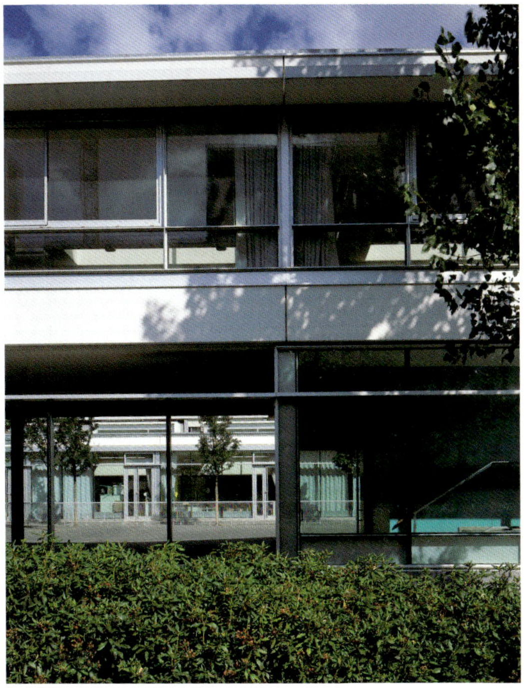
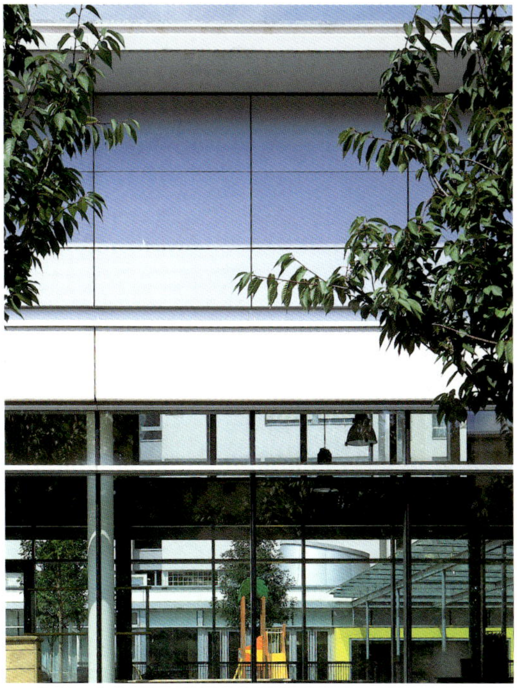
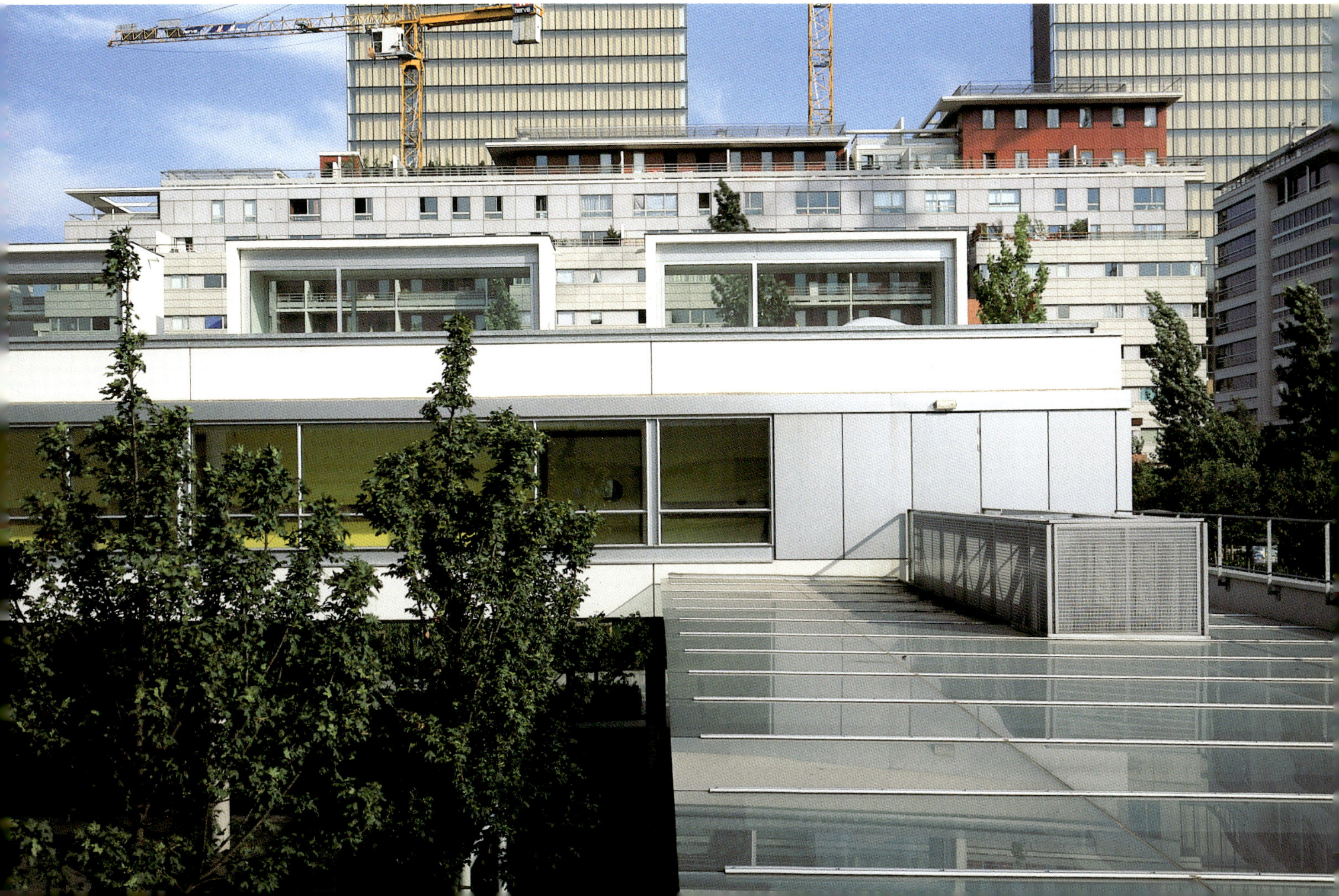

54

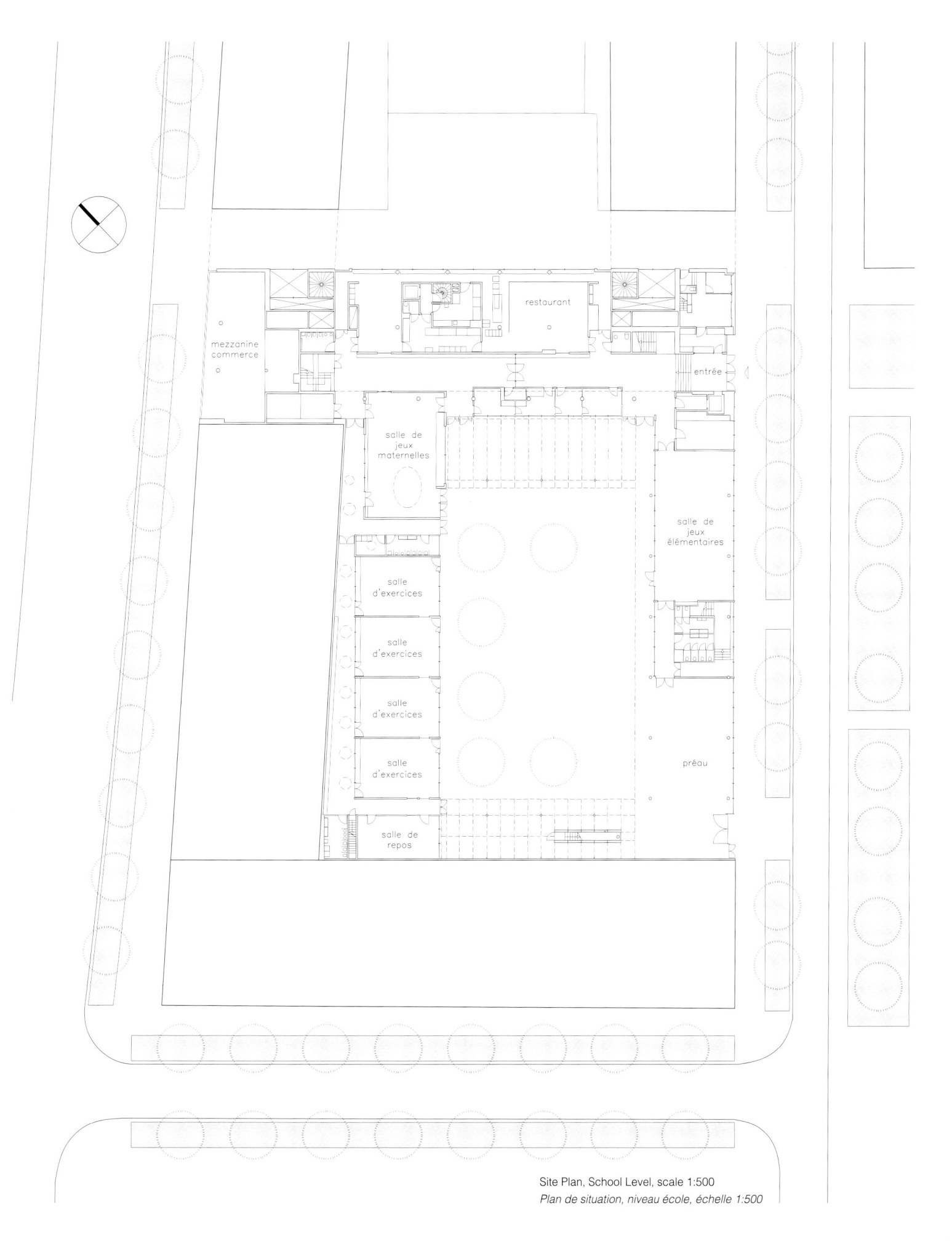

Site Plan, School Level, scale 1:500
Plan de situation, niveau école, échelle 1:500

Duplex apartment
7th and 8th Floor Plans, scale 1:150

1. living room
2. parent's room
3. children's room
4. alcove
5. terrace
6. bathroom
7. kitchen
8. open space
9. open onto livingroom

Appartement en duplex
Plans des 7ᵉ et 8ᵉ étages, échelle 1:150

1. *séjour*
2. *chambre parents*
3. *chambre enfants*
4. *alcôve*
5. *terrasse*
6. *salle de bain*
7. *cuisine*
8. *dégagement*
9. *vide sur séjour*

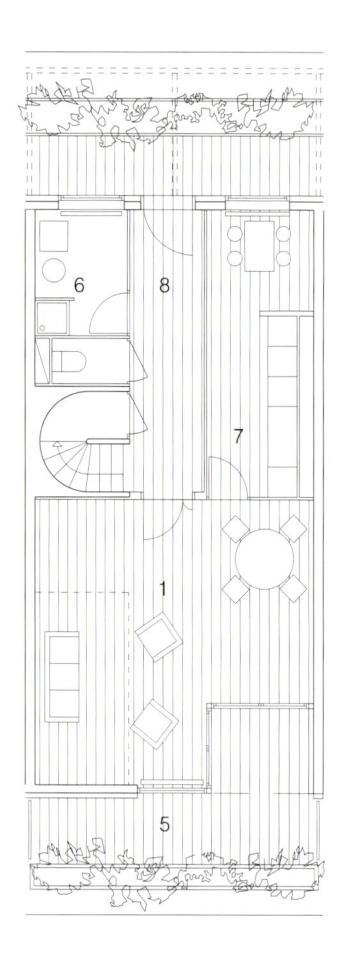

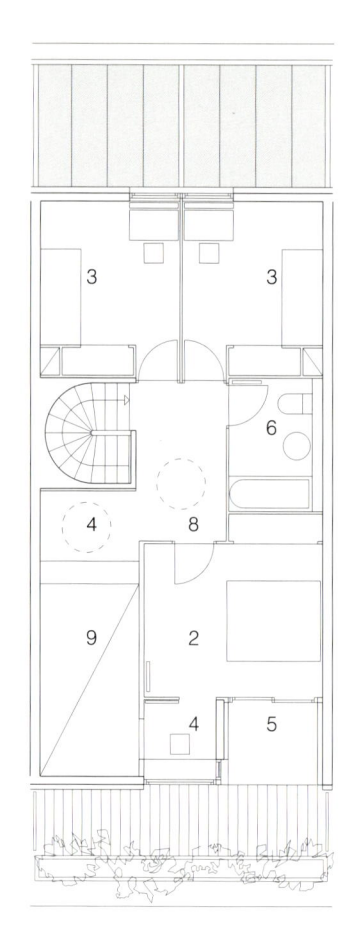

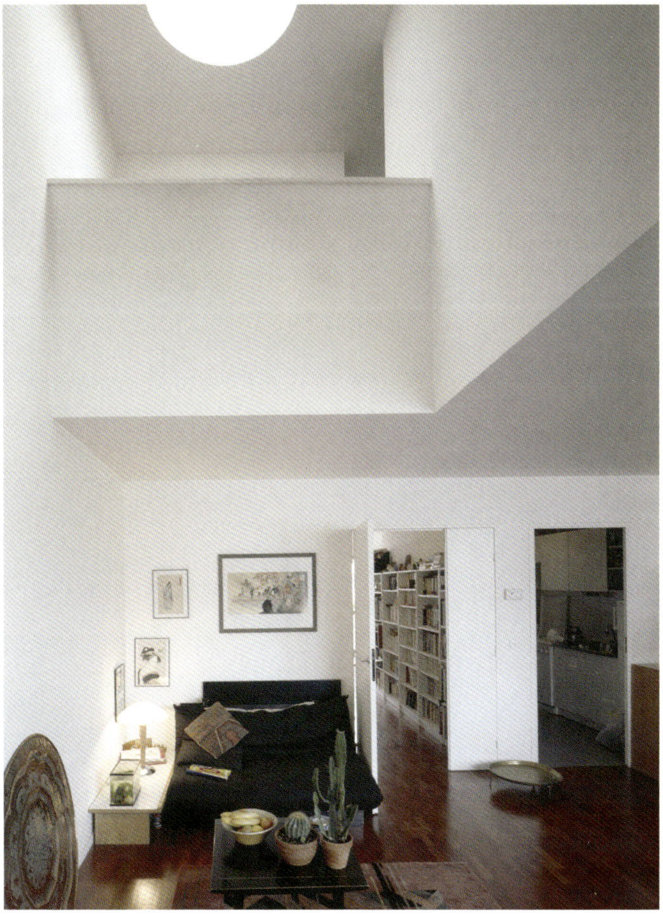

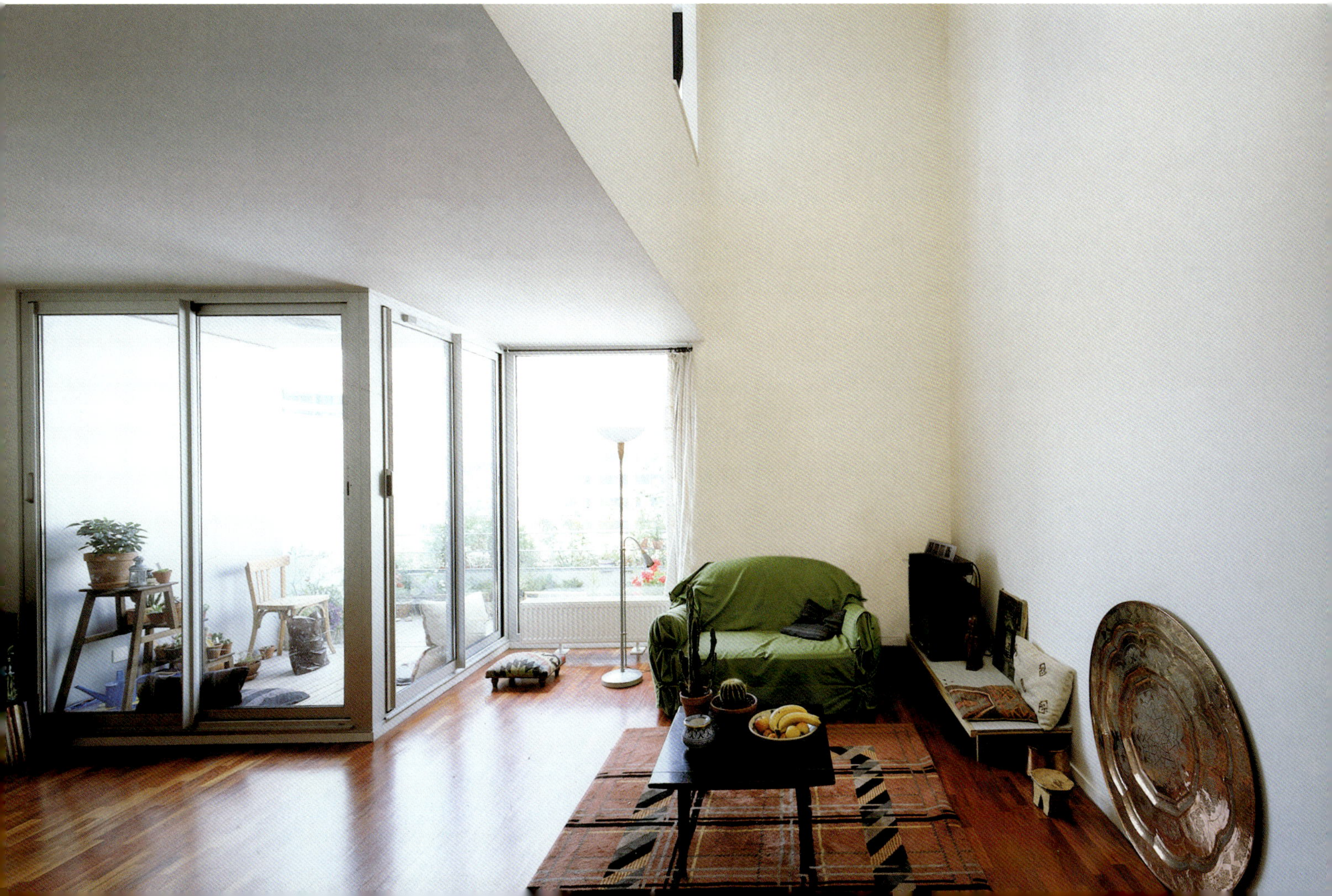

Library and City Ateliers
Bibliothèque et ateliers municipaux

Paris, France   1993-1998

In Paris, on the edge of the great Haussmannian axes, the Montparnasse neighbourhood of the 14th arrondissement conserves traces of a traditional urban fabric and is still distinguished by the diversity of its population and its buildings.

This multi-purpose project brings together two antagonistic programmes, a quiet public library and noisy metal and carpentry workshops. Therefore it was necessary to partition the building into insulated volumes. In order to preserve the tranquillity of the reading rooms from the activity of the workshops, the two programmes are separated by a service core and staircase. Following a Parisian typology, the workshops are located at the far end of the lot, between the courtyard and the passageway, while the library fronts corner of the street and the passageway. To overcome the narrowness of the lot, the library's three levels are wrapped with a glass curtain wall, extending the perceptual limits of the reading rooms and thus appropriating the facing urban landscape as visual enclosure. On the corner of the upper level, the smooth panes of glass are replaced by glass louvers that distinguish the children's reading room loggia, which is visible from the Avenue du Maine, the dominant axis of the neighbourhood. While the two programmatic entities are distinct, the general coherence of the ensemble is nonetheless assured by a homogenous tectonic, based on a component system assembled on the construction site.

A Paris, en marge des grands tracés haussmanniens, les abords de Montparnasse conservent des enclaves de faubourgs encore caractérisées par leur mixité sociale et bâtie.

Cet équipement urbain associe sur une parcelle étroite deux programmes antagoniques : une bibliothèque publique et des ateliers de métallerie et de menuiserie. Cette combinaison induit la répartition des corps de bâtiment sur la parcelle. Ainsi, afin de préserver de l'activité des ateliers la tranquillité des salles de lecture, les deux entités sont isolées l'une de l'autre par les cages d'escalier et les locaux de services. Selon un modèle typologique parisien, les ateliers sont disposés en fond de parcelle entre la cour et le passage alors que la bibliothèque occupe le front de la rue à l'angle du passage. Pour pallier à l'étroitesse de la parcelle et permettre aux trois salles de lectures superposées de bénéficier de vues très larges, un dispositif de façades totalement transparentes permet de reculer les limites visuelles et d' « emprunter » le paysage urbain en vis-à-vis. A l'angle du passage, en partie haute, les pans de verre de cette façade lisse sont remplacés par des ventelles de verre qui distinguent la loggia de lecture des enfants et annoncent la bibliothèque publique depuis l'avenue du Maine qui structure le quartier. Si les deux entités programmatiques sont distinctes, la cohérence générale du projet est néanmoins assurée par le choix d'un mode constructif homogène reposant sur un système de composants uniques déclinés et assemblés en phase chantier.

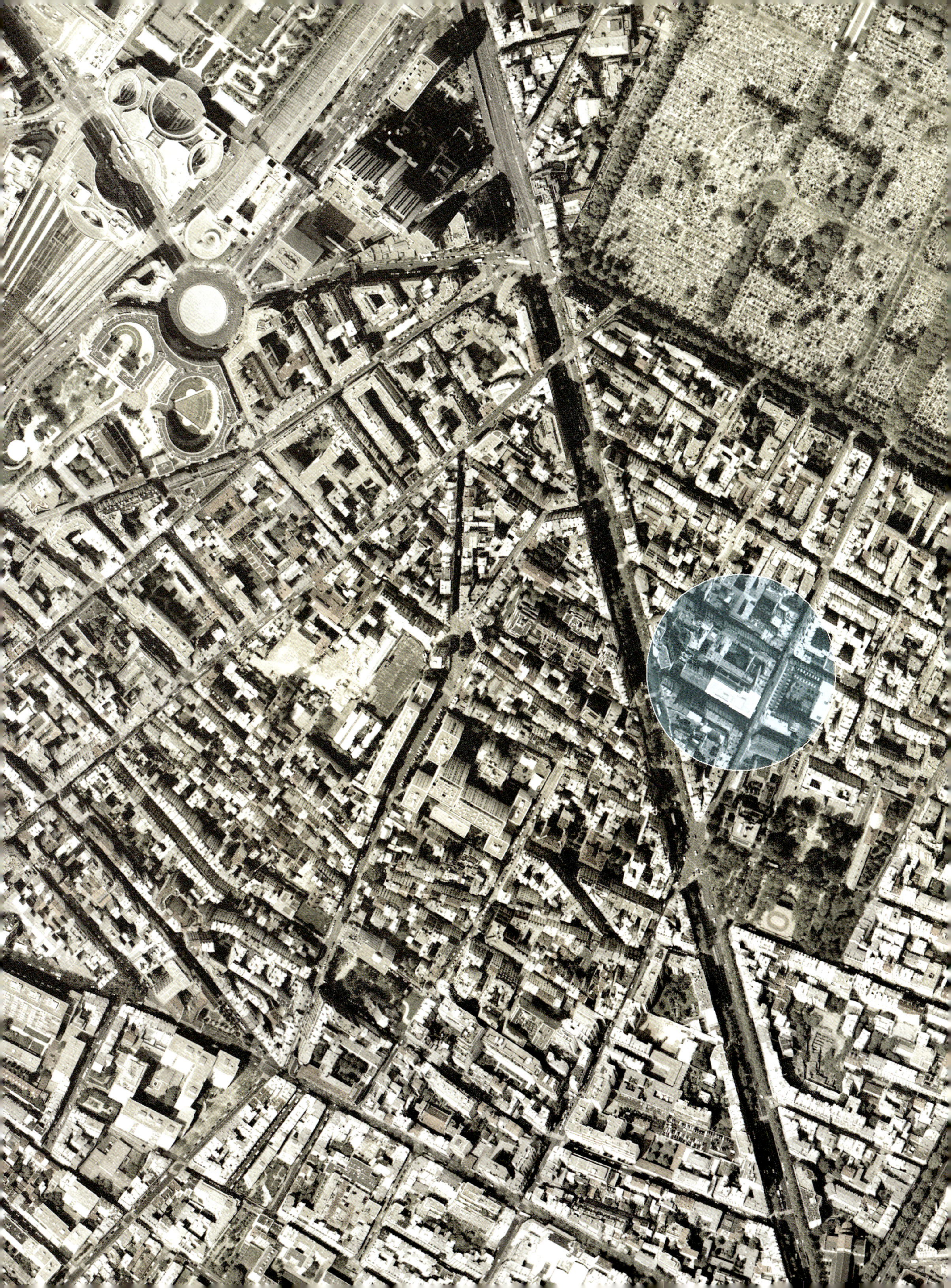

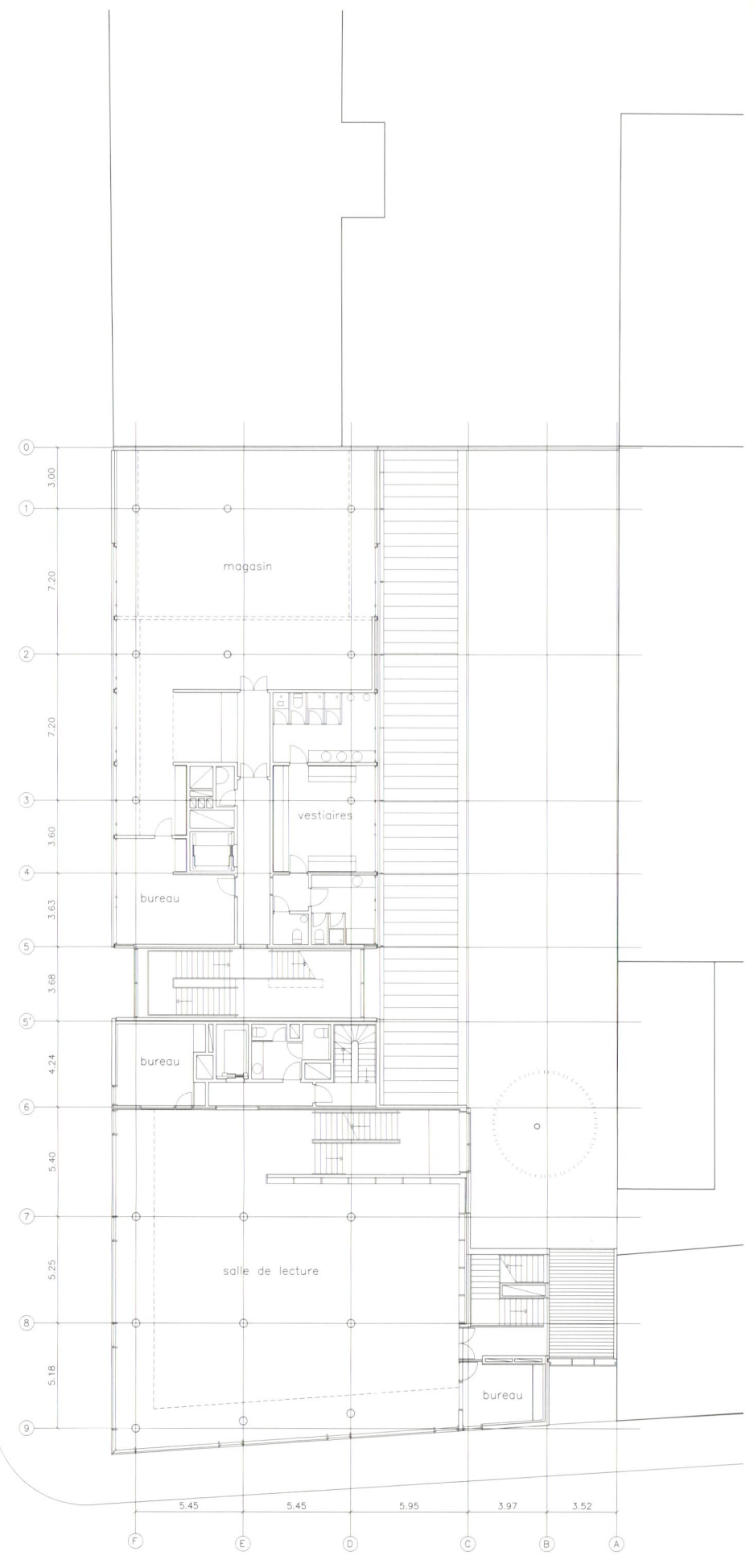

First Floor Plan, scale 1:300
Plan étage, échelle 1:300

BIBLIOTHEQUE GEO

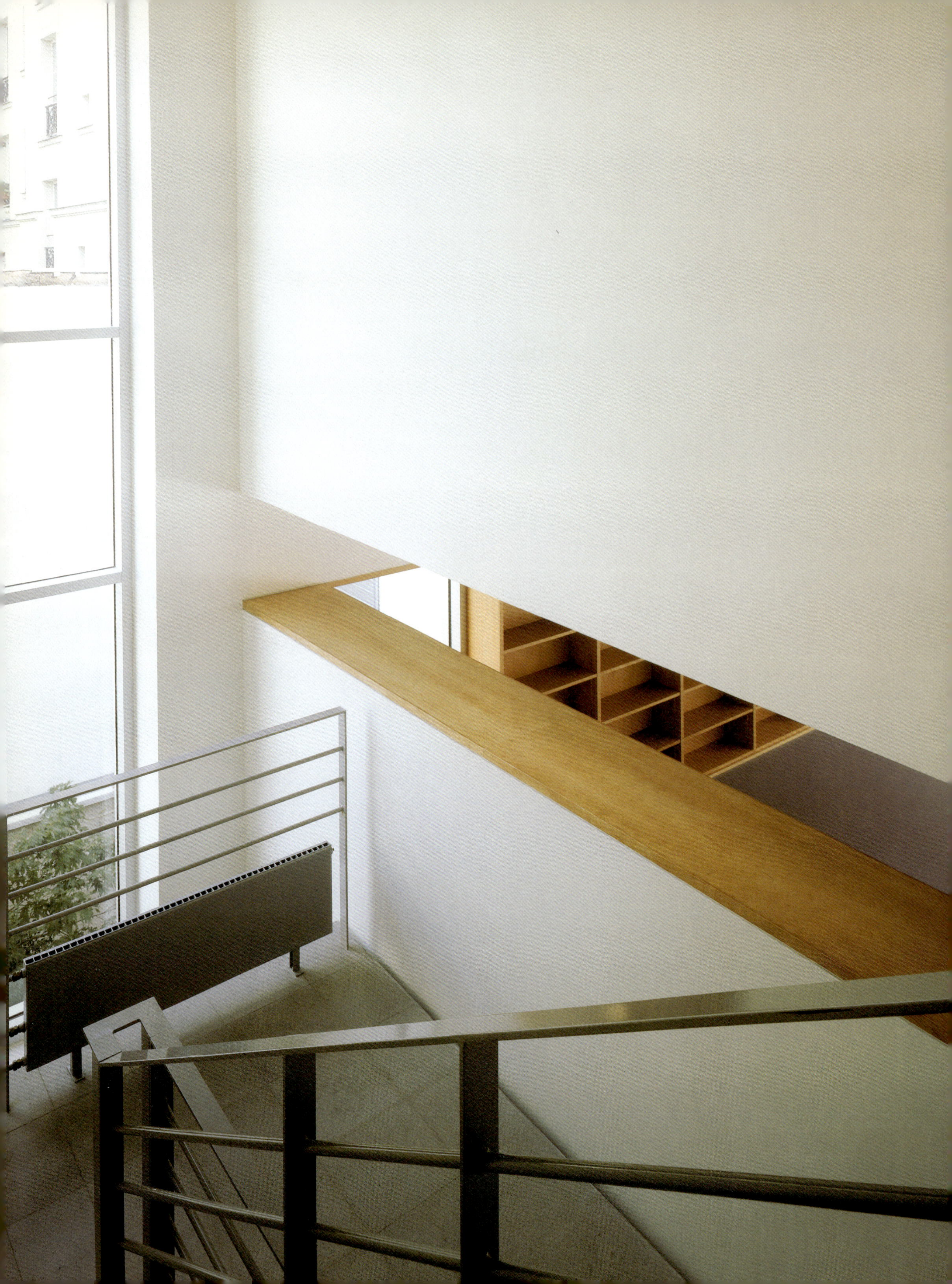

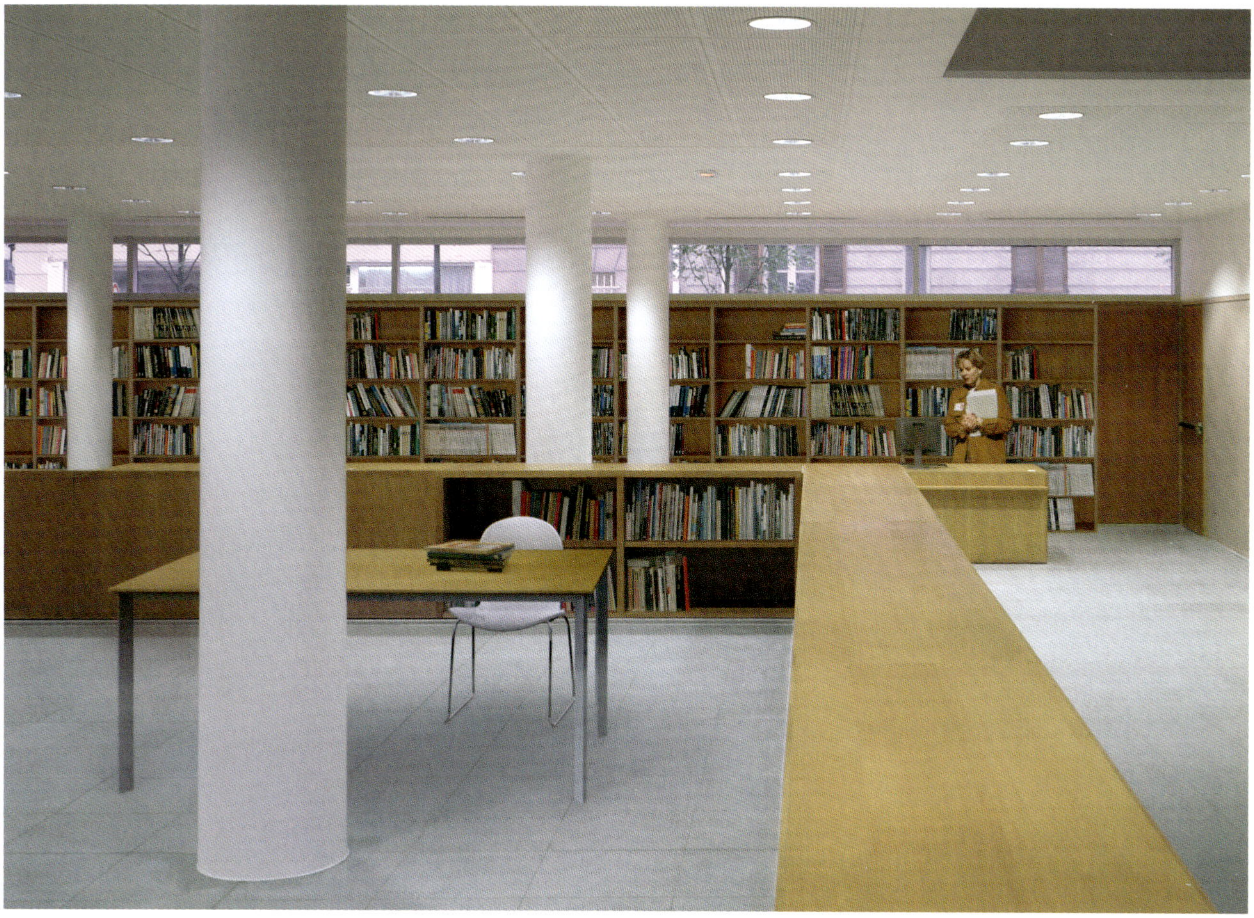

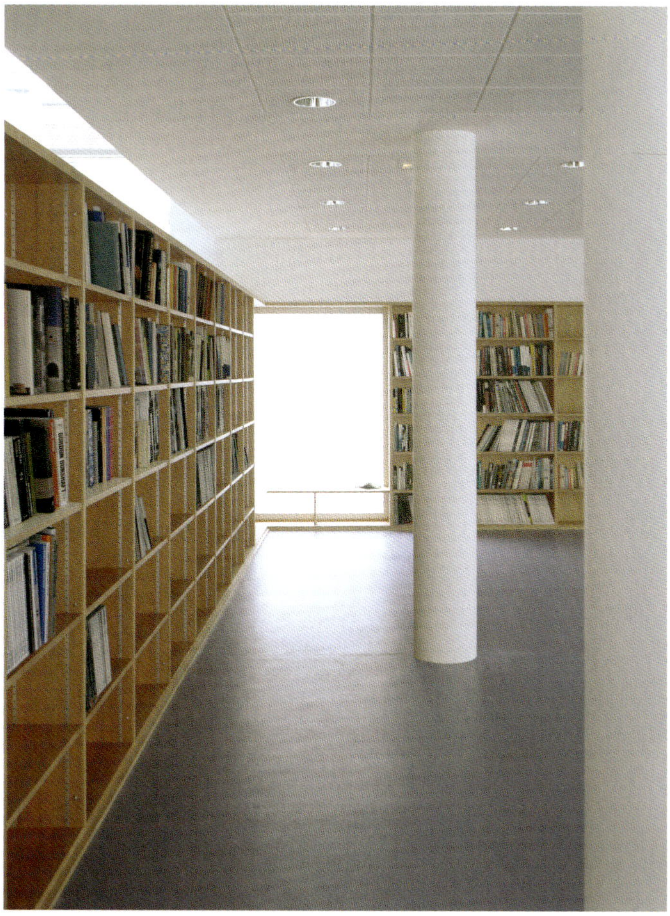

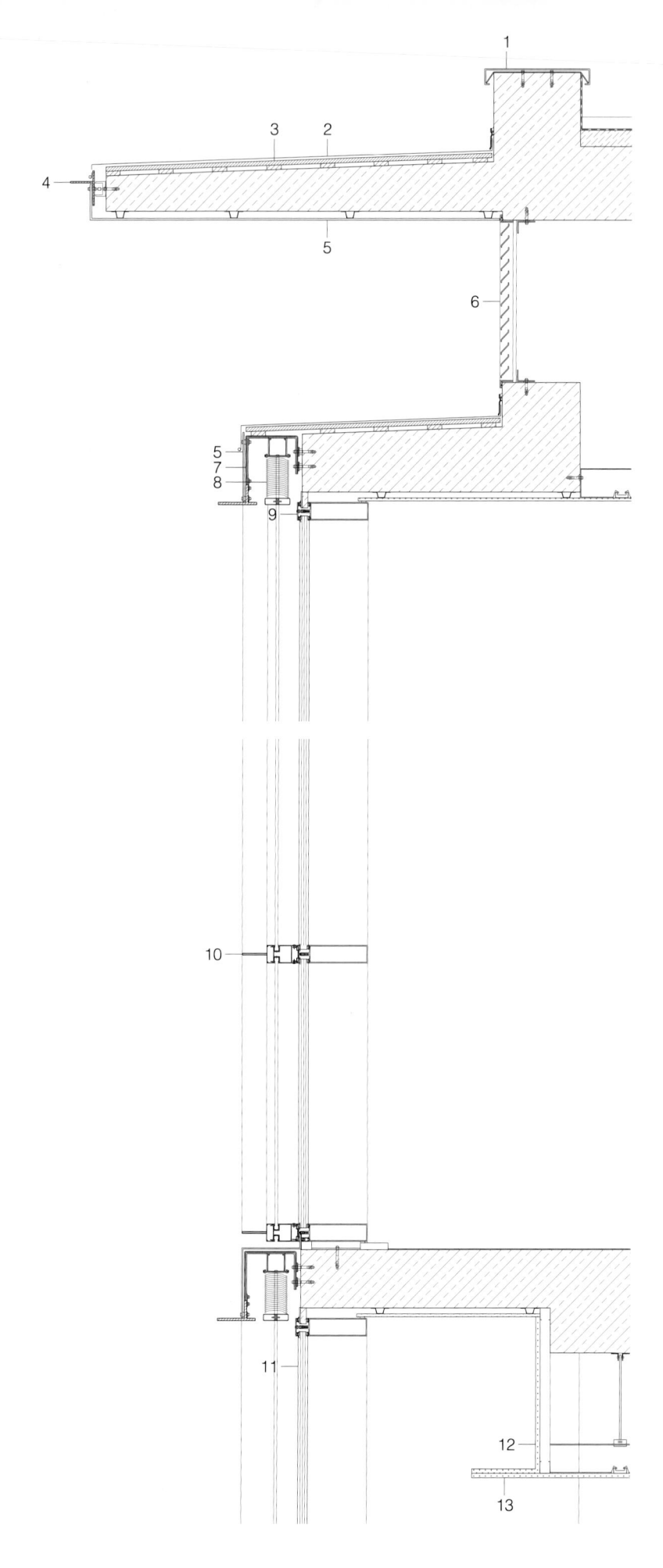

Reading Rooms, Upper Façade
Vertical Section, scale 1:20

1. lacquered steel cover strip
2. zinc
3. marine grade plywood 15 mm thick
4. laquered steel profile
5. laquered Alucobon sheet metal
6. grill
7. anodised steel profile
8. anodised aluminium shudders
9. anodised aluminium tightening cap
10. anodised aluminium tightening cap with integrated sliding shudder rails
11. double glazing tempered glass
12. sheetrock cheek
13. acoustic false ceiling

Salles de lecture, façade haute
Coupe verticale, échelle 1:20

1. *couvertine aluminium anodisée*
2. *zinc*
3. *CTBX 15 mm*
4. *profil acier laqué*
5. *tôle Alucobon laquée*
6. *grille*
7. *profil acier galvanisé*
8. *store aluminium anodisé*
9. *capot serreur aluminium anodisé*
10. *capot serreur aluminium anodisé, avec coulisses de store intégrées*
11. *double vitrage feuilleté*
12. *jouée plaquée de plâtre*
13. *faux plafond acoustique*

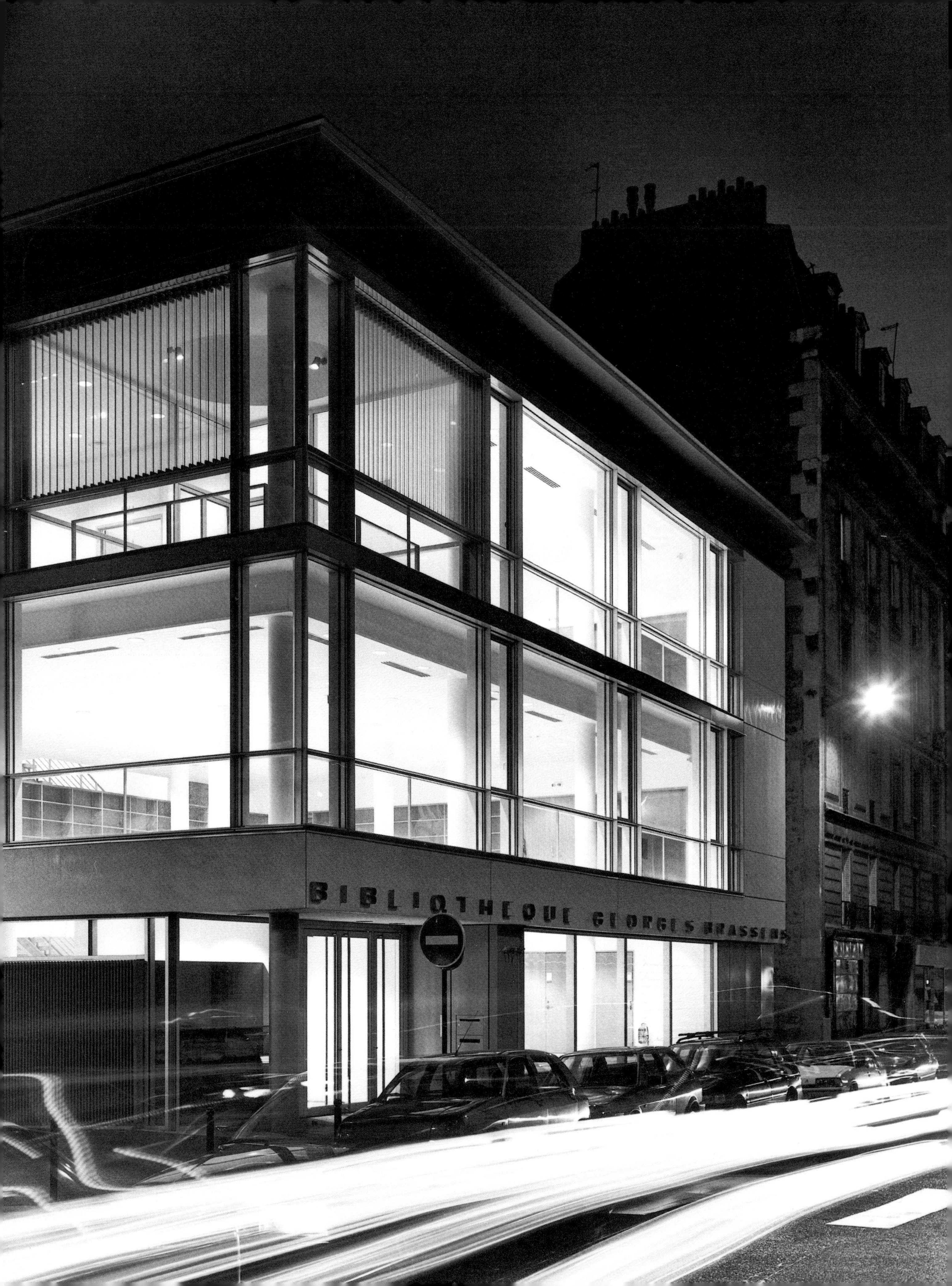
BIBLIOTHEQUE GEORGES BRASSENS

Junior High School
Collège

Nanteuil-lès-Meaux, France   1998-2001

60 km east of Paris, the town of Nanteuil-lès-Meaux, 5000 inhabitants, looks out over the Marne river valley.

Designed to hold 900 students, this junior high school is situated alongside a highway in a commercial zone, typical of the access routes into French suburban towns. The site slopes down towards the Marne. This natural condition is exploited by dividing the programme into two parallel volumes arranged perpendicular to the slope, on either side of the recreation courtyard. The roof of the lower volume is level with the ground floor of the upper volume, which fronts the highway. The school's animated and colourful façade both affirms and valorises the educational programme within the commercial district, while sheltering the courtyard from the noise and pollution of the passing traffic. At the entrance to the school, under a cantilevered volume, the landscaped axis of the parking lot penetrates the principal building. Within, the axis takes the form of an interior street, with the various programmes distributed on either side. On the upper floors, above the science labs and the administration offices, the art studios open onto the highway, crowning the building and distinguishing it by their colour. Set back from these forms, the general education classrooms benefit from the views over the valley. In the lower building, the technical education classes are located above the cafeteria, which, nestled into the slope, looks out over the neighbouring orchards. A homogenous tectonic is comprised of a combination of prefabricated structural concrete columns and panels and a component curtain wall system iterated to follow the requirements of a variety of programmes.

A 60 km à l'est de Paris, Nanteuil-lès-Meaux, commune de 5000 habitants, domine la vallée de la Marne en amont de Meaux.

Conçu pour accueillir 900 élèves, ce collège est implanté en bordure d'une autoroute au cœur d'une zone marchande typique des entrées de ville à vocation commerciale. Légèrement incliné vers la Marne visible au loin, le site présentait des qualités naturelles qu'il s'agissait d'exploiter. A dessein, les deux corps de bâtiment sont implantés dans la pente en enchâssant une grande cour qui met en relation, sur le principe d'un double rez-de-chaussée, le niveau haut du bâtiment en contrebas au niveau bas du bâtiment bordant l'autoroute ; ce dernier offrant au collège un front bâti animé et coloré qui tout ensemble affirme et met en valeur le caractère institutionnel du programme et protège la cour des nuisances de l'autoroute. Facilement repérable, ce bâtiment signale l'entrée du collège par un ample porte-à-faux que prolonge le mail planté bordant le parking. Une rue intérieure en structure le rez-de-chaussée et distribue les éléments du programme en façades : côté autoroute, couronnant le bâtiment et se distinguant par leur couleur vive, les ateliers dédiés aux activités artistiques surplombent les salles d'enseignement scientifique et les bureaux d'administration ; côté cour, les classes d'enseignement générales profitent des vues vers la vallée. De même, de l'autre côté de la cour, surplombant le restaurant scolaire ouvert de plain-pied sur les vergers voisins, les salles d'enseignement technique s'orientent vers la vallée. Combinant la préfabrication lourde pour la structure à un système unique de composants déclinés en fonction des situations du programme pour les façades, le collège procède d'un mode constructif homogène.

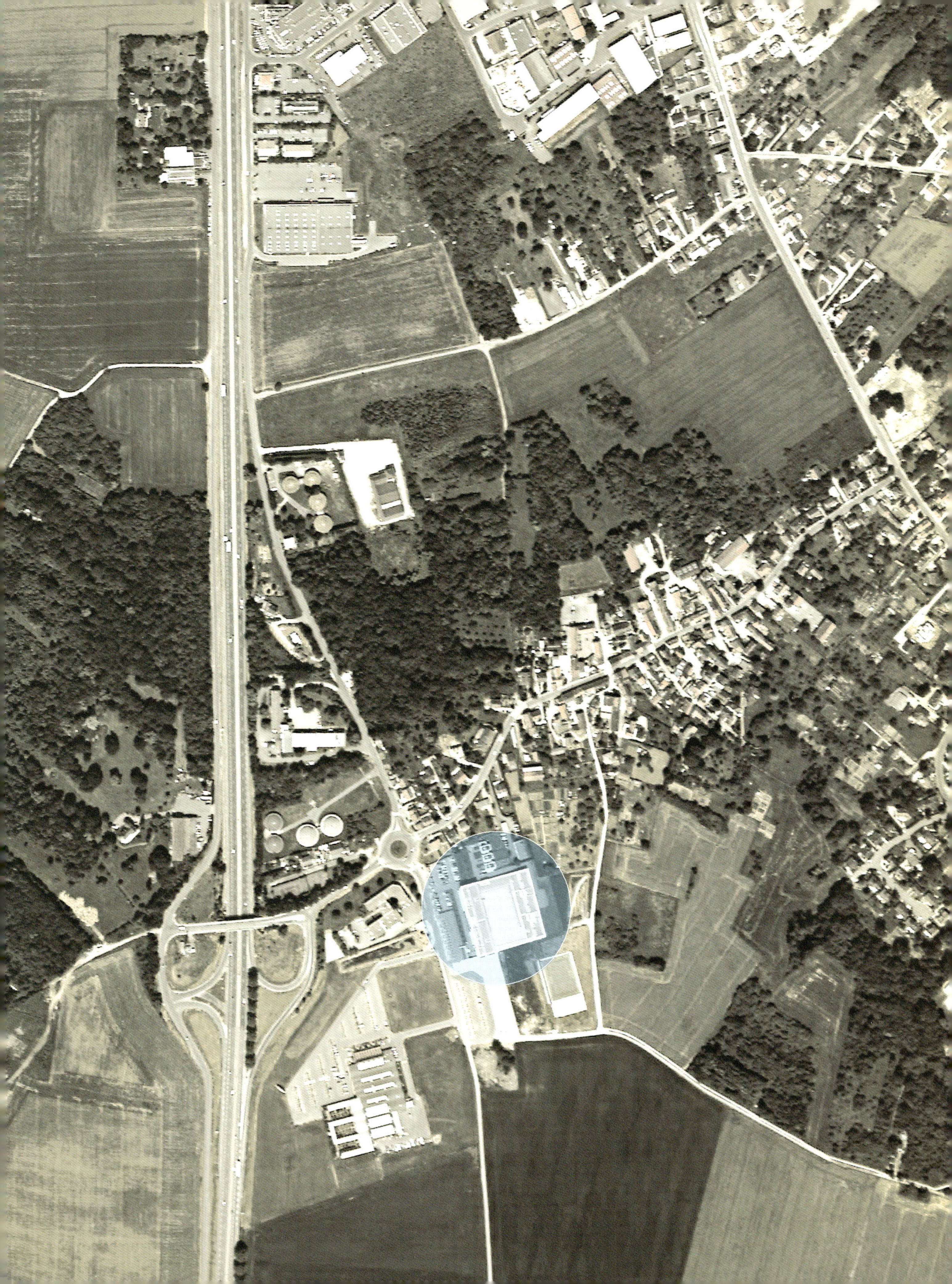

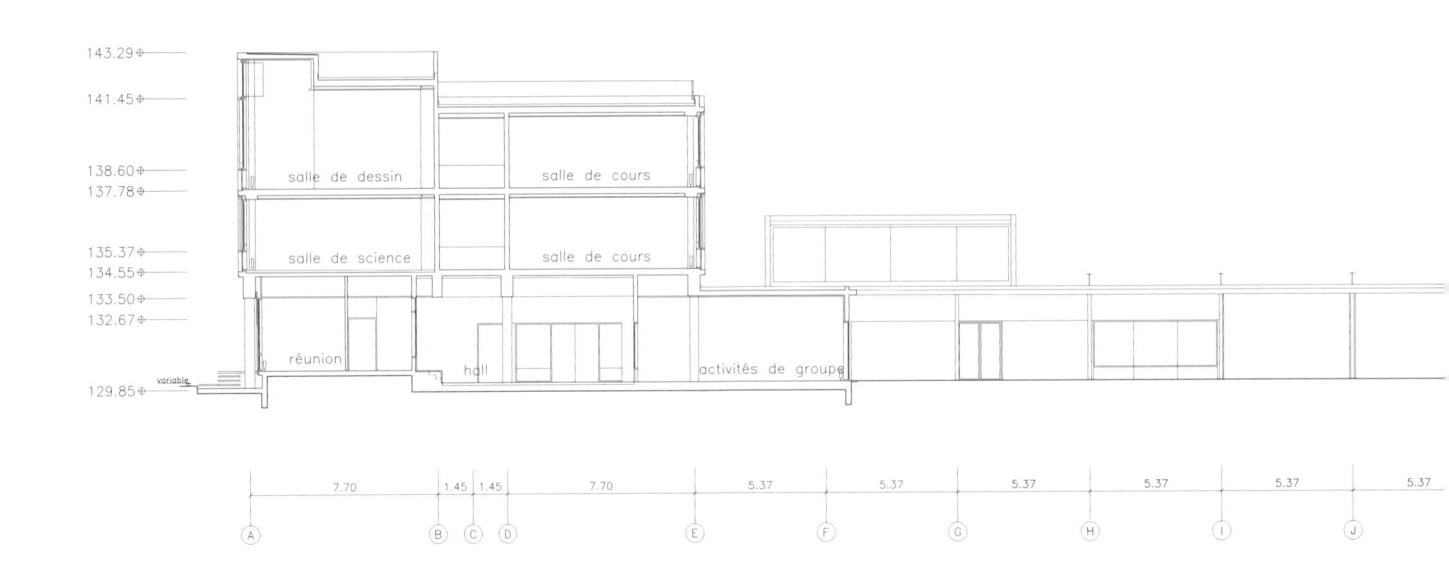

143.29
141.45
138.60 salle de dessin   salle de cours
137.78
135.37 salle de science salle de cours
134.55
133.50
132.67 réunion   hall   activités de groupe
129.85

A — 7.70 — B — 1.45 — C — 1.45 — D — 7.70 — E — 5.37 — F — 5.37 — G — 5.37 — H — 5.37 — I — 5.37 — J

Transverse Section, scale 1:300
Coupe transversale, échelle 1:300

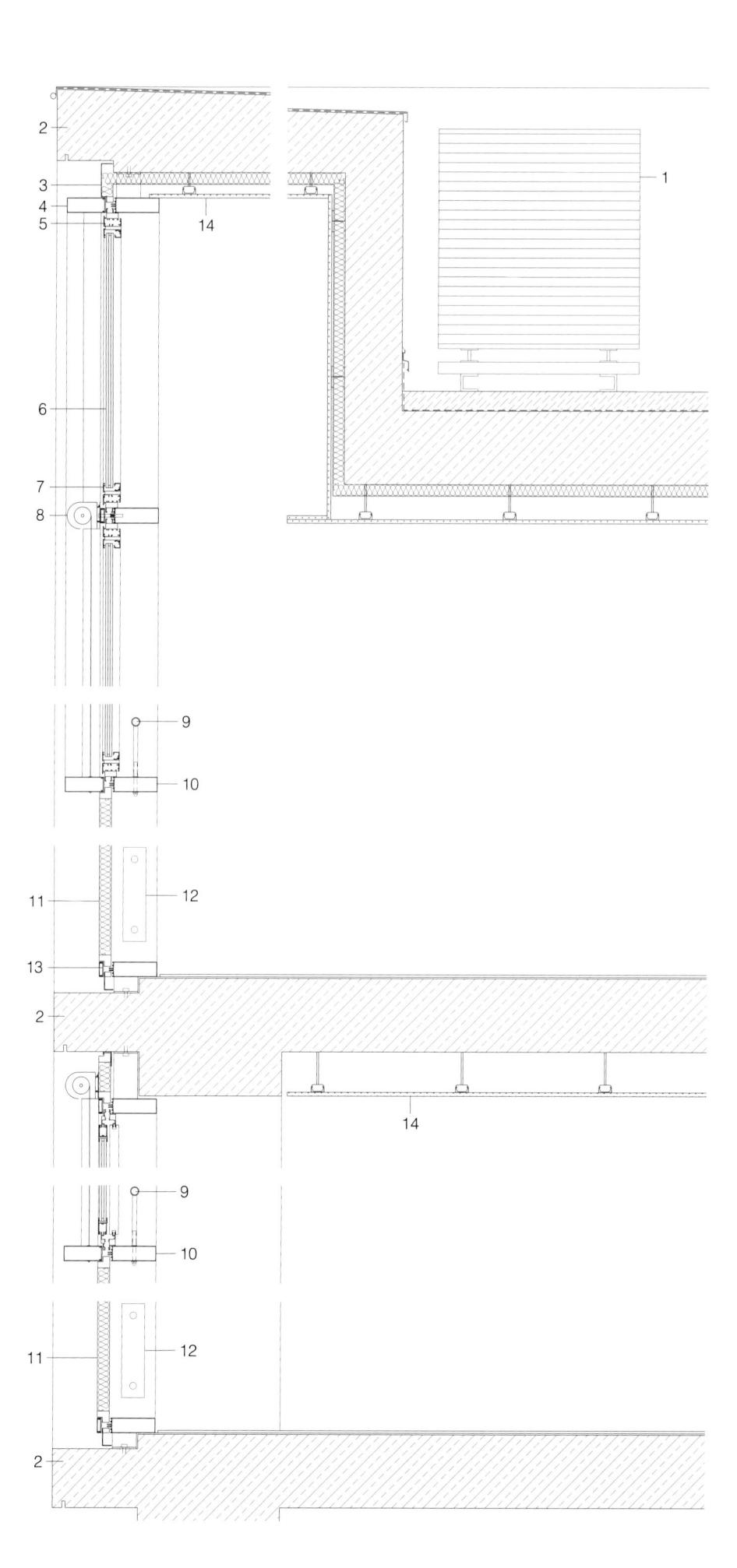

Upper Façade
Vertical Section, scale 1:20

1. air handler
2. precast concrete slab
3. anodised aluminium sheet
4. anodised aluminium bead
5. anodised aluminium section
6. double glass
7. anodised aluminium section
8. anodised aluminium rolling gate 90 mm deep
9. lacquered steel guard rail
10. reinforcement steel tube
11. sandwich pannel with 2 aluminium faces
12. heater
13. anodised aluminium section
14. plasterboard false ceiling

Façade haute
Coupe verticale, échelle 1:20

1. caisson CTA
2. dalle béton brut préfabriquée
3. tôle aluminium anodisée
4. capot aluminium anodisé
5. profil aluminium anodisé
6. double vitrage
7. profil aluminium anodisé
8. coffre store aluminium anodisé 90 mm
9. garde-corps acier laqué
10. tube acier en renfort de traverse
11. panneau sandwich 2 faces aluminium
12. radiateur
13. profil aluminium anodisé
14. faux plafond plaques de plâtre

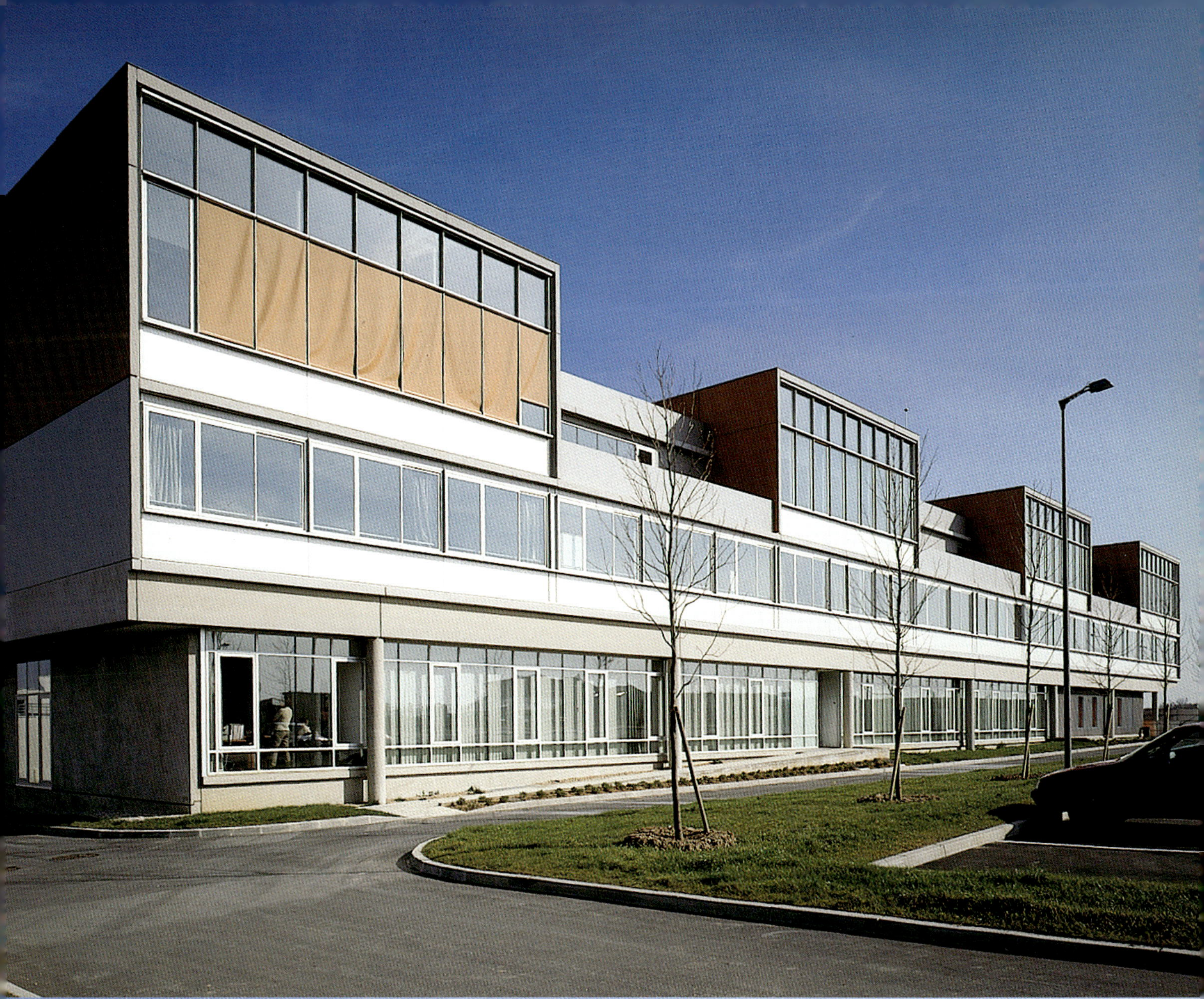

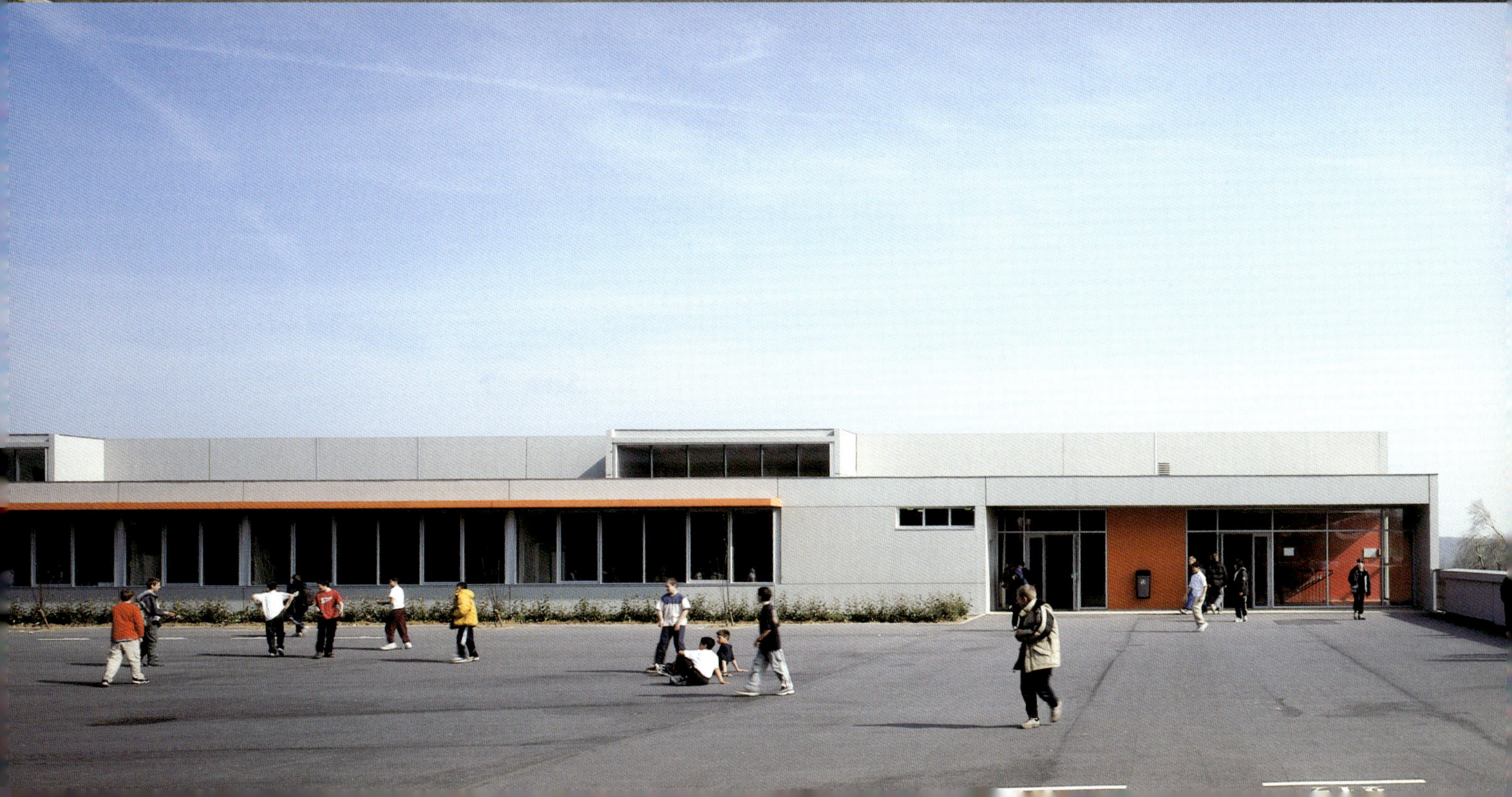

After Firebombing and Cleanup
Après l'incendie et le déblaiement
Saint-Dié-des-Vosges, France 1945

"The Pedistals": Winning Entry for the Rehabilitation of the Paulilles Dynamite Arsenal
« Les socles » : Projet lauréat pour la réhabilitation de l'ancienne dynamiterie de Paulilles
Port-Vendres, France 2003

Insides
Intérieurs

Convento San Domingo
Regional Museum / *Musée regional*
Oaxaca, Mexico / *Mexique* 16th century / *16ᵉ siècle*
Rehabilitation / *Réhabilitation* 1997

Arena Building, interior, architectural adaptation and furniture
Bâtiment Arena, intérieur, adaptation architecturale et mobilier
Donald Judd
Chinati Foundation
Marfa, Texas, USA original gymnasium / *gymnase originale* 1935
Rehabilitation / *Réhabilitation* 1986

To repair and incorporate

How one should negotiate the notion of context is without a doubt the essential question posed by any intervention in an existing building. Should the intervention take on the status of architecture in and of itself, or should it be integrated within the context, reconstituting the existing structure? In both cases it is necessary to define the distance between architectural form and that which contains it. It is the question that, in sum, sets the instability of usage over time in relation to the relative persistence of a building. First, there is the obligation to restore the typological and constructive integrity of the existing structure. It is important to make clear that respect for the building's integral aspects in no way prohibits novel solutions. The architectural response to the agricultural spaces of the Séguemagne estate, the poetic disinheritance of the old dynamite warehouses and practice field of Paulilles, the historic townhouses of the French Consulate in London, and the Saint-Martin-de-Ré military hospital each valorise an intrinsic quality of the existing structure, be it material, tectonic, typological or environmental. The latter two projects solicit interventions that distinguish themselves apart: autonomous rooms are situated within the monumental halls of the hospital, and a glass-box lantern is inserted into the Consulate's garden. Attention to the distinction between that which has a limited duration and that which persists informs choices of what to erase and what to accompany, be the existing structures vernacular or erudite.

Réparer et incorporer

On aborde sans doute avec la notion de contexte la question essentielle que pose toute intervention architecturale dans un bâtiment existant. Mais n'appartient-il pas à l'architecture d'instaurer le contexte, de le constituer comme tel, plutôt que de s'y intégrer ? Il s'agit chaque fois de définir la distance que doit avoir une mise en forme architecturale avec ce qui la contient. C'est la question, en somme, que pose l'instabilité des usages par rapport à la persistance relative d'un bâtiment. La remise en état de ce qui l'exige dans le respect de l'intégrité typologique et constructive est chaque fois un préliminaire. Il importe de préciser que le respect de ces intégrités n'interdit nullement les solutions novatrices. Conjointement, les projets procèdent de la valorisation d'une qualité contextuelle intrinsèque, qu'elle soit matérielle, constructive, typologique ou environnementale. Qu'il s'agisse des espaces agricoles du domaine de Séguemagne ou de la déshérence poétique des constructions de l'ancienne dynamiterie de Paulilles, ou qu'il s'agisse encore des hôtels historiques du Consulat Général de France à Londres ou de l'ancien hôpital militaire de Saint-Martin-de-Ré, dont les architectures classiques invitent à des interventions peut-être plus déférentes encore, telles l'incorporation de pièces autonomes dans les salles monumentales de l'hôpital, ou l'inclusion de lanternes dans le jardin du Consulat. Cette attention portée aux durées et aux persistances se concrétise ainsi par des mises en œuvre adaptées à chacune de ces architectures, qu'elles soient vernaculaires ou savantes.

Xippas Gallery
Galerie Xippas

Paris, France   1990

In the centre of Paris, a few steps from the Picasso Museum, in the heart of the Marais, the rue Vieille du Temple cuts through a neighbourhood in which 18th-century *hôtels particuliers* coexist interspersed with 19th-century textile workshops. For the past twenty years, this neighbourhood has been the primary contemporary art district of Paris.

Occupying a former industrial building, U-shaped around a covered courtyard, the Xippas gallery offers three levels of exhibition spaces linked by a circulation sequence of five staircases. In a general effort to form the exhibition spaces into minimalist volumes free of encumbrances, the mechanical rooms were dispersed to the edges of the building and the technical equipment integrated within thick inner walls. As a counterpoint to this architectural discretion, the VIP access stair that steps down to the sunken entrance is distinguished by more sophisticated details. The clean lines of the contemporary staircase dialogue with the 19th-century wrought-iron balustrade. The polished black granite exterior cladding contrasts with the plaster and whitewashed stone of the basement level exhibition spaces.

A Paris, à deux pas du Musée Picasso, au cœur du Marais, la rue Vieille du Temple traverse un quartier où se mêlèrent longtemps hôtels particuliers entre cours et jardins et ateliers de confection. Depuis une vingtaine d'années, le quartier accueille les plus grandes galeries d'art contemporain.

Installée dans les murs d'un immeuble industriel et disposée en U autour de sa cour couverte, la galerie Xippas propose sur trois niveaux un parcours que séquence une série de cinq escaliers. Dans une stratégie globale d'effacement, les locaux de services ont été disséminés dans les interstices du bâtiment et les équipements intégrés dans des parois épaisses révélant ainsi par une écriture minimale les volumes originels destinés à l'exposition. En contrepoint à cette stratégie, l'accès VIP s'effectue par la cour anglaise installée sous la marquise existante et se démarque par un traitement plus sophistiqué. La métallerie épurée de l'escalier contemporain dialogue ainsi avec la ferronnerie d'art du 19ᵉ siècle en contre-haut. Les parois de granit noir flammé de la cour anglaise contrastent avec le staff lisse et les moellons blanchis des espaces d'exposition au sous-sol.

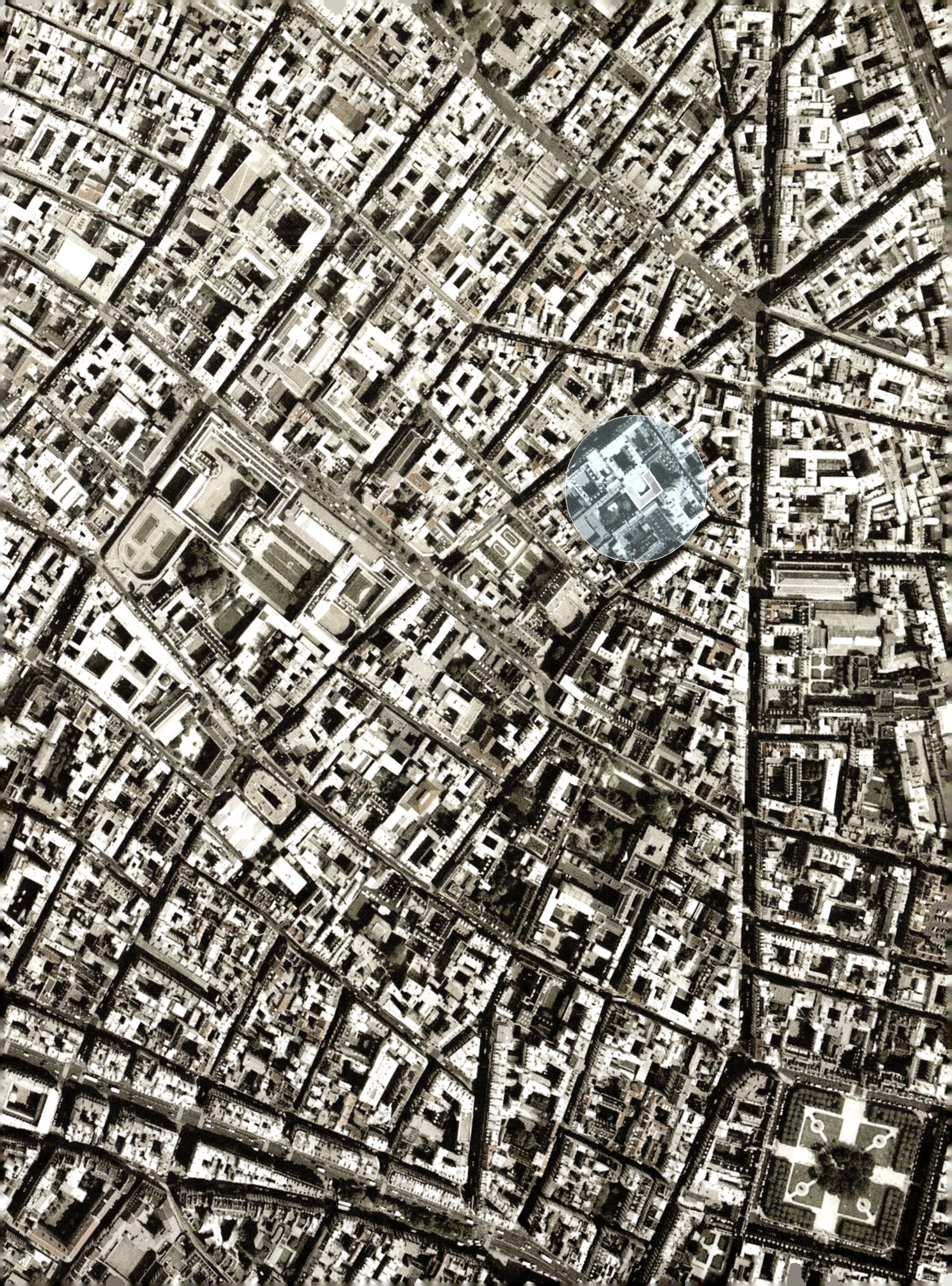

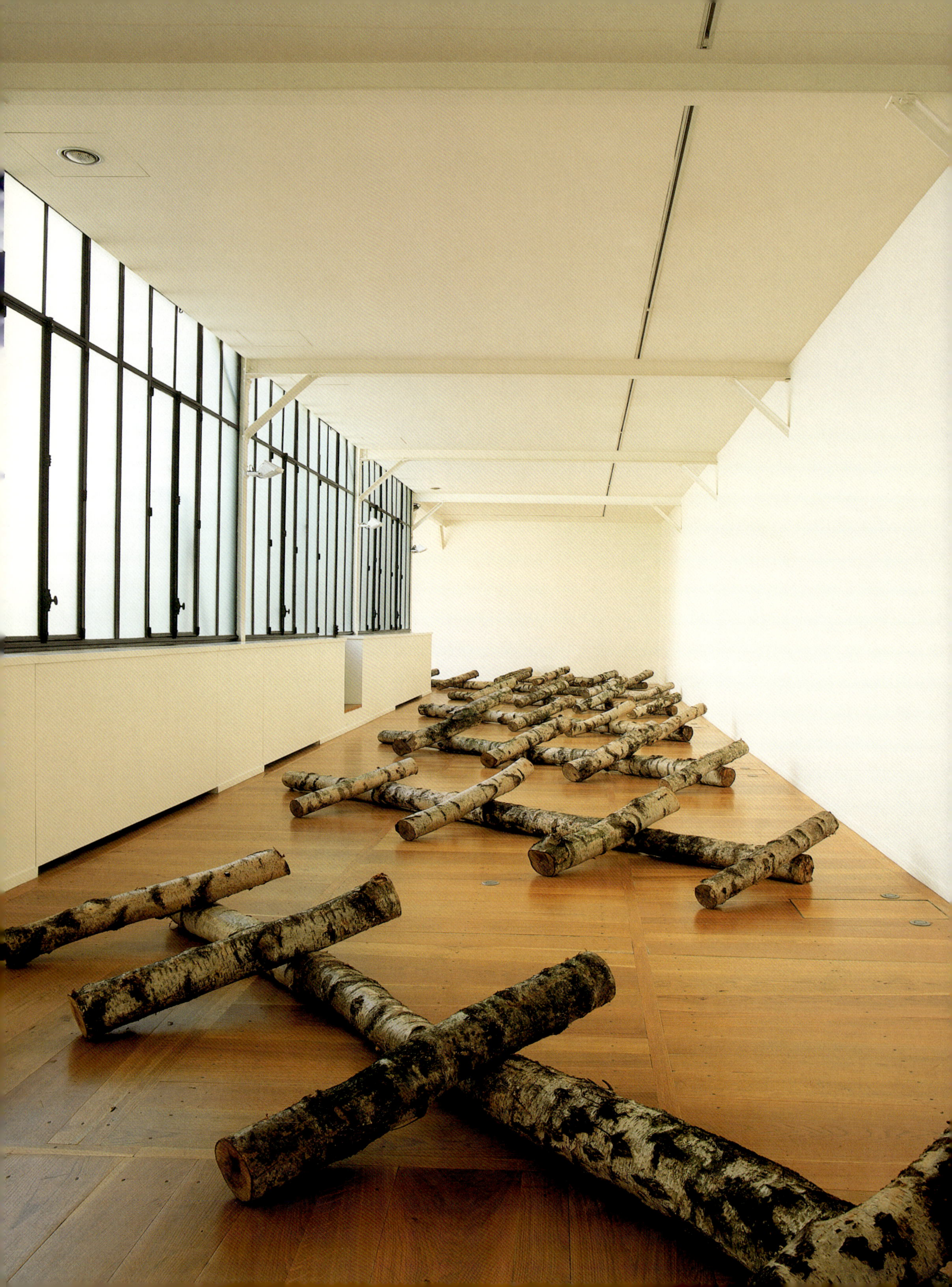

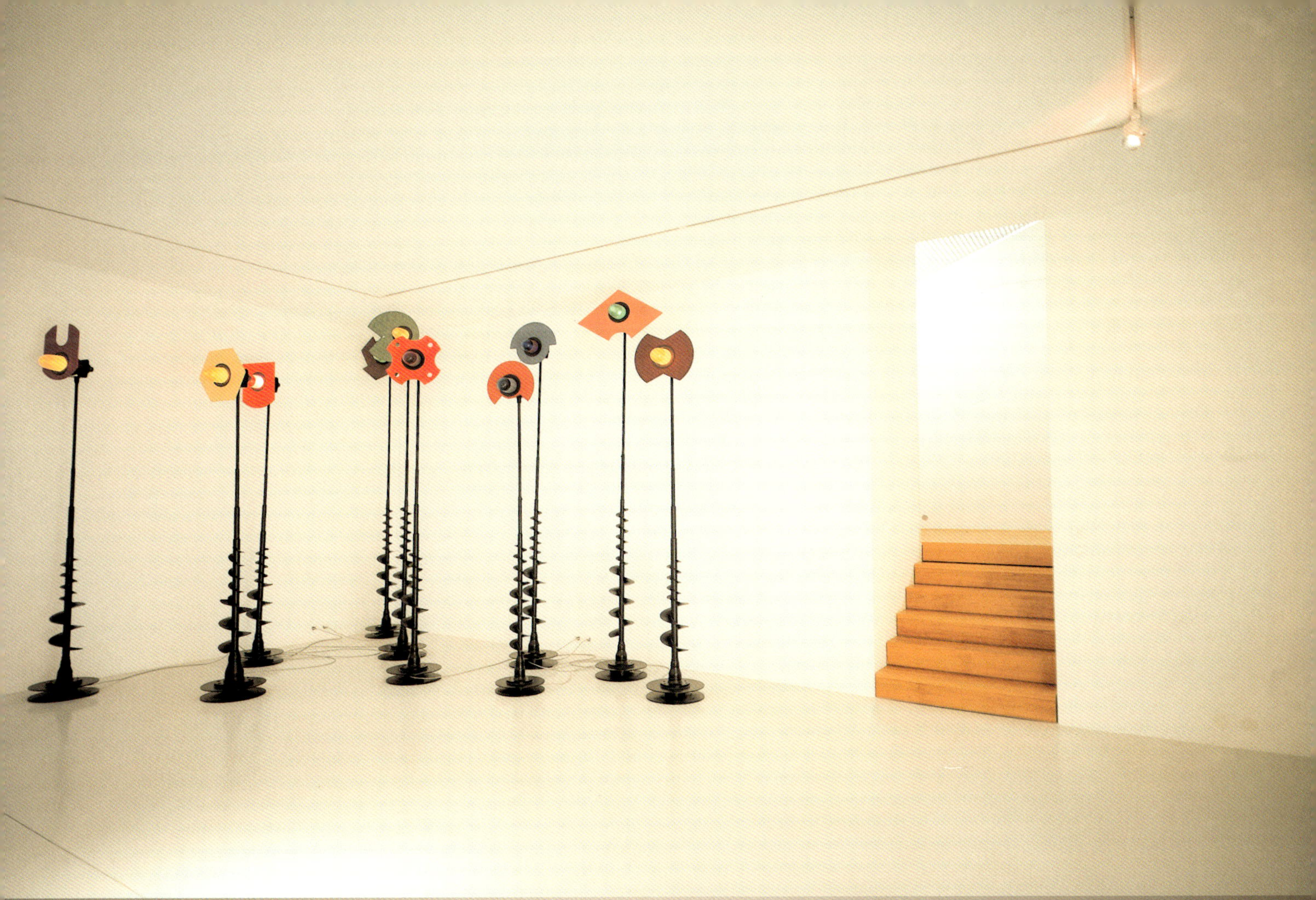

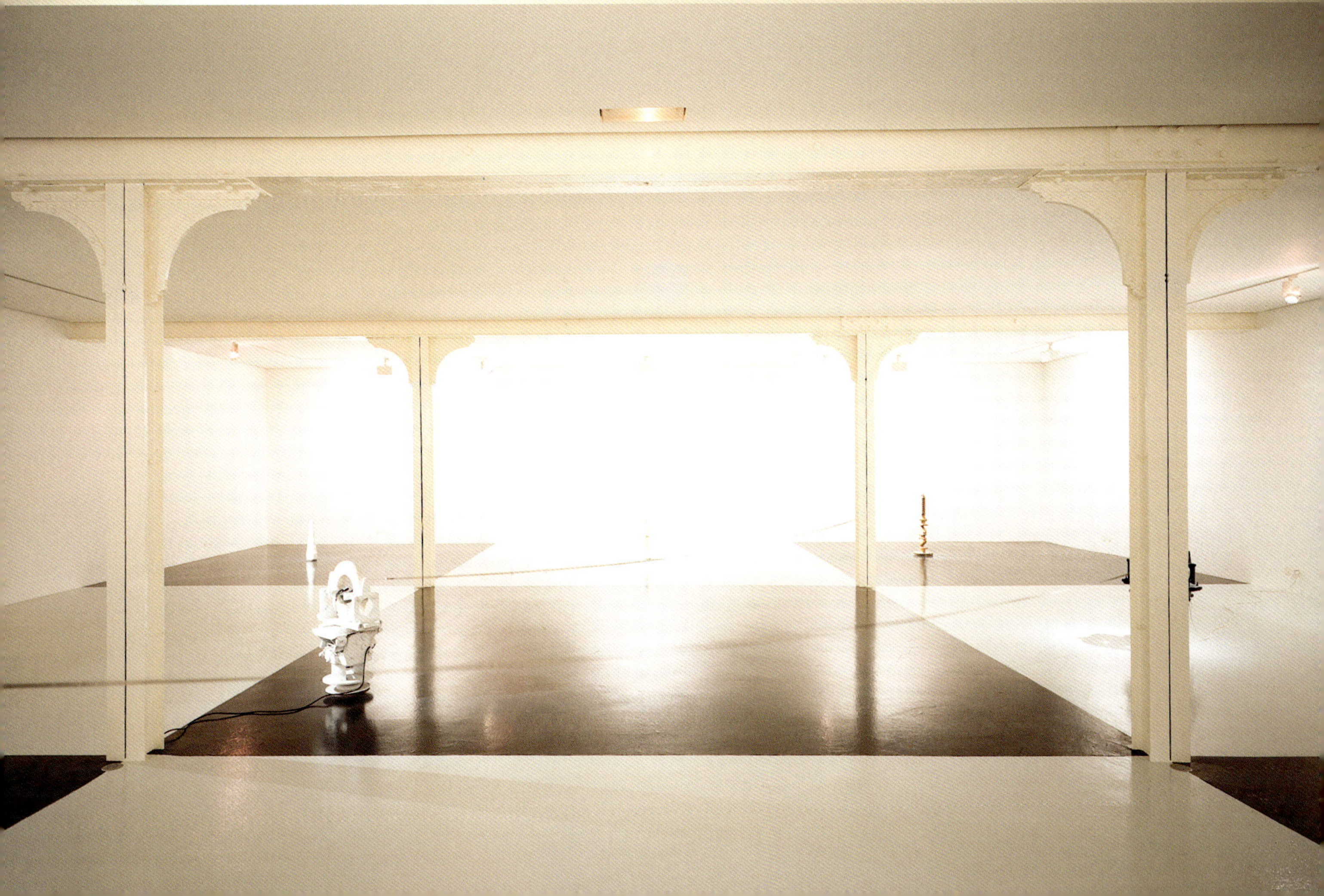

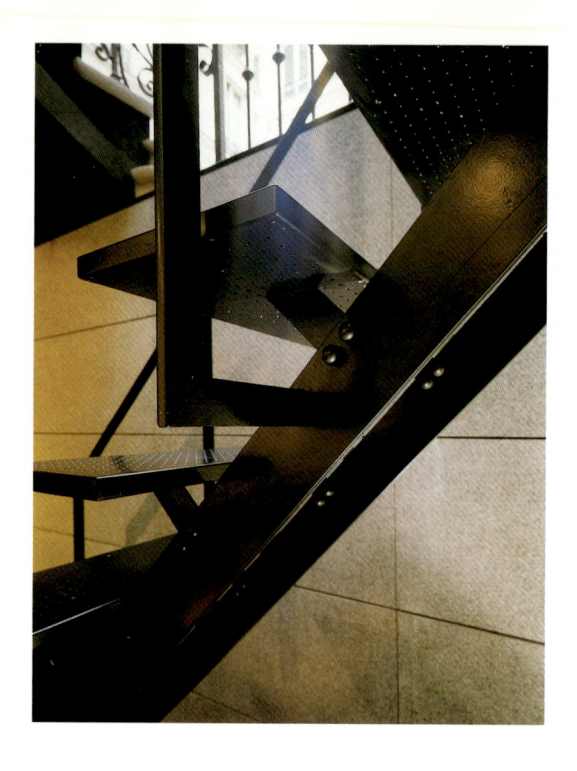

Sunken Courtyard Stair
Transverse and Longitudinal Vertical Sections, scale 1:10

1. natural stone in underbed
2. prefabricated reinforced concrete unit
3. steel-sheet sill, varnished
4. perforated steel-sheet stair tread, varnished
5. flat steel, varnished
6. cap
7. flat steel, galvanised
8. stair string, varnished steel sheet
9. stilted granit cladding
10. flat steel, varnished 12/35 mm
11. stilted granit
12. support, galvanised flat steel

Escalier de la cour anglaise
Coupes verticales transversale et longitudinale, échelle 1:10

1. pierre naturelle en pose marbrière
2. élément béton préfabriqué armé
3. barre de seuil acier laqué
4. marche tôle acier, pliée, perforée, laquée
5. méplat acier laqué
6. cache
7. méplat acier galvanisé
8. double limon acier laqué
9. revêtement de granit flammé
10. méplat acier laqué 12/35 mm
11. dalle de granit flammé
12. platine acier galvanisé

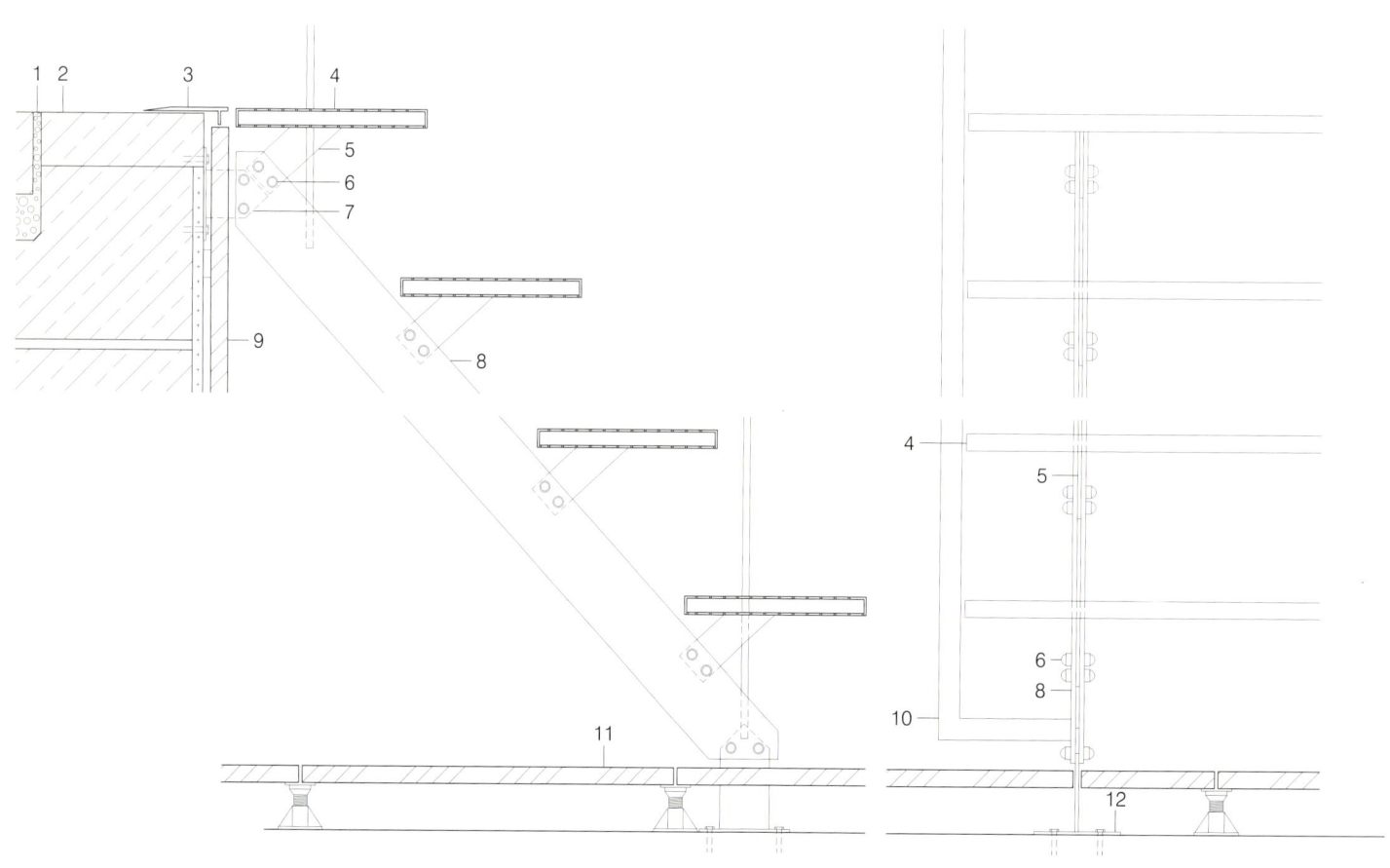

right: Thomas Demand, 1995
previous double-page spread:
1. Richard Nonas, 1994
2. + 3. Takis, 1990

à droite : Thomas Demand, 1995
double page précédente :
1. Richard Nonas, 1994
2. + 3. Takis, 1990

Paolo Roversi Studio
Atelier de Paolo Roversi

Paris, France 1993-1998

In the south of the 14th arrondissement of Paris, a few steps from the Parc Montsouris, the picturesque neighbourhood of the Petit Montrouge is the setting of many townhouses and artist studios, among them the Villa Seurat and the studios of Planeix and Ozenfant.

Today the home of a well-known photographer, this 1940s modernist building in the style of Le Corbusier features two levels of professional spaces topped by a triplex apartment. In this intervention, the dilapidated shed at the back of the courtyard is replaced by a workspace and dark room. The roof of the studio doubles as the floor of an upper courtyard, which serves as a setting for natural-light photography. Clad in wooden decking, this outdoor studio is set within the walls of the adjacent buildings. Their crude stone construction is exposed and the traces of the pitched roof of the former shed are left apparent, testifying to edifice's past incarnation. Forging a relationship between the upper and lower ateliers, a wooden work surface is fitted under the precise plan of the skylight, a pane of glass set into the wooden deck above.

Au sud du 14ᵉ arrondissement de Paris, à deux pas du Parc Montsouris, le quartier pittoresque du Petit Montrouge accueille de nombreuses villas et ateliers d'artistes, telle la Villa Seurat et les ateliers Planeix et Ozenfant.

Aujourd'hui habité par un photographe de renom, cet immeuble moderniste d'inspiration corbuséenne réalisé dans les années quarante superpose sur cinq niveaux des espaces de travail et un appartement en triplex. Le projet a substitué ici un atelier de graphisme et une chambre noire à un hangar vétuste en fond de cour. Un sol haut a été créé au-dessus de l'atelier pour former un studio de prise de vue en lumière naturelle. Couvert d'un platelage en bois dont la position souligne la trace conservée de l'ancien toit, ce studio est enchâssé entre les mitoyens proches dont la matérialité, mise en évidence, témoigne du passé de l'édifice. Entre les deux ateliers haut et bas se noue alors une relation discrète de matière à matière par la répétition du motif que forme la table en bois de l'atelier et la lame de verre qui l'éclaire à l'aplomb exact dans le plan de la terrasse.

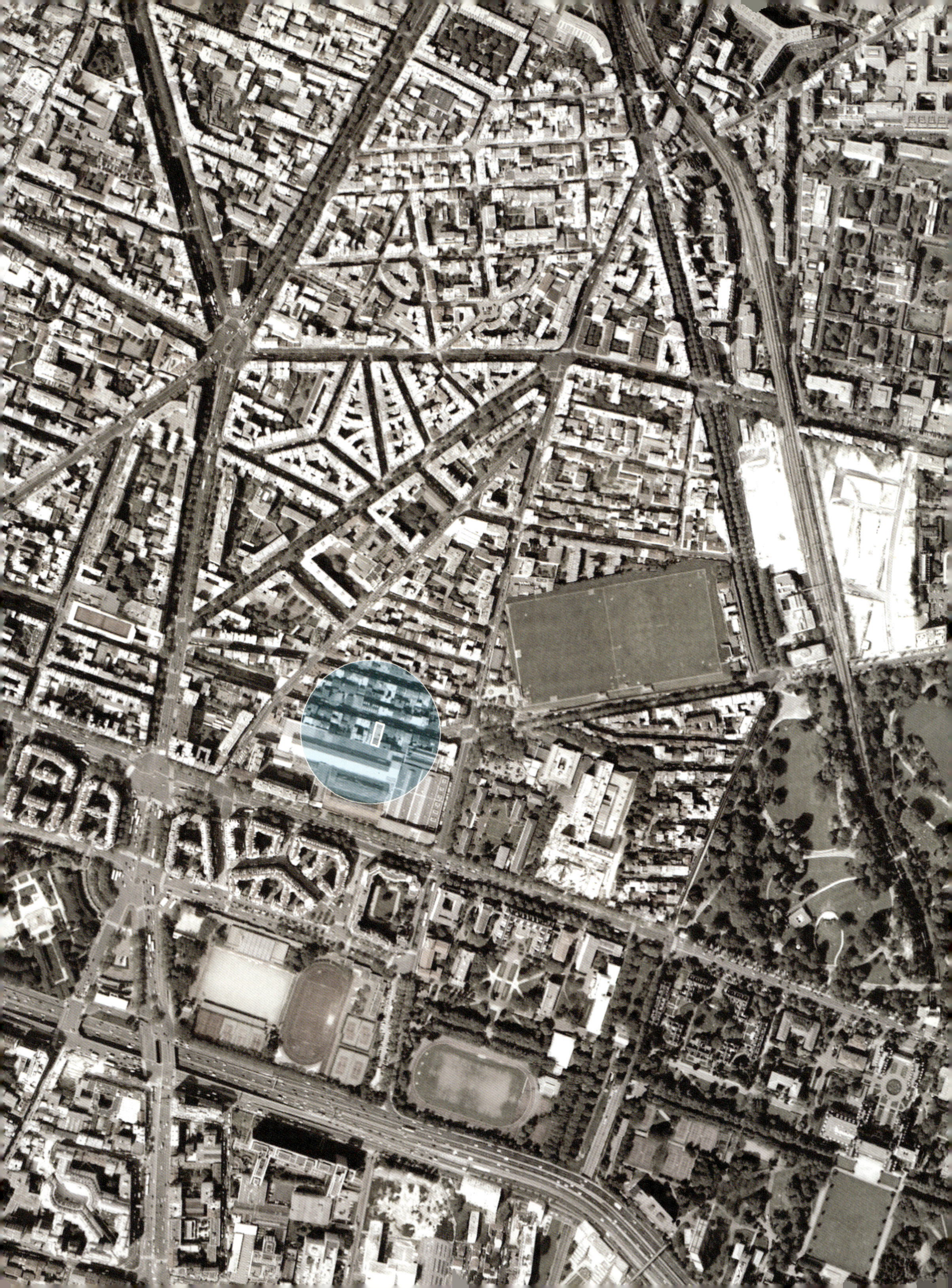

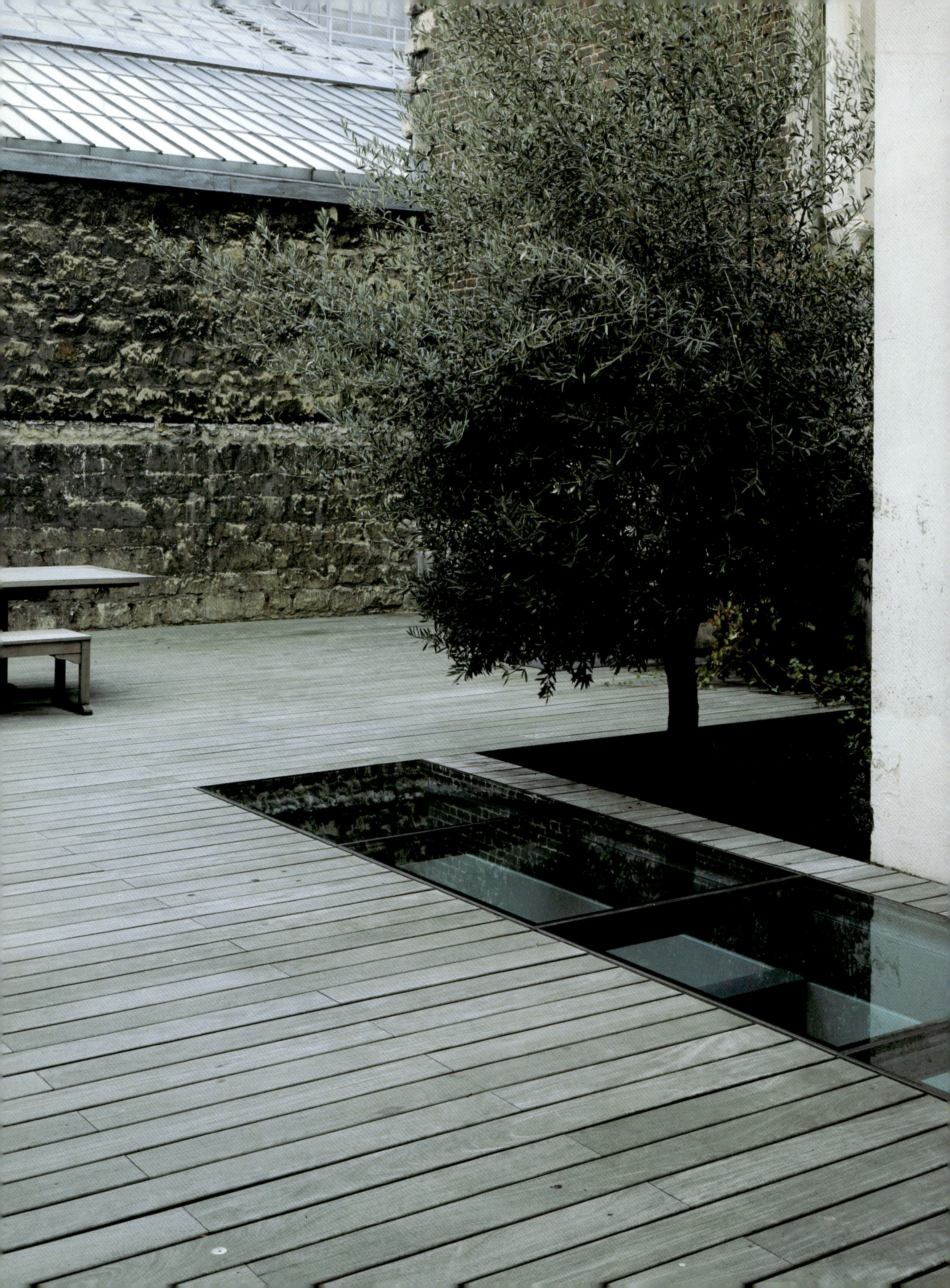

83

Two Workspaces
Vertical Section, scale 1:10

1. ipé wood plating 30 mm thick
2. laminated glass
3. steel channel 80 mm deep
4. steel channel 250 mm deep
5. insulation board
6. steel deck with concrete fall
7. steel I - section 240 mm
8. plaster finsh
9. stone work
10. wooden table 40 mm thick
11. steel I - section 80 mm deep
12. wooden frame ipé 50 x 50 mm

Deux ateliers
Coupe verticale, échelle 1:10

1. *platelage ipé 30 mm*
2. *verre feuilleté*
3. *profil UAP 80 mm*
4. *profil UAP 250 mm*
5. *isolation rigide*
6. *plancher collaborant*
7. *poutre IPE 240 mm*
8. *enduit plâtre*
9. *maçonnerie*
10. *table medium 40 mm*
11. *poutrelle UAP 80 mm*
12. *ossature ipé 50 x 50 mm*

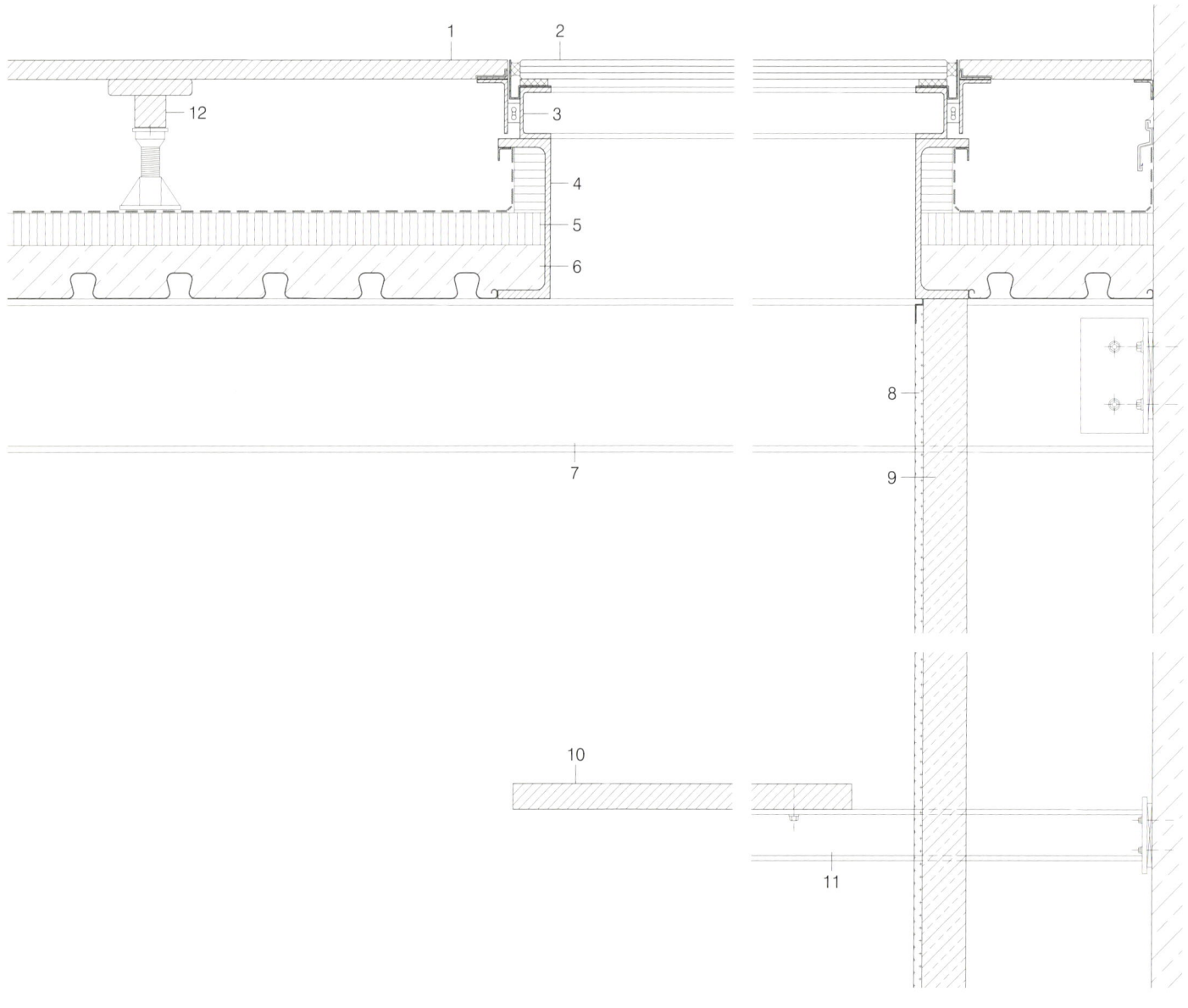

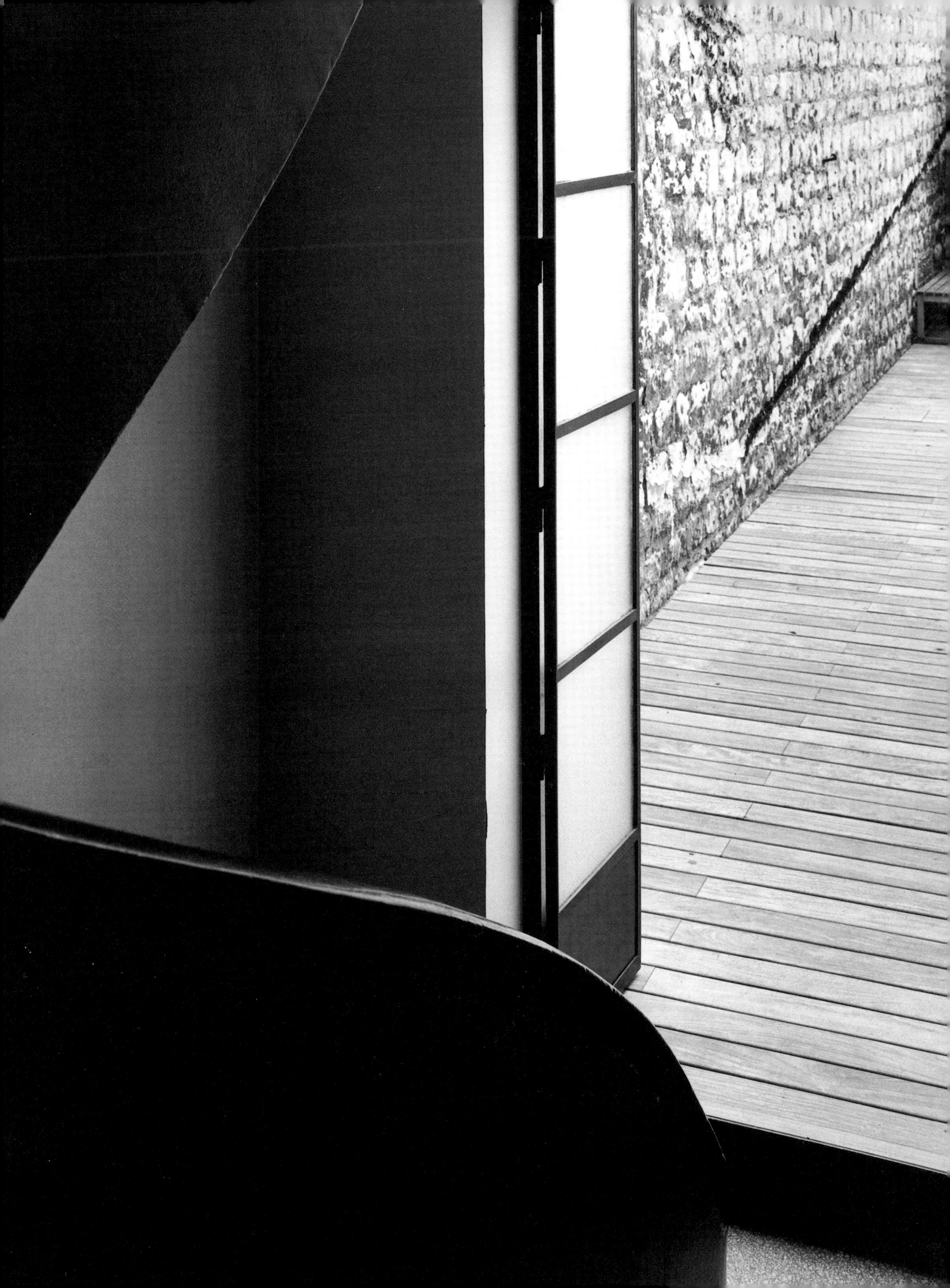

Management Offices
Bureaux de direction

Issy-les-Moulineaux, France   2000-2001

To the southwest of Paris, the industrial suburb of Issy-les-Moulineaux has been transformed into a commercial district dominated by large office building complexes.

A subsidiary of the leading French telecommunications company, Wanadoo wanted to assemble its disparate offices all in one place. So it relocated into a banal 1980s office building. There, it commissioned a renovation of the penthouse floor, which was to house the management's offices. In contrast to the repetitive, constricting floor plans of the lower levels, the light-weight framing of the penthouse offered the opportunity remove interior partitions and open up the space to a panoramic view of Paris. In order to uncover the view of the nearby Seine, the mechanical rooms were removed from the prow of the building. The workspaces are grouped around an open central gallery that features the exposed trusses and glass partitions. The space's transversal transparencies are brought to light and in this way the constructive identity of the floor is revealed. This fluid and open organisation is indicative of the image of the workspace that the company sought to convey.

Au sud-ouest de Paris, le territoire industriel d'Issy-les-Moulineaux a été transformé en zones d'activités tertiaires où prolifèrent des programmes de bureaux.

Filiale Internet du groupe leader des télécommunications en France, le maître d'ouvrage souhaitait rassembler au sein d'un bâtiment unique ses bureaux jusqu'alors dispersés. Wanadoo s'est donc installé à Issy-les-Moulineaux dans un immeuble banal construit dans les années 1980. Le projet portait sur la réhabilitation de l'étage de couronnement où la direction souhaitait s'installer. En effet, tranchant avec les niveaux inférieurs mono-orientés et contraints, la charpente légère du septième étage offrait l'opportunité de décloisonner et d'ouvrir l'espace sur le panorama parisien. Ainsi, pour dégager la vue privilégiée sur la Seine toute proche la tête de l'immeuble a été libérée de toutes les contingences techniques. Les espaces de travail ont été disposés autour d'une galerie centrale qui met en scène la charpente et privilégie les transparences transversales, révélant par là l'identité constructive de l'étage. Cette organisation ouverte et fluide répondant finalement à l'image que souhaitait transmettre la direction.

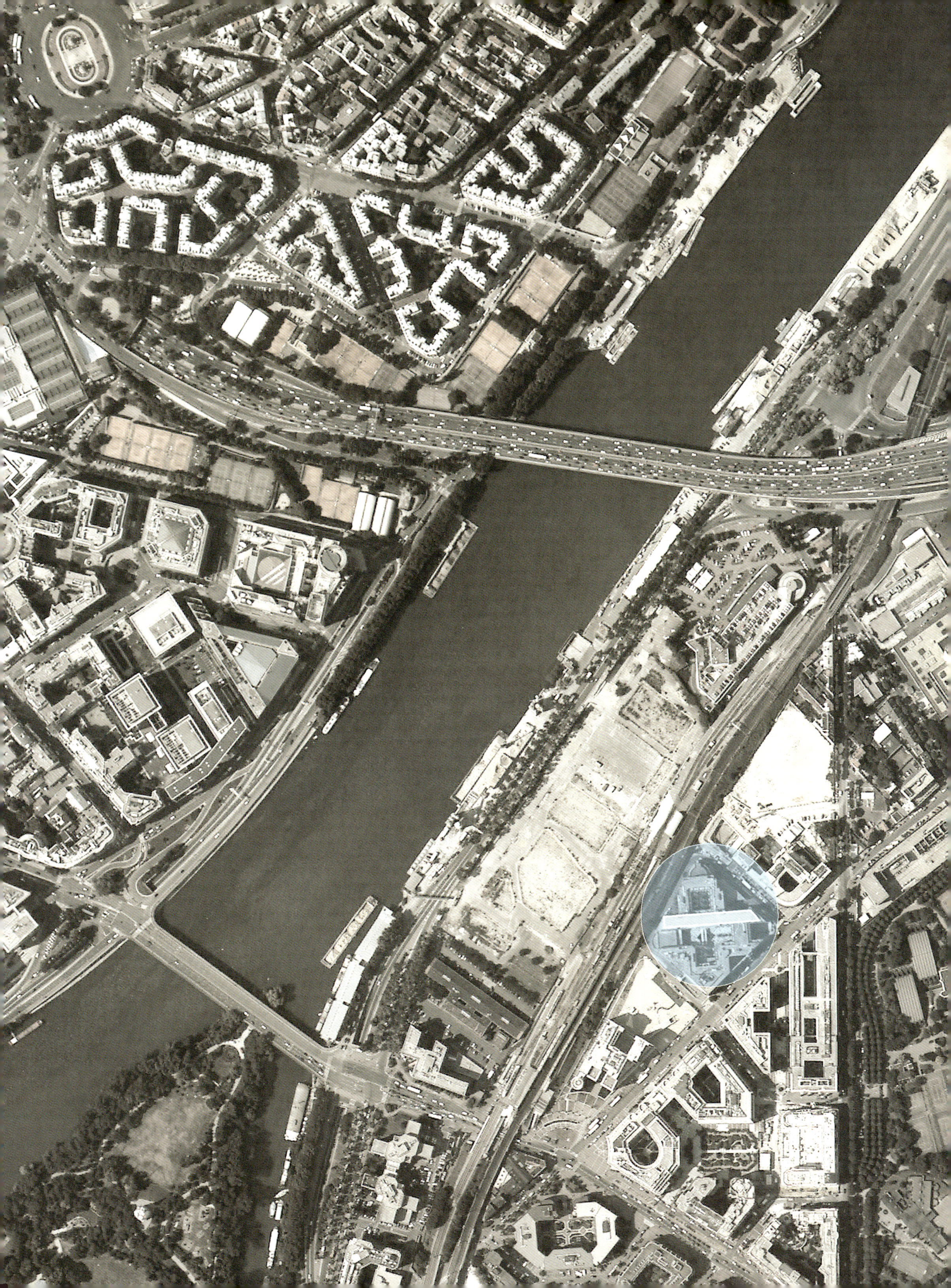

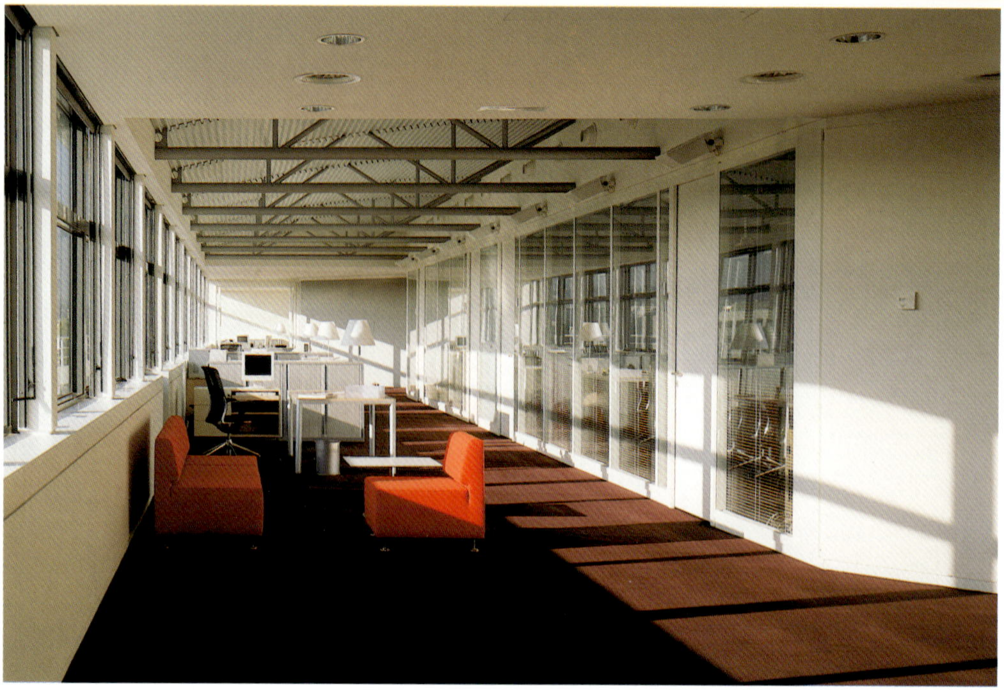

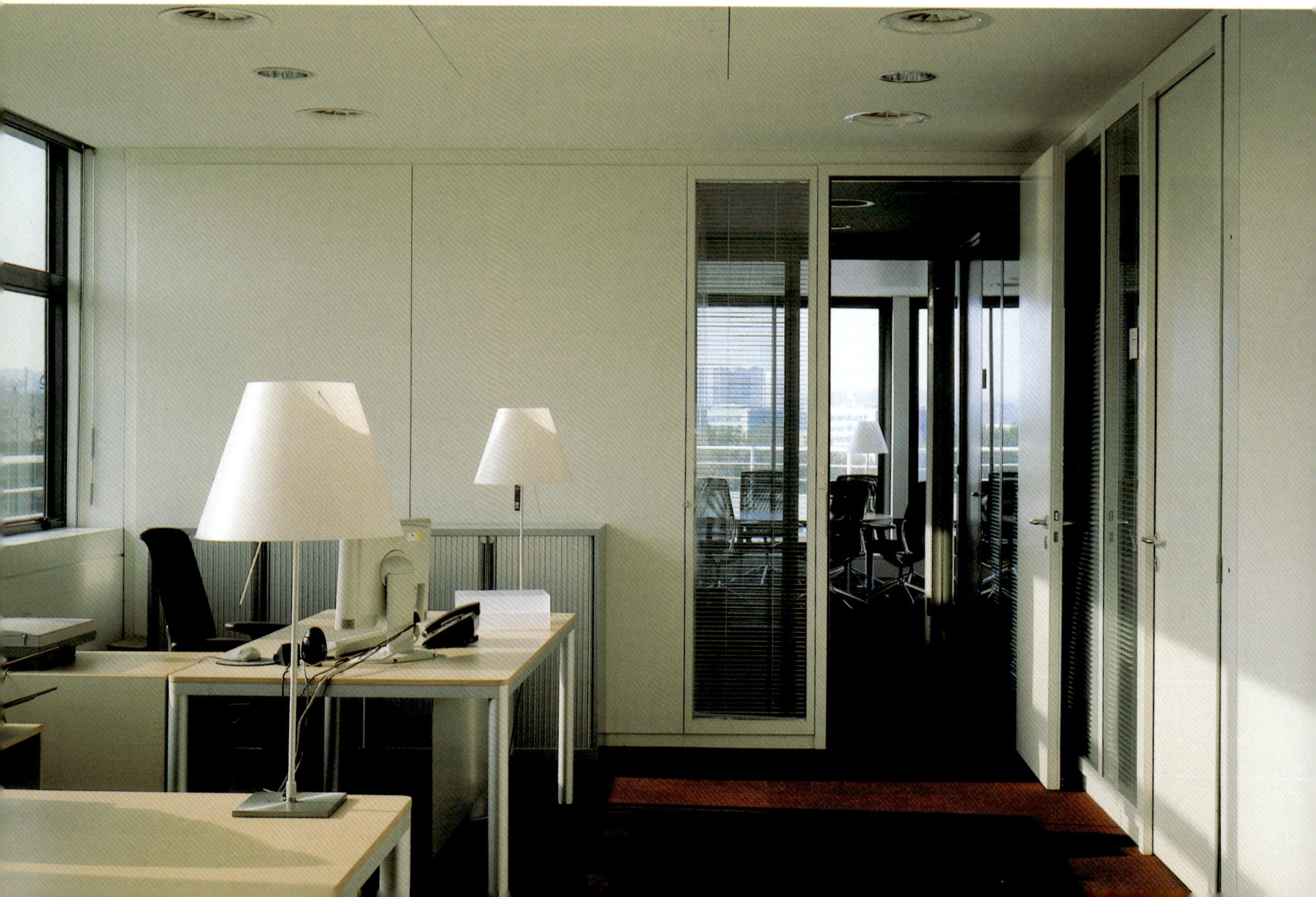

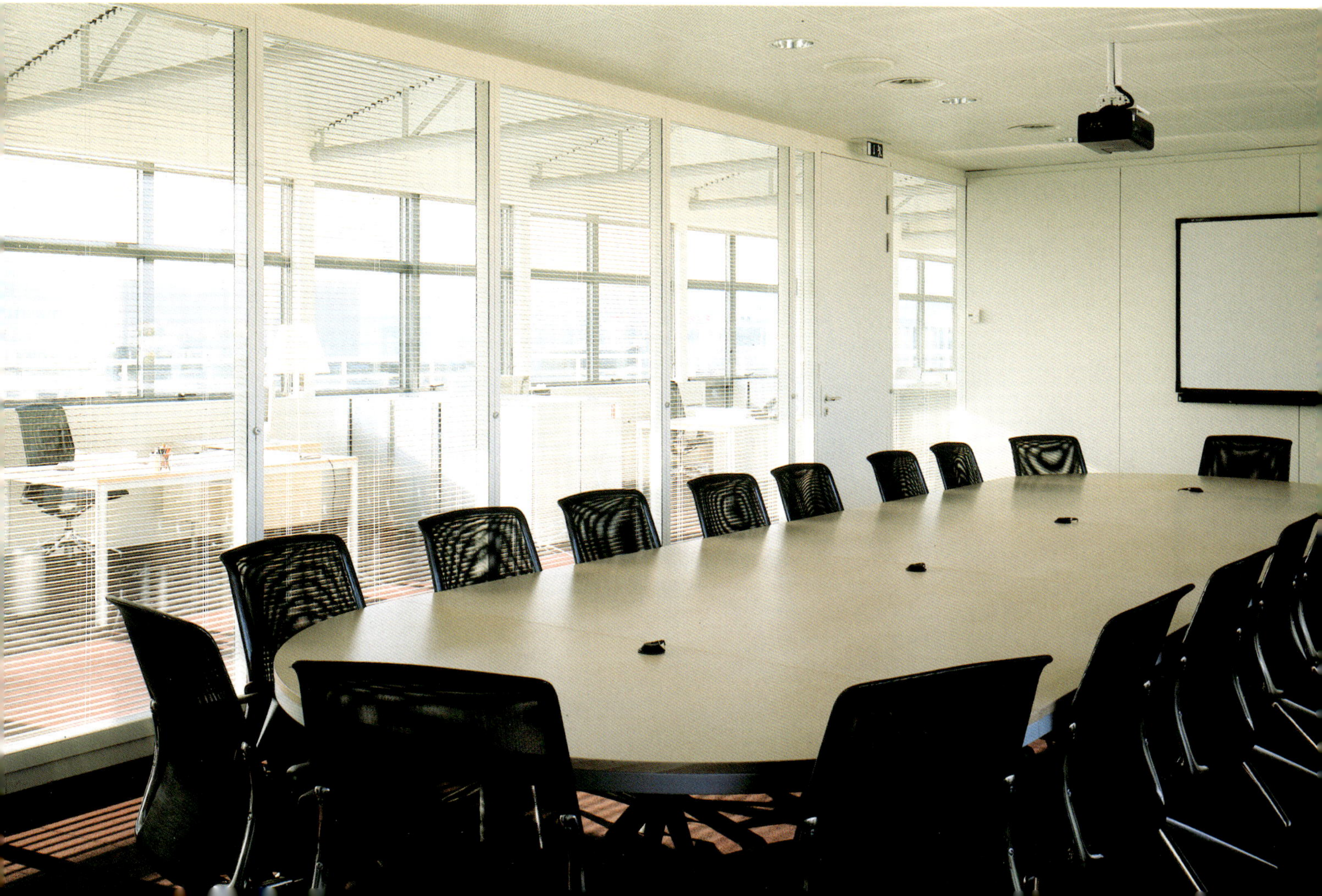

Vineyard Estate
Domaine Vinicole

Le Thoronet, France   1999-2004

In Provence, between the meanders of the Argens, surrounded by vineyards and forests, the hamlet of Séguemagne at one time served the Cistercien Thoronet abbey.

Today the home of a couple of British art enthusiasts, the Séguemagne hamlet is a composite of a succession of adjacent dwellings of varying scales. First of all, the project consisted of repairing the different elements, respecting their typological and structural coherence. Aggregated over the course of time, their physical aspects determined by use, wind and topography, this compact conglomeration associates low constructions that have always served a domestic function with vast agricultural structures that have now been transformed into living spaces. Their amplitude punctuating the irregular grouping, the preserved volumes of these spacious rooms bring together the private rooms of the upper floors and the principally common spaces of the ground floor. They are inscribed within circulation routes that are at once functional and poetic, essential in transforming this vast and complex construction into a single residence. In contrast to the traditional rehabilitation of the windows of the small buildings, the openings of the former agricultural structures are detailed so as to make separation between inside and outside almost disappear. The great panes of glass slide into the thickness of the walls, and in the kitchen into the rock of the hill, thus dilating the rooms beyond their physical limits. Comprised of large oak timbers, the roof frames and planks, which are angled differently depending on the orientation of the space, unify the ensemble with their materiality at once massive and warm.

En Provence, dans les méandres de l'Argens, entre vignobles et forêts, le hameau vinicole de Séguemagne était de ceux qui relevaient de l'abbaye du Thoronet, édifice emblématique du patrimoine cistercien.

Aujourd'hui occupé par un couple de Britanniques passionnés d'art, le hameau de Séguemagne est un ensemble composite juxtaposant des corps de bâtiments resserrés d'échelles différentes. Le projet a d'abord consisté à réparer les différents corps en respectant leur cohérence typologique et structurelle. Agrégé de manière empirique, selon les nécessités du temps – usages, vents ou topographie –, cet ensemble compact associe aujourd'hui des constructions basses à usage domestique à de vastes dépendances agricoles transformées en pièces de vie. Ponctuant de leur amplitude le groupement irrégulier que forme le hameau, ces pièces spacieuses aux volumes préservés mettent en relation les niveaux supérieurs privatifs au rez-de-chaussée de l'ensemble destiné principalement aux activités communes. Elles s'inscrivent dans les parcours imaginés, à la fois fonctionnels et poétiques, nécessaires à l'usage de cette bâtisse vaste et complexe. Se distinguant du traitement traditionnel des petits bâtiments, le traitement des baies des anciennes dépendances se caractérise par sa volonté d'effacement, dissimulant les grands châssis ouverts dans l'épaisseur des parois ou de la colline, offrant ainsi l'opportunité, à l'image de la cuisine, de dilater les pièces au-delà de leur limite physique. Constitués par de fortes pièces de chêne brut, les charpentes et les pans de toiture d'orientations changeantes sont visibles dans chacune des pièces et unifient l'ensemble par leur matérialité à la fois massive et chaleureuse.

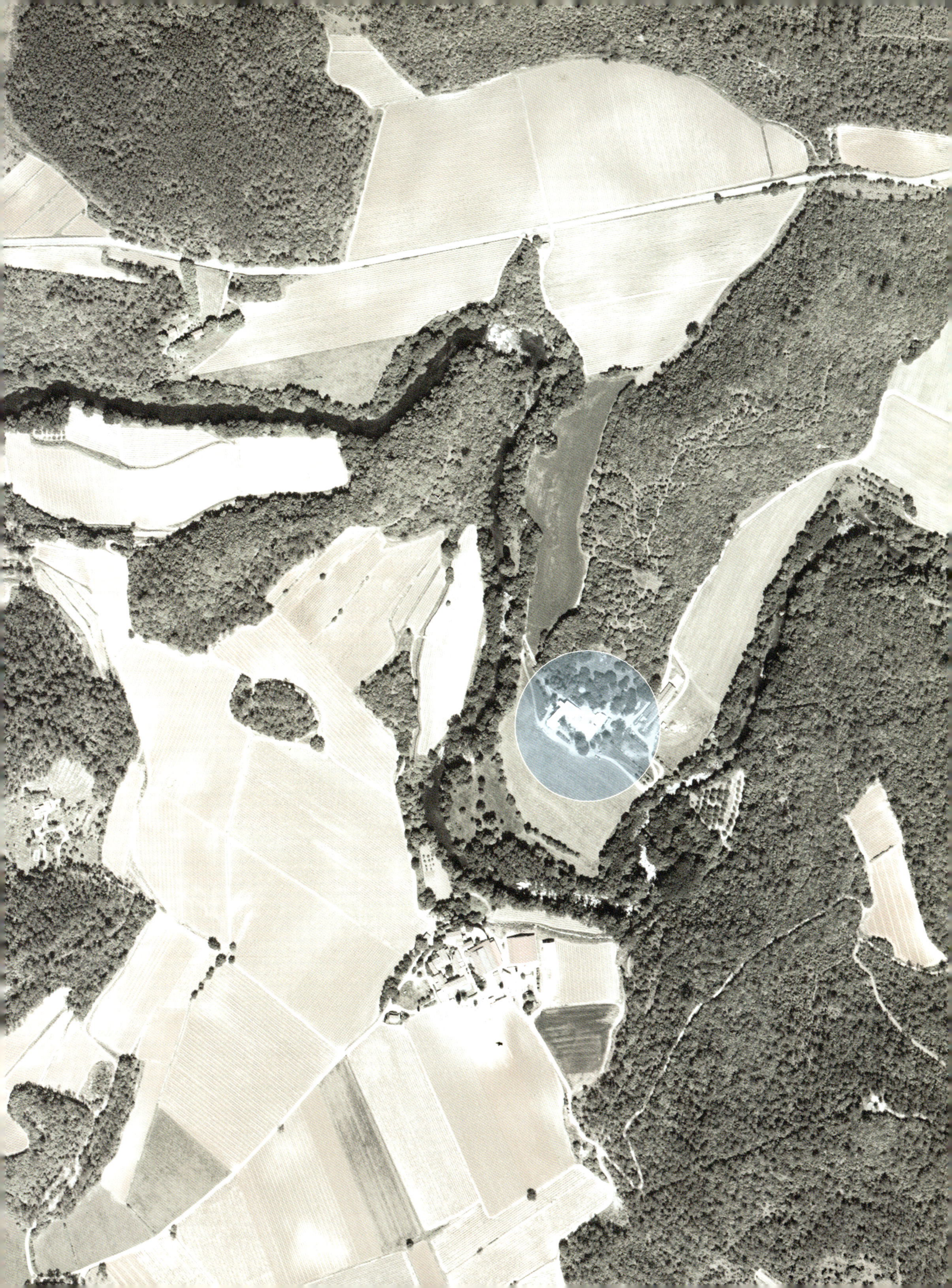

Ground Floor Plan, scale 1:300
Plan rez-de-chaussée, échelle 1:300

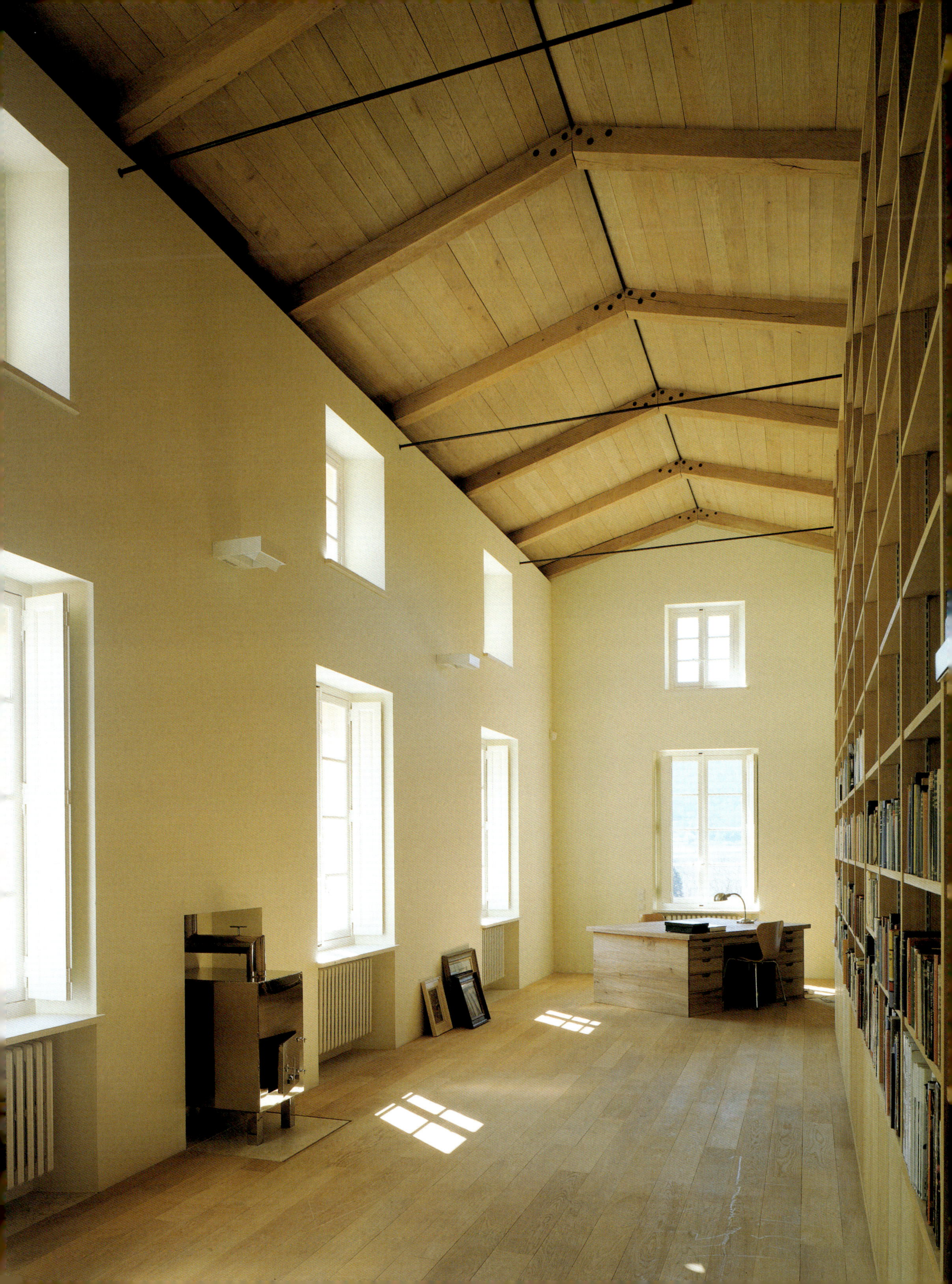

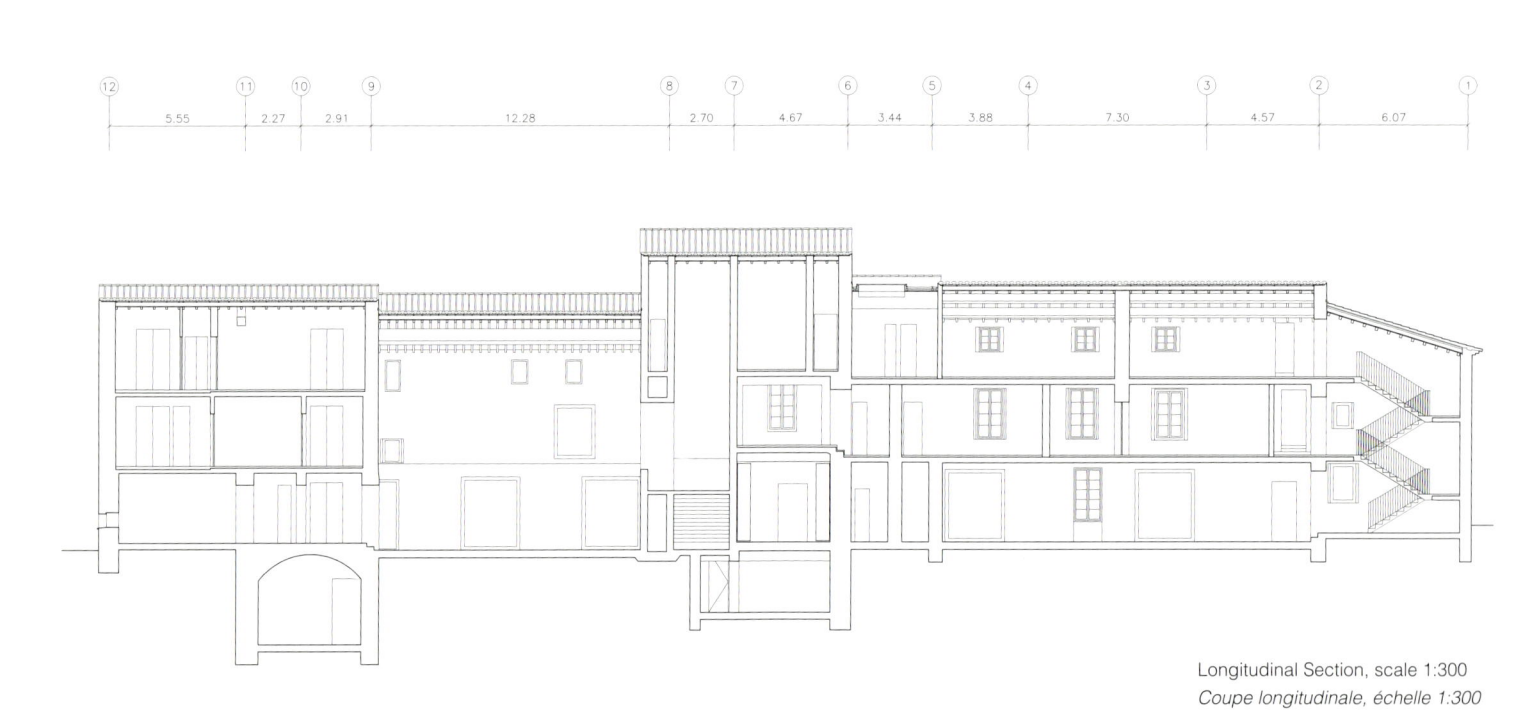

Longitudinal Section, scale 1:300
Coupe longitudinale, échelle 1:300

95

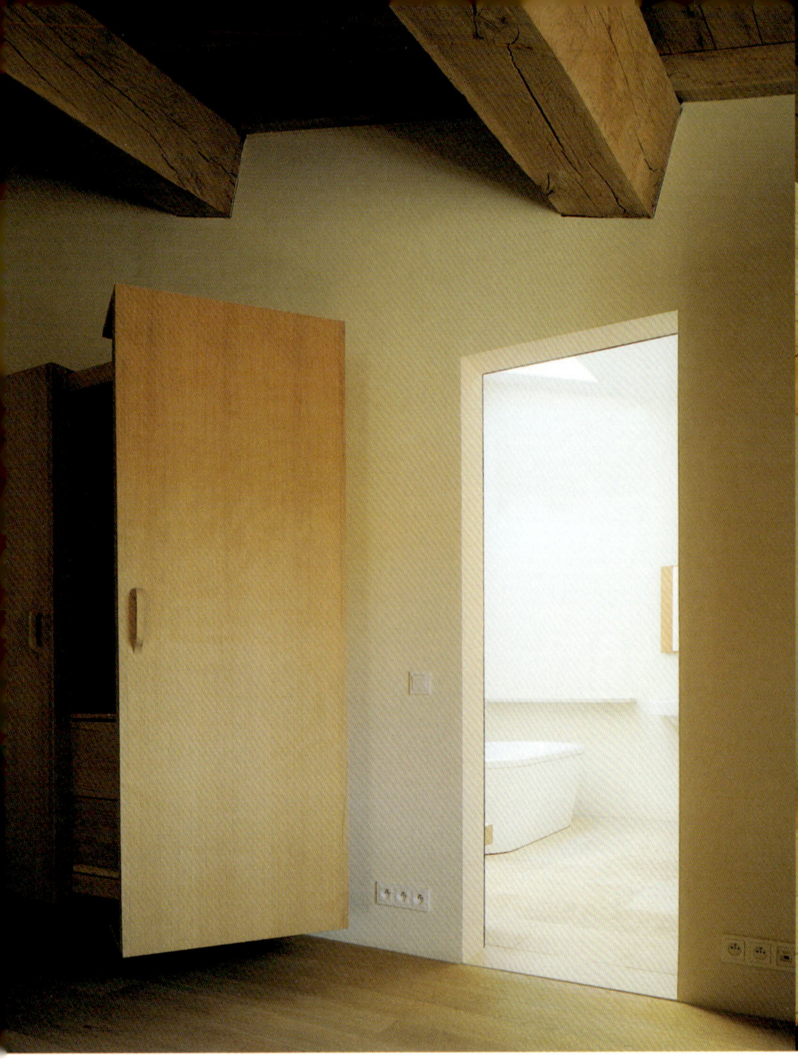

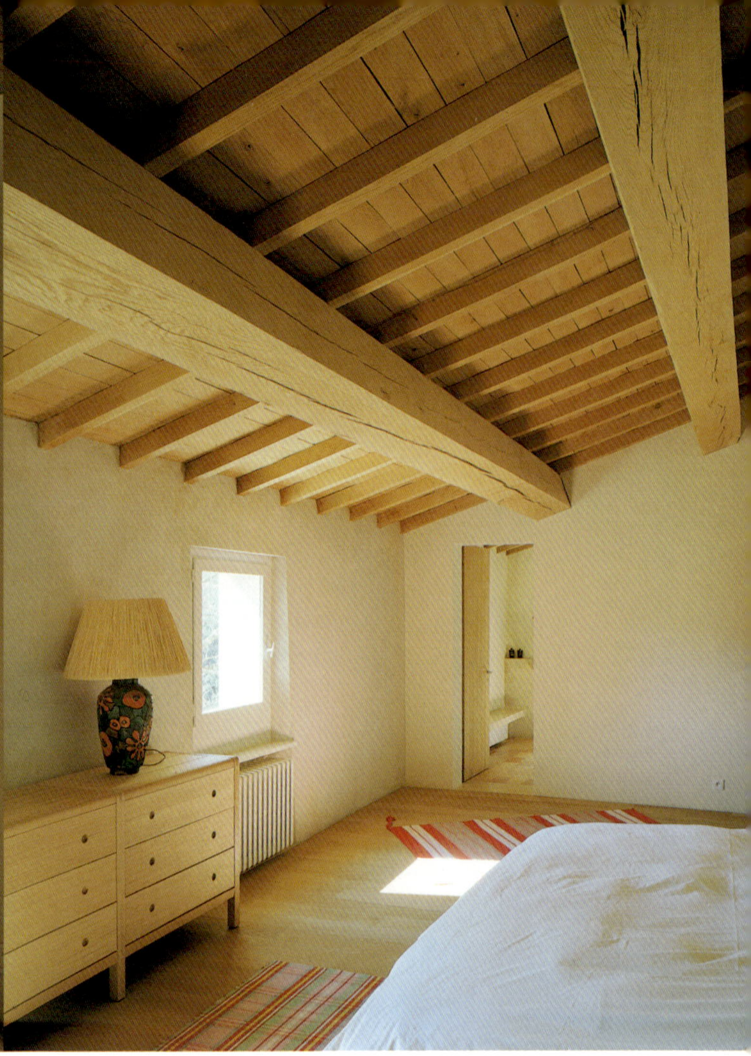

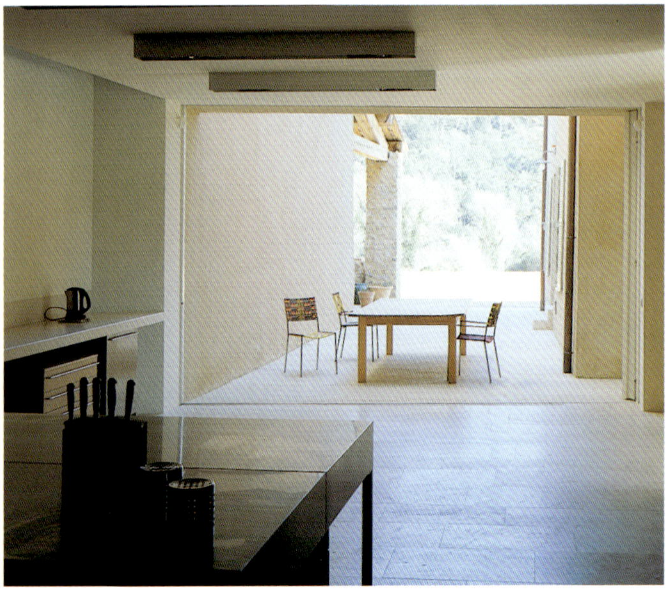

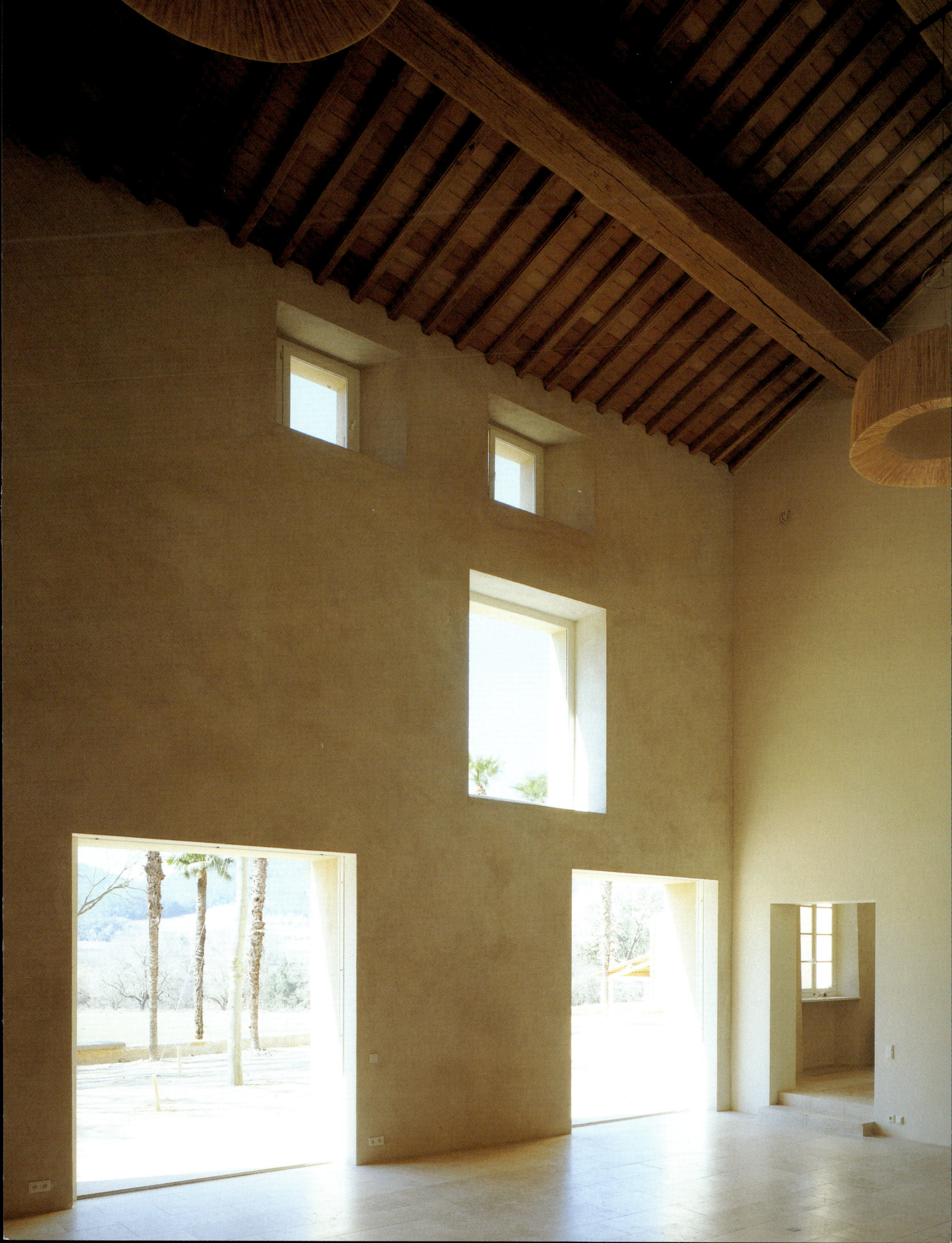

French Consulate
Consulat de France

London / *Londres*, Great Britain / *Grande-Bretagne*　　2001-

The proximity to Hyde Park, to the Kensington Palace, and the presence of numerable embassies and cultural institutions make South Kensington one of London's most posh neighbourhoods.

On the animated artery of Cromwell Road, the French Consulate occupies a classified historic architectural ensemble built in 1861. It serves one of the largest French expatriot communities. In 2000, the decision was made to renovate and expand the complex in order to improve the public reception spaces and respond to a heightened level of security. Three buildings, twin townhouses on Cromwell Road and an elegant ballroom on Cromwell Court, surround a courtyard that is home to a several-hundred-year-old plane tree, whose protection was required in the extension's building permit. A large visa office is located below grade, under a newly landscaped garden. Sunlight filters down into the waiting room through two monumental glass lanterns, which emerge from the garden parallel to one another: at the far end of the lot next to the adjacent *Lycée Français*, and in the axis of the interstitial connecting space between the twin townhouses. In a paired-down style, similar to that of the glass lanterns, this interstitial space replaces a mediocre construction to form an abstract sequence between the townhouses and to house circulation and service spaces. Unencumbered, the ample volumes of the townhouses and the ballroom are regained and restored to their original state. They house the consular services. Finally, the rehabilitation of the sunken courtyards opens up the bellow-grade service spaces to the sunlight.

La proximité de Hyde Park, du palais de Kensington, et la présence de nombreuses ambassades et institutions culturelles font de South Kensington, un des quartiers les plus cossus de Londres.

Sur l'artère animée de Cromwell Road, le Consulat Général de France est installé dans les murs d'un ensemble architectural classé construit en 1861. Il est au service de l'une des plus importantes communautés de Français vivant à l'étranger. En 2000, la rénovation et l'extension de cet ensemble a été décidé afin d'améliorer la capacité d'accueil du public et la sécurité. Trois corps de bâtiment – deux hôtels jumelés sur Cromwell Road et une élégante salle de bal sur Cromwell Court – s'articulent autour d'une cour où s'élève un platane plusieurs fois centenaire dont la sauvegarde a dicté le plan de l'extension. Sous le nouveau jardin est créée une vaste salle dédiée à la délivrance des visas. Celle-ci est éclairée par deux lanternes monumentales en verre qui émergent du jardin : l'une en mitoyenneté avec le lycée voisin, et l'autre dans l'axe de la faille reliant les hôtels jumelés. D'une écriture épurée, semblable à celle des lanternes, cette faille remplace une construction médiocre pour former une séquence abstraite entre les hôtels et accueillir distributions et services. Désencombrés, les volumes amples des hôtels et de la grande salle de bal sont retrouvés et leur modénature restaurée. Ils accueillent les services consulaires. Enfin, la requalification des cours anglaises permet d'offrir un éclairage naturel à l'ensemble des services disposés en contrebas sur rues et sur cour.

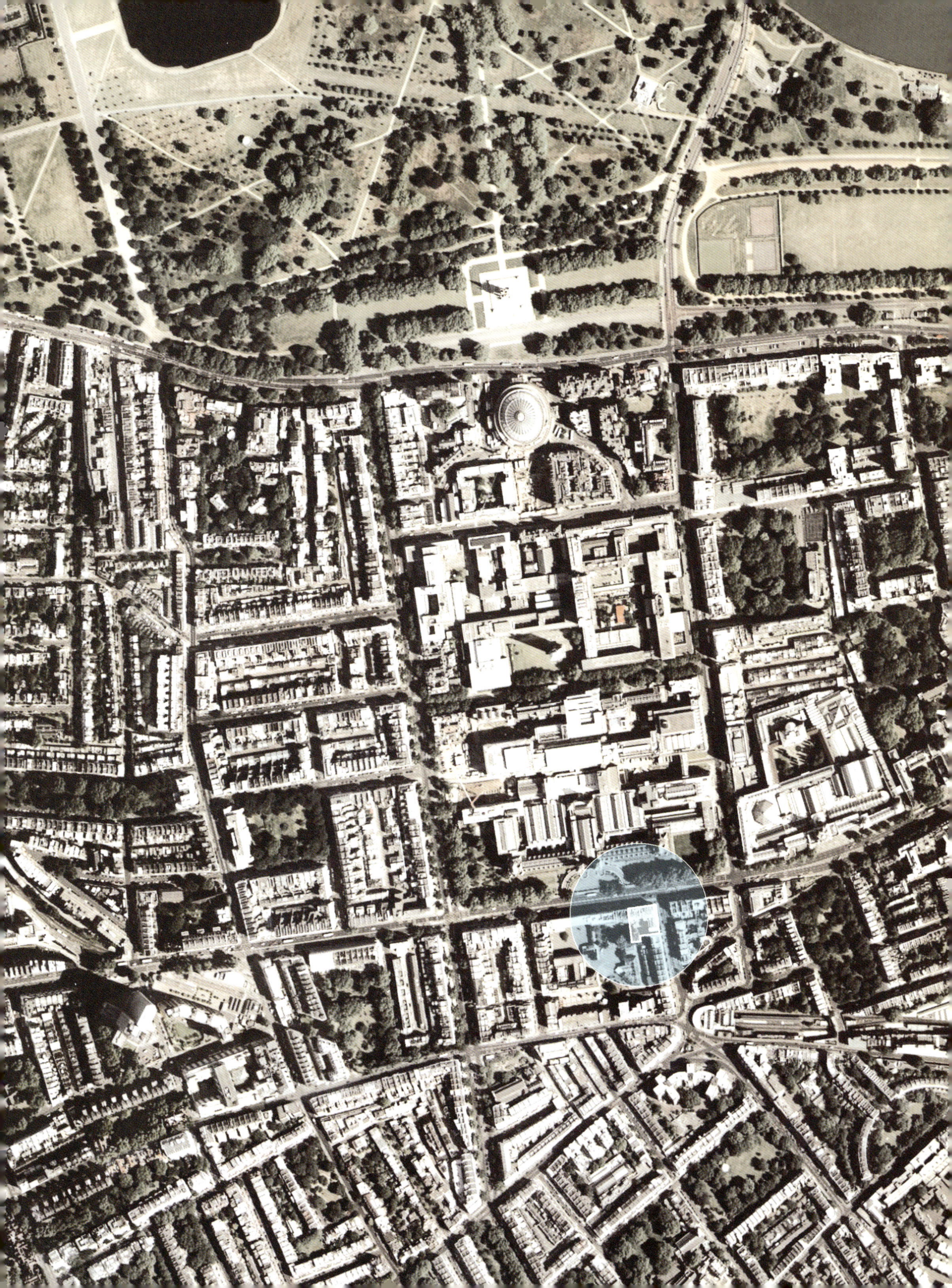

Original Ballroom
Etat existant de la salle de bal

Original Courtyard
Etat existant de la cour

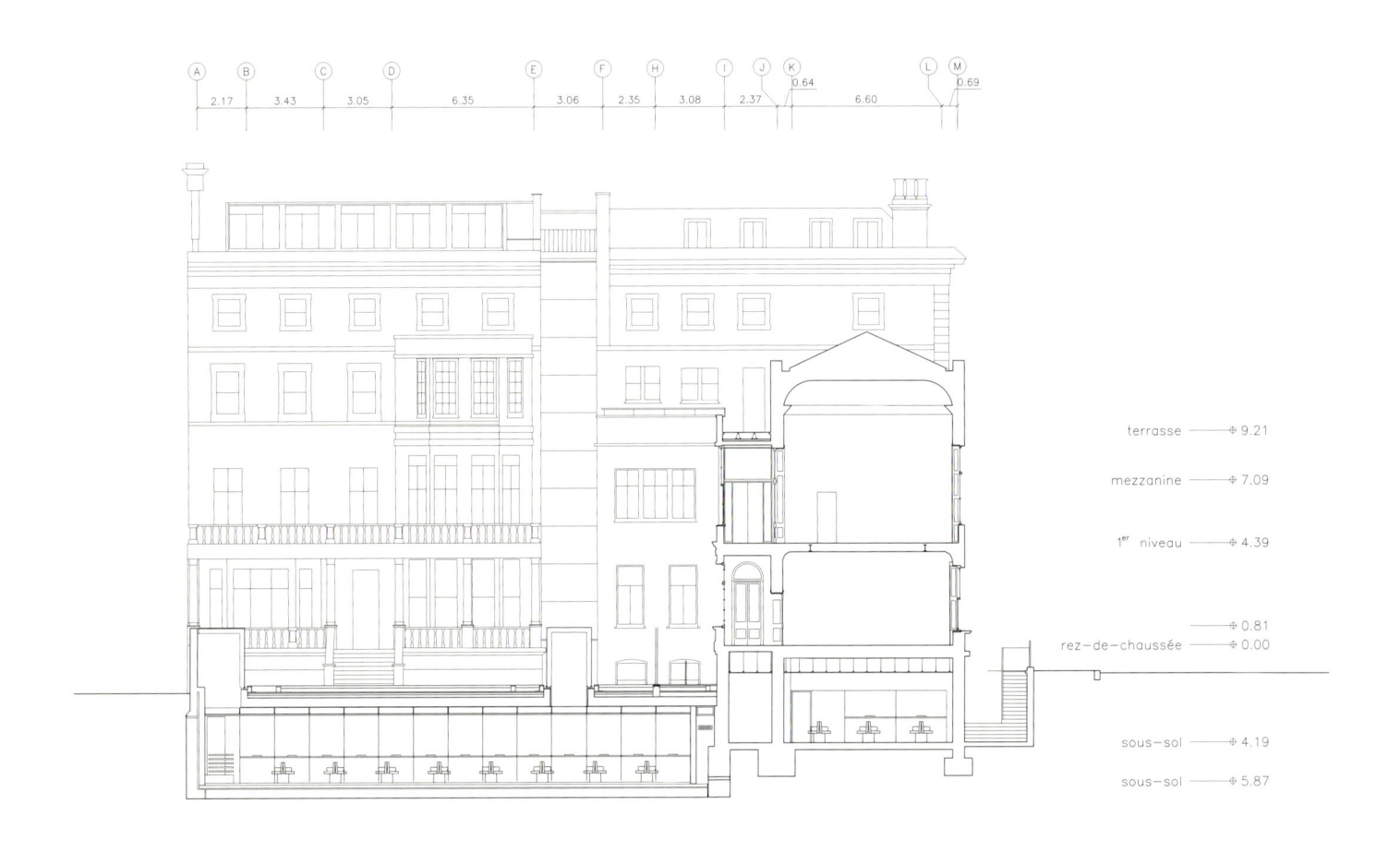

Section through Visa Office and Ballroom, scale 1:300
Coupe sur la salle des visas et la salle de bal, échelle 1:300

100

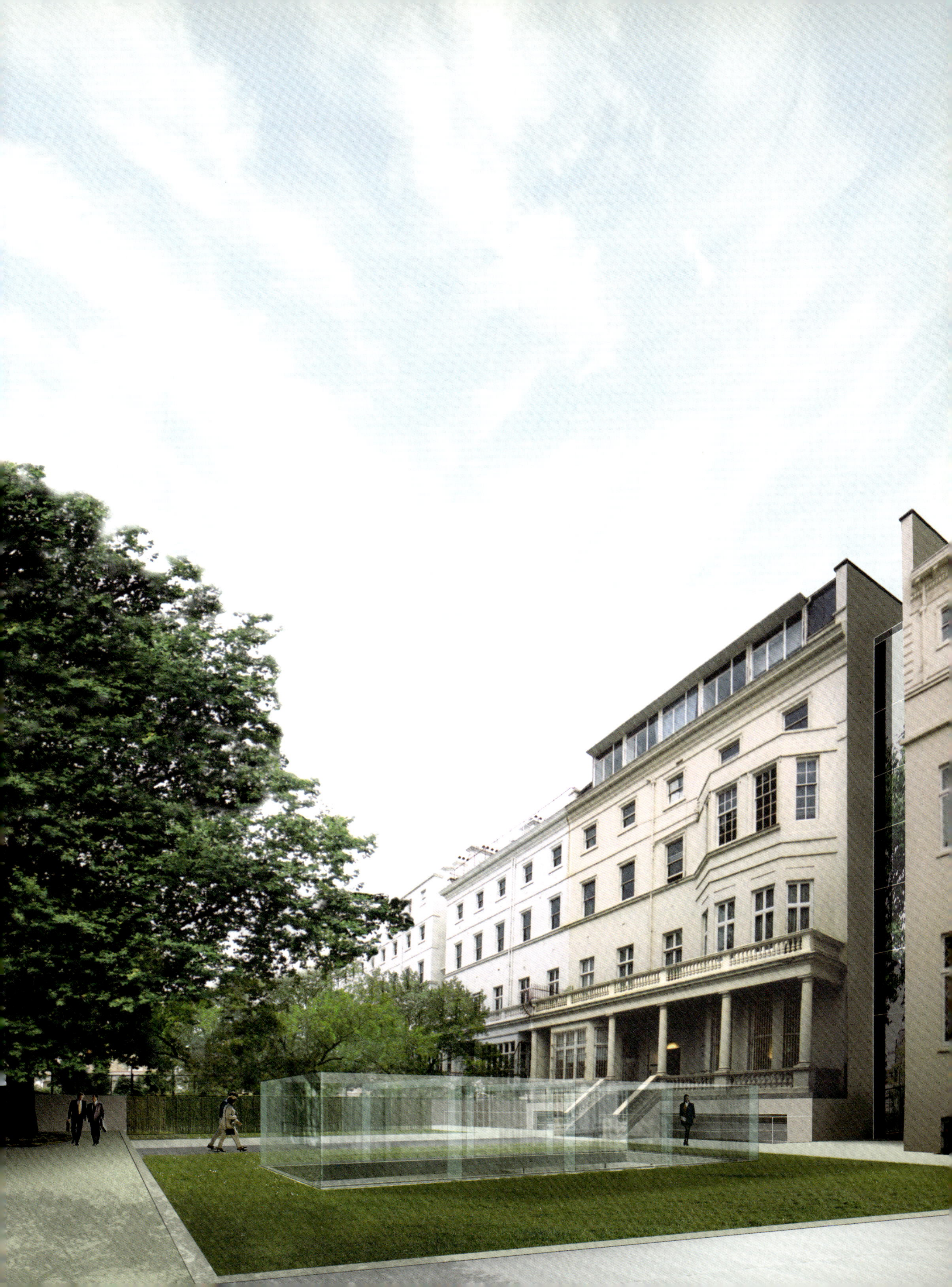

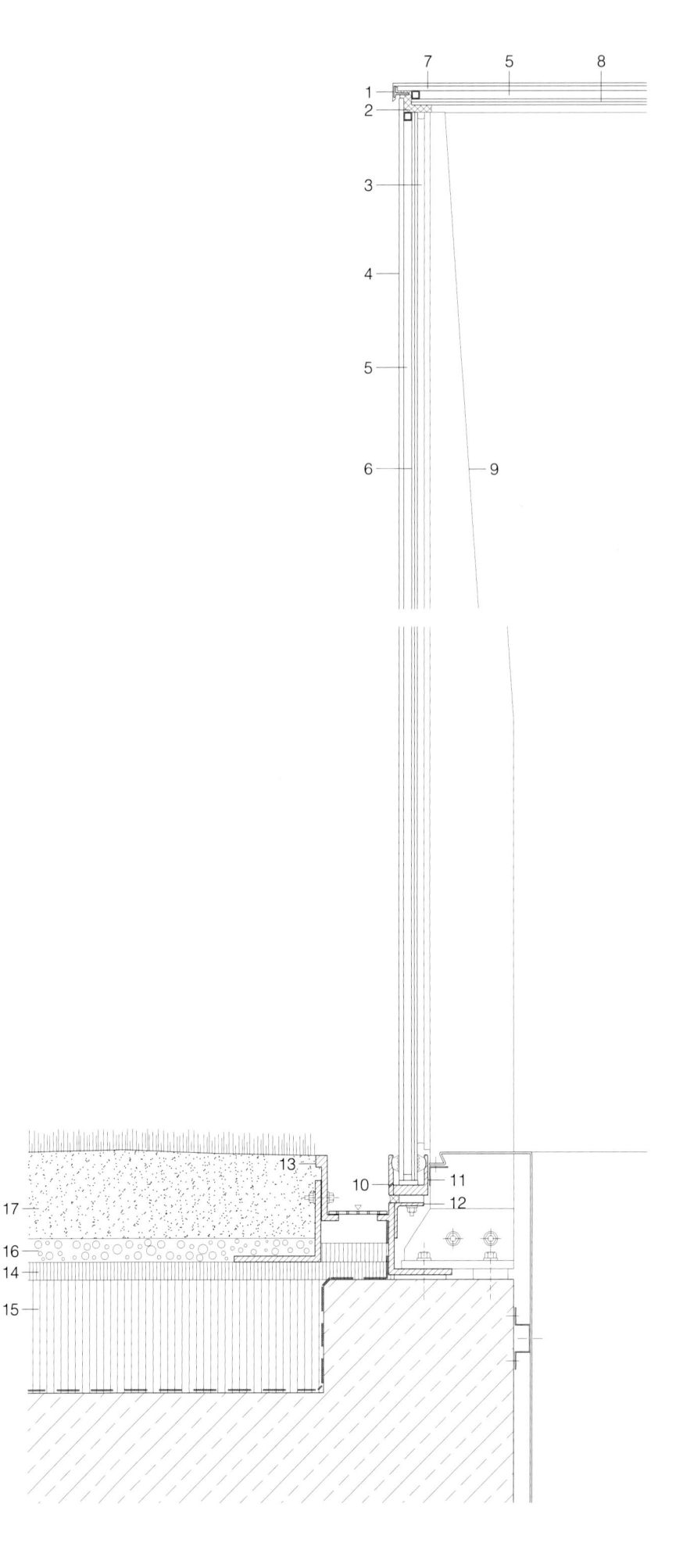

Glass Lantern
Vertical Section, scale 1:10

1. aluminium section weather check
2. silicone joint
3. structural silicone joint
4. clear glass
5. air space
6. laminated glass with plastic film
7. internal reflective clear glass
8. laminated glass with internal low-emissivity glass
9. stainless steel stiffener mirror finish
10. stainless glass stop
11. stainless steel frame
12. stainless steel angle
13. stainless steel edging
14. drainage
15. insulation board
16. gravel
17. humus with substrat

Lanterneau
Coupe verticale, échelle 1:10

1. profil aluminium goutte d'eau
2. joint silicone
3. joint silicone structurel
4. verre clair
5. lame d'air
6. verre feuilleté avec film california
7. verre clair couche réfléchissante interne
8. verre feuilleté couche faiblement émissive interne
9. raidisseur inox poli miroir
10. parclose acier inox
11. cadre acier inox
12. cornière acier inox
13. bordure acier inox
14. couche drainante
15. isolant rigide
16. gravillons
17. humus avec substrat

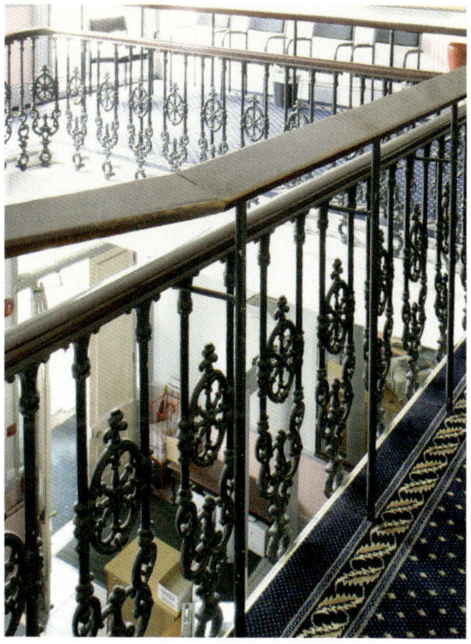

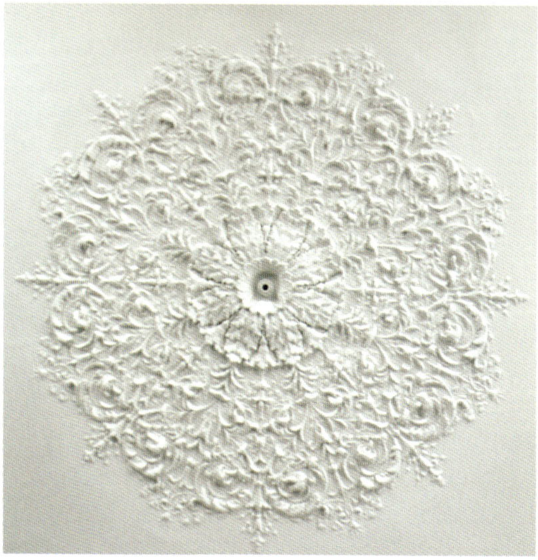

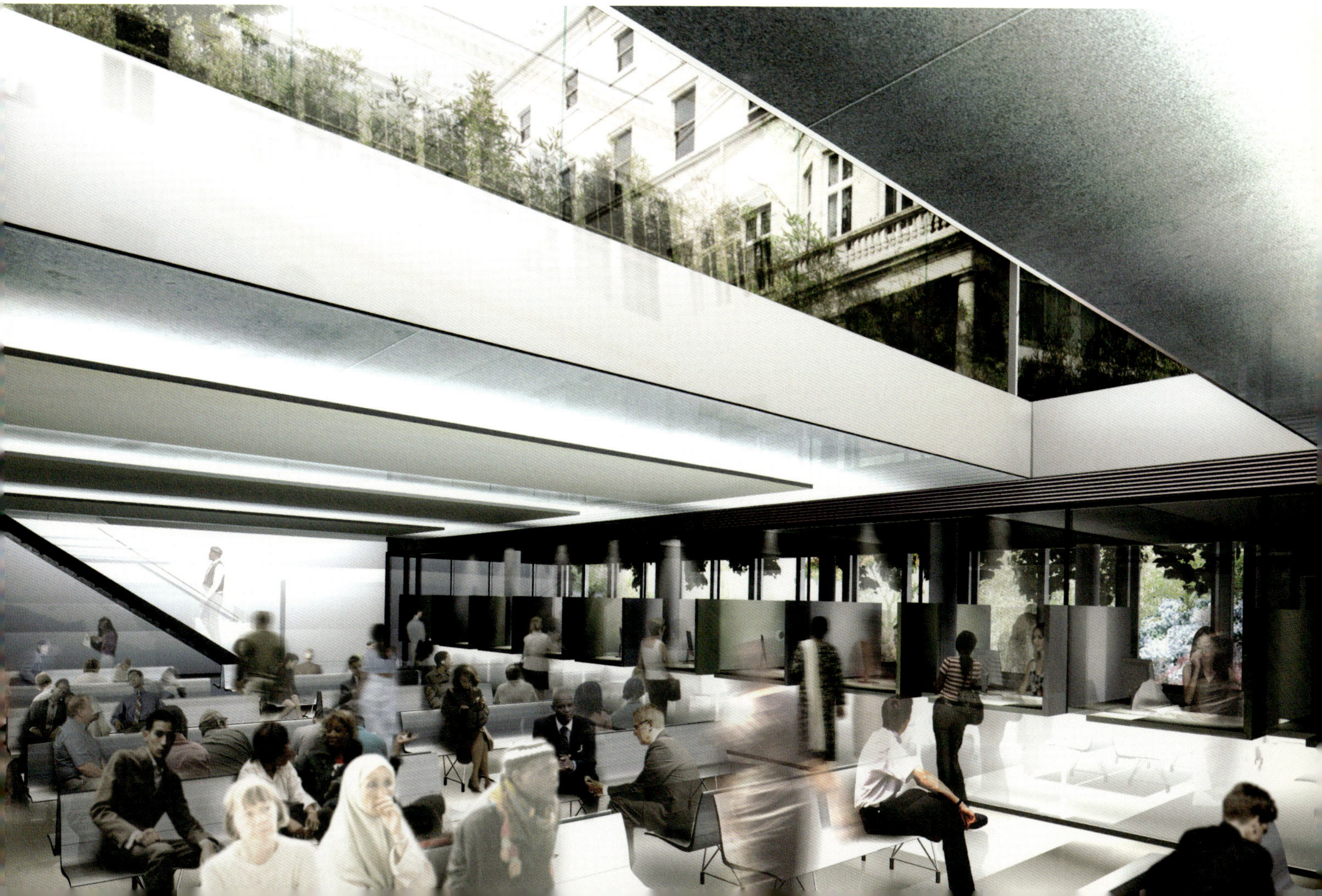

Géricault's Studio
Atelier Géricault

Paris, France   2003-2004

South of Montmartre, the *Nouvelle Athènes* neighbourhood was born out of early 19th-century Parisian real-estate speculation. It became home to a bourgeois community that included celebrity writers and artists of the period.

In 1813, Théodore Géricault (1791-1824) moved into a high, white studio set back from the rue des Martyrs. The house and its front garden are now inscribed at the far end of a row of buildings that form a courtyard. Behind the garden gate, the large arched windows are visible, illuminating and signifying the studio space within. The ample, classical volume of the studio is crowned by a surbased vault that accentuates the space's wide, regular geometry. Domestic functions that had come to clutter the central volume were redistributed on either side of the principal space. The open central bay is thus restored, bathed in the diffracted light of the garden that shines through the high vertical openings. The studio regains the atmo-sphere and respite characteristic of spaces infused with delicate variations of natural light. Once the greater restoration was complete, the tone of the intervention was set by two solid oak elements: a smooth floor that naps the totality of the studio and a bookshelf-staircase that faces the windows, rising up the far wall.

Au sud de Montmartre, le quartier de la Nouvelle Athènes est né de la spéculation foncière au début du 19ᵉ siècle à Paris. Il a accueilli les célébrités du monde des arts et des lettres et la société bourgeoise de l'époque.

La maison dans laquelle Théodore Géricault (1791-1824) s'installe en 1813 est une haute bâtisse blanche en retrait de la rue des Martyrs. Elle est aujourd'hui inscrite dans un alignement de bâtiments bas qui forme une cour allongée à l'extrémité de laquelle se trouve la maison elle-même avec son jardin devant. Par-delà la grille qui enclôt le jardin, la maison se distingue par de hautes baies qui laissent deviner l'atelier au premier étage. Ample volume classique, pratiquement cubique, l'atelier est couvert d'une voûte surbaissée qui en souligne l'étendue et la géométrie régulière. Les utilités domestiques qui l'encombraient ont été redistribuées de part et d'autre du volume principal sur deux niveaux. De cette façon, la baie centrale, a pu retrouver son ouverture initiale et découvre aujourd'hui un jour vertical qui baigne l'atelier dans les lumières diffractées du jardin et des immeubles alentour. L'atelier a pu ainsi retrouver la respiration et l'atmosphère caractéristiques de ces espaces où infusent de fines variations de lumière. La tonalité de l'intervention, une fois les importants travaux de réparation effectués, a été donnée simplement par deux ouvrages en chêne massif : un sol lisse qui couvre la totalité de l'atelier et une bibliothèque-escalier qui se dresse de part en part face aux baies.

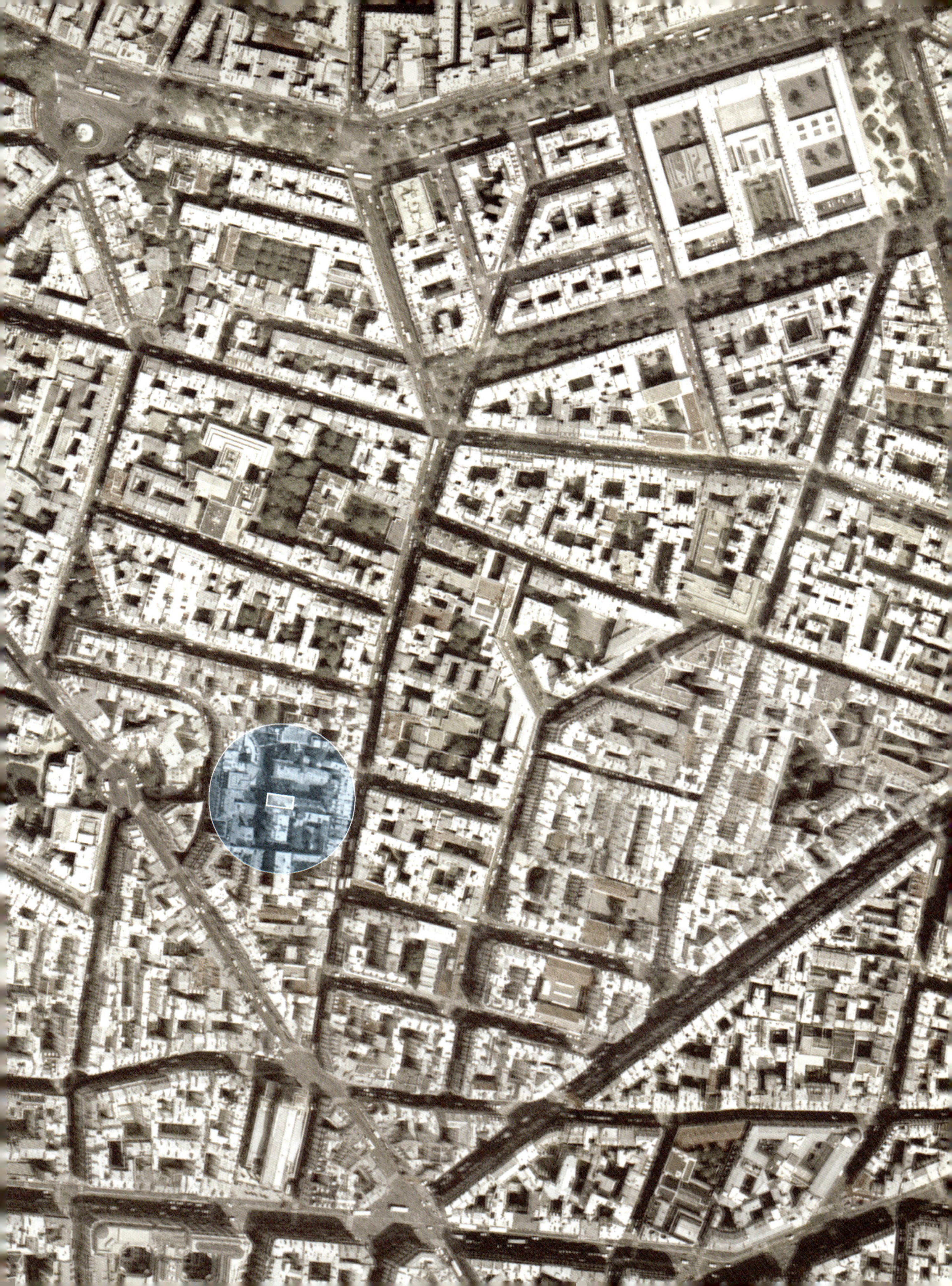

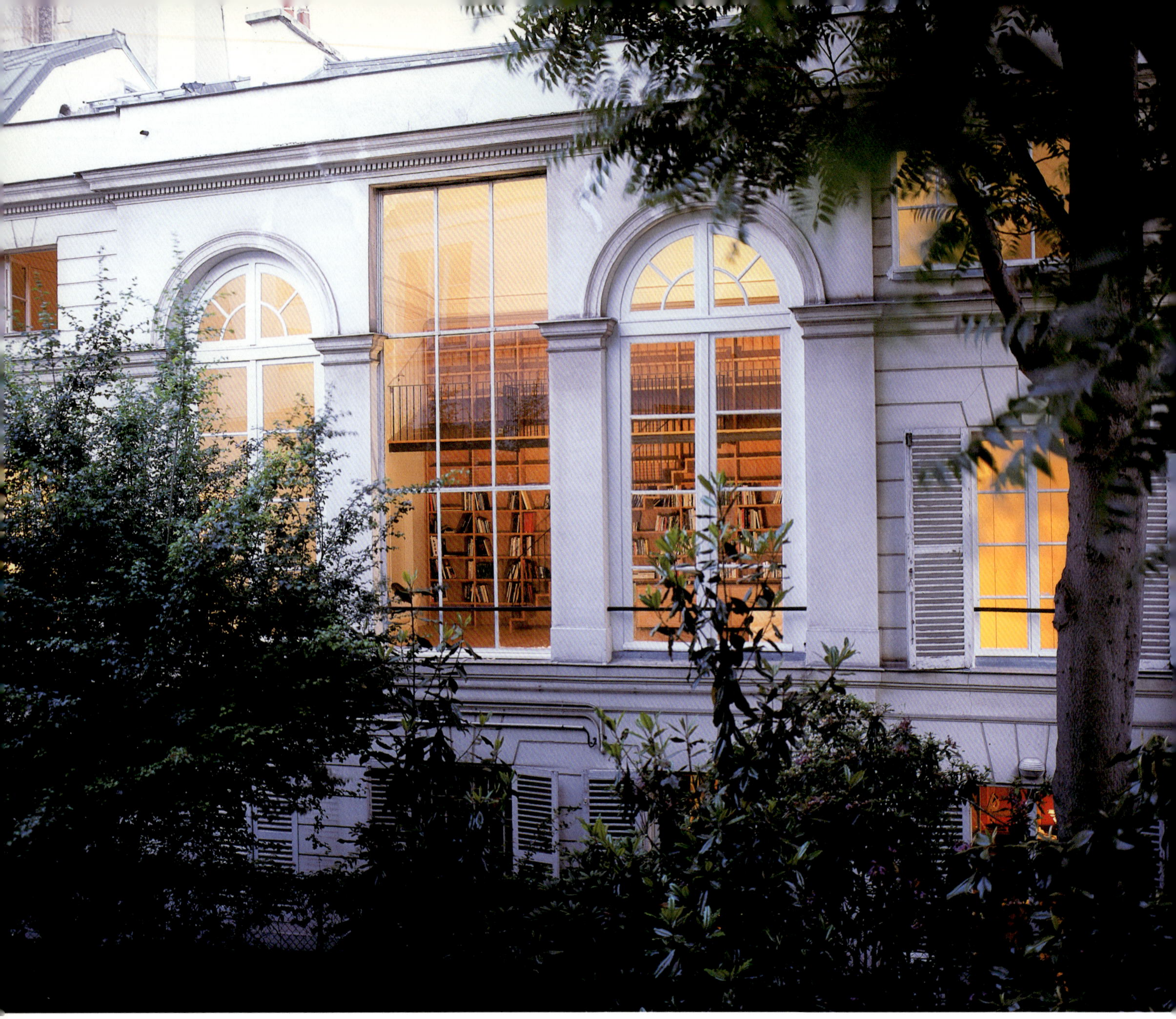

107

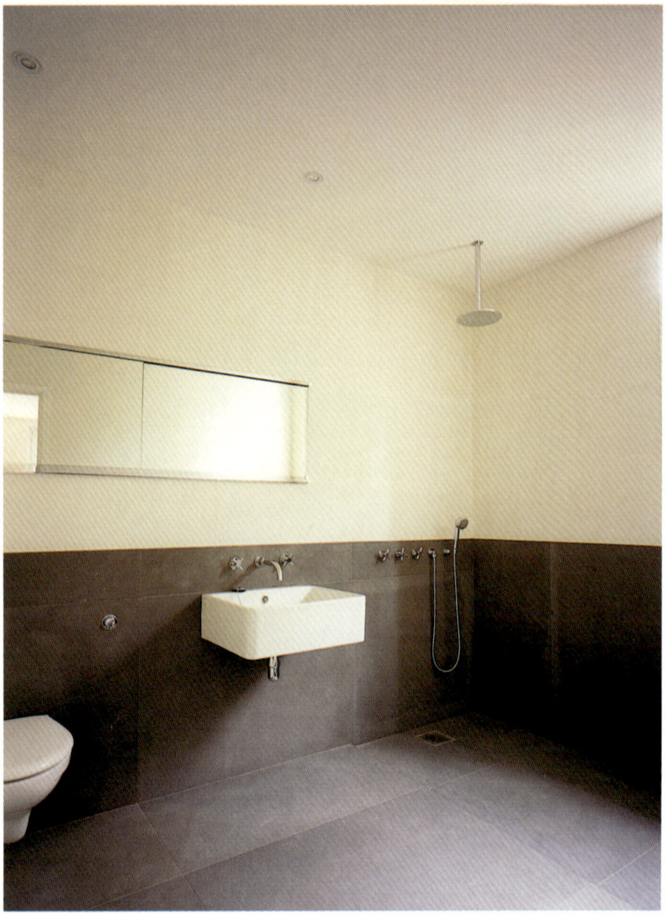

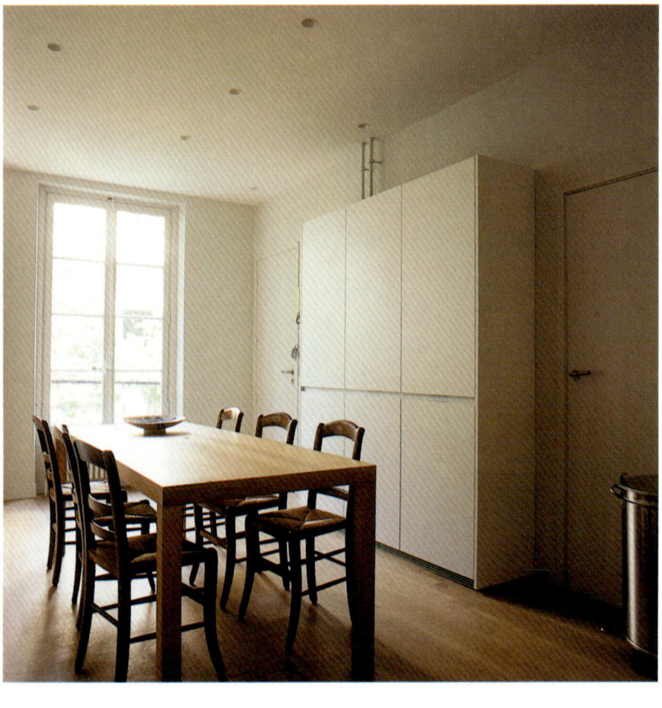

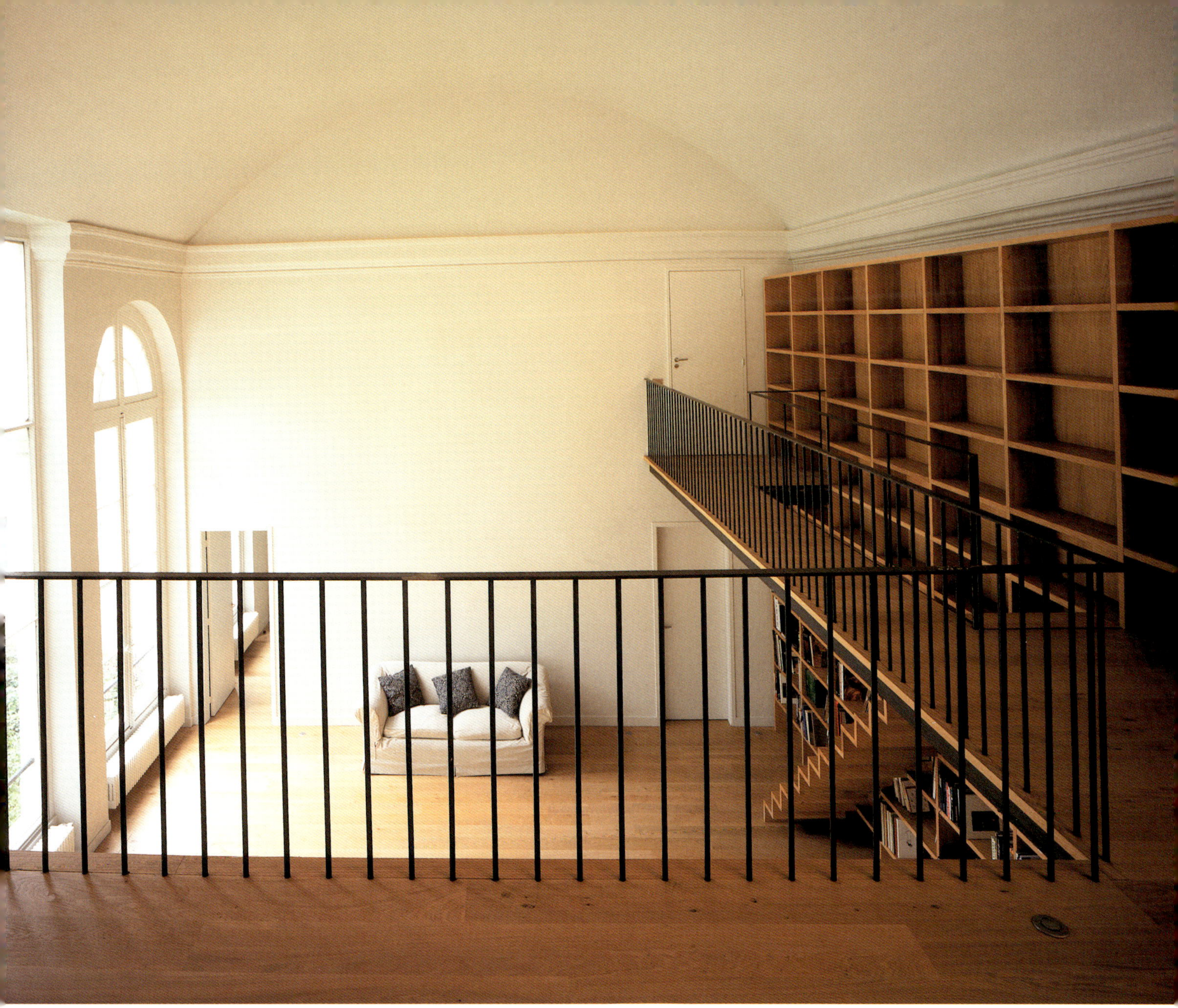

Community Offices
Hôtel administratif

Saint-Martin-de-Ré, France   2004-

Facing the Atlantic Ocean, the outpost of the city of La Rochelle, Ile de Ré is connected to the continent by a 3 km bridge. Today it has become one of coast's biggest tourist hotspots.

The port and the citadel of Saint-Martin-de-Ré, the largest town on the island, were fortified by Vauban in 1681. Located inland, the 18th-century Saint-Honoré Hospital has been officially declared a national historic monument. This project encompasses the restoration of the Saint-Michel wing, at one time called the "great hall of the sick", to house municipal and community association offices. The main entry is restored to its initial place on the southwest façade. The elimination of the modern-day chapel and funerarium on the ground floor and the cubicles on the upper levels resituates the intrinsic qualities of the original volumes. Like other hospitals of the period, the building features large, high windows that provided ventilation and indirect light for the vast interiors. These house conference rooms that take the form of independent boxes dispersed throughout the three levels of office space. The restored monumental staircase leads both to the three main levels and to five interstitial levels at the head of the building. An adjacent elevator runs up through these five levels and is connected to the main floors by newly designed catwalks that cut through the stairwell. On the two main upper levels, the floor is in part raised to allow for the insertion of mechanical equipment. This shrinks the space under the windows and allows the users to enjoy panoramic views of the town, the fortifications and the sea beyond.

Face à l'Océan Atlantique, avant-poste de la ville de La Rochelle, l'île de Ré est liée au continent par un pont de 3 km. Elle est devenue aujourd'hui l'un des pôles touristiques majeurs de la côte.

Le port et la Citadelle de Saint-Martin-de-Ré, commune la plus importante de l'île, ont été fortifiés par Vauban en 1681. Au sud du bourg, l'hôpital Saint-Honoré construit au 18ᵉ siècle présente des qualités architecturales qui ont motivé sa protection au titre des Monuments Historiques. L'aile Saint-Michel appelée « grande salle des malades » fait ainsi l'objet d'une restauration afin d'y installer les bureaux de la communauté de communes. En façade sud-ouest, l'accès principal retrouve sa fonction initiale pour accueillir le public. La suppression au rez-de-chaussée de la chapelle et du funérarium et à l'étage des cloisonnements permettent de restituer les qualités intrinsèques des volumes originels. A l'égal des édifices hospitaliers de l'époque, des baies hautes et cintrées éclairent indirectement et ventilent naturellement les espaces intérieurs monumentaux. Ceux-ci comportent les salles de réunion sous forme de boîtes autonomes sur les trois niveaux de bureaux. A la croisée des registres, l'escalier incurvé distribue d'un côté les deux niveaux de salles monumentales et leurs combles et de l'autre les cinq niveaux de salles domestiques en tête du bâtiment. Là, un ascenseur dessert les deux étages principaux par des passerelles qui traversent la cage d'escalier. Leur matérialité sophistiquée contraste avec la rugosité des murs d'échiffres. Côté salles supérieures, un nouveau sol rehaussé permet l'implantation des installations techniques et accueille les plateaux de bureaux ouverts désormais sur la ville, les fortifications et au-delà l'océan.

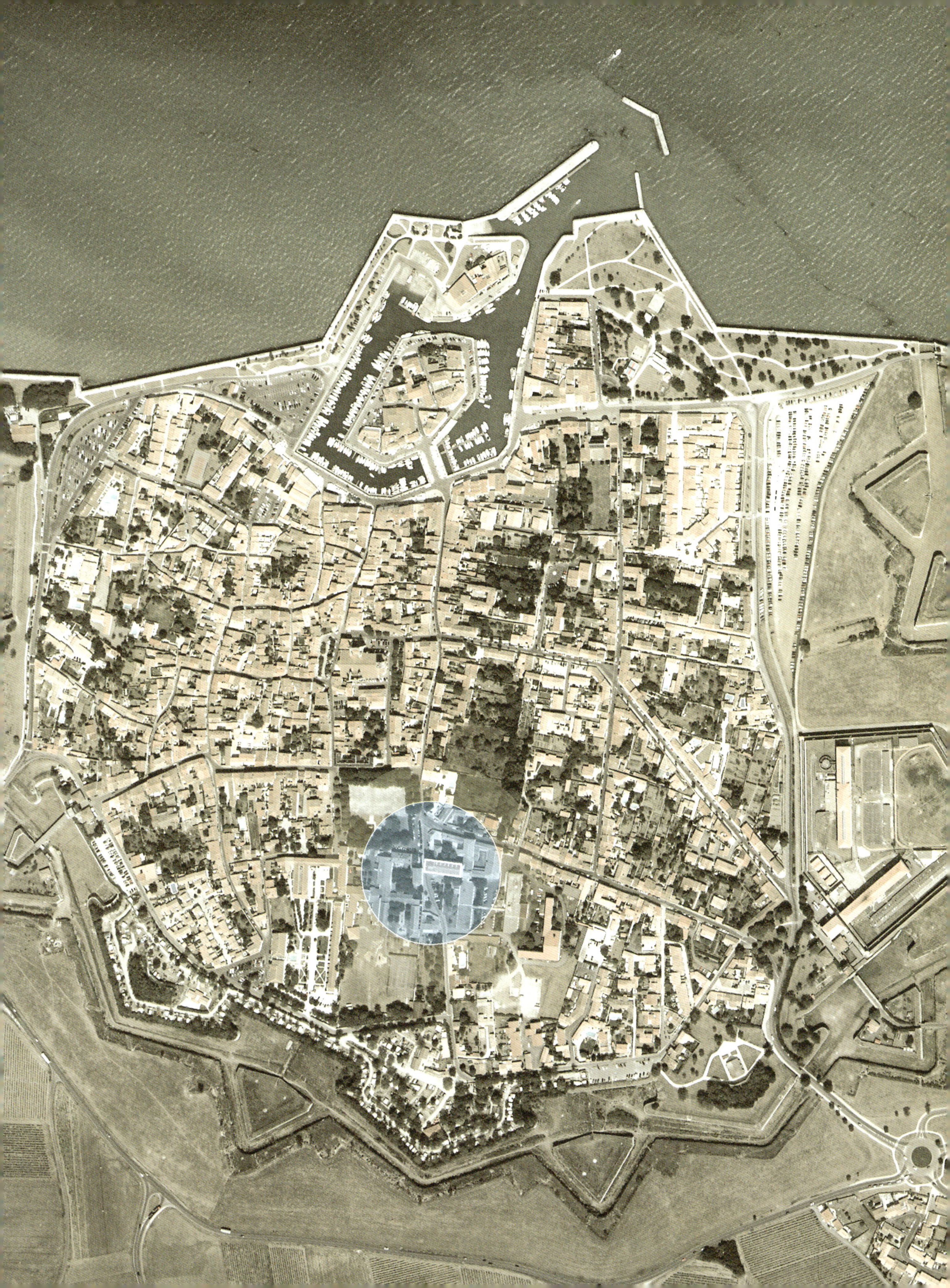

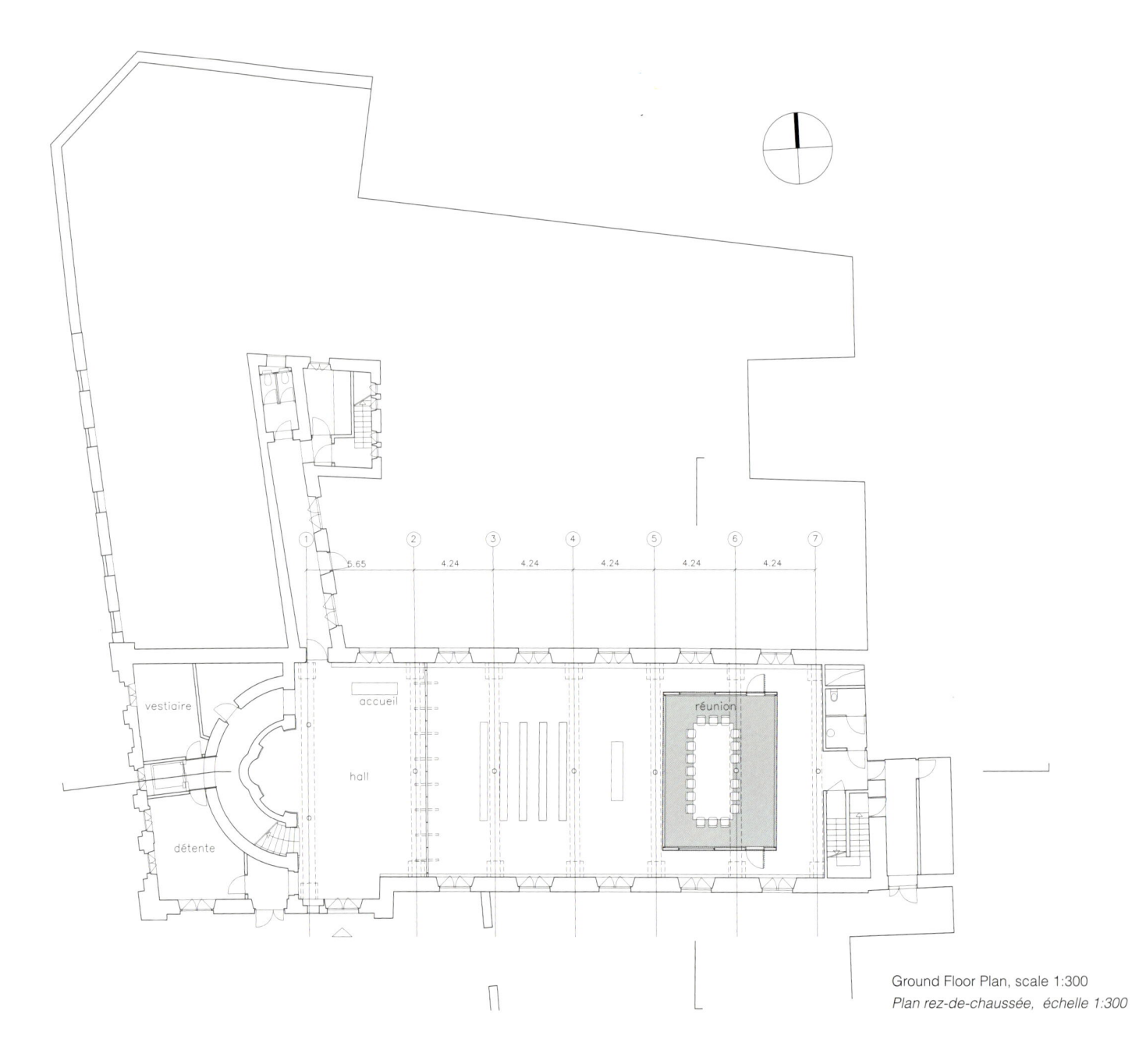

Ground Floor Plan, scale 1:300
Plan rez-de-chaussée, échelle 1:300

112

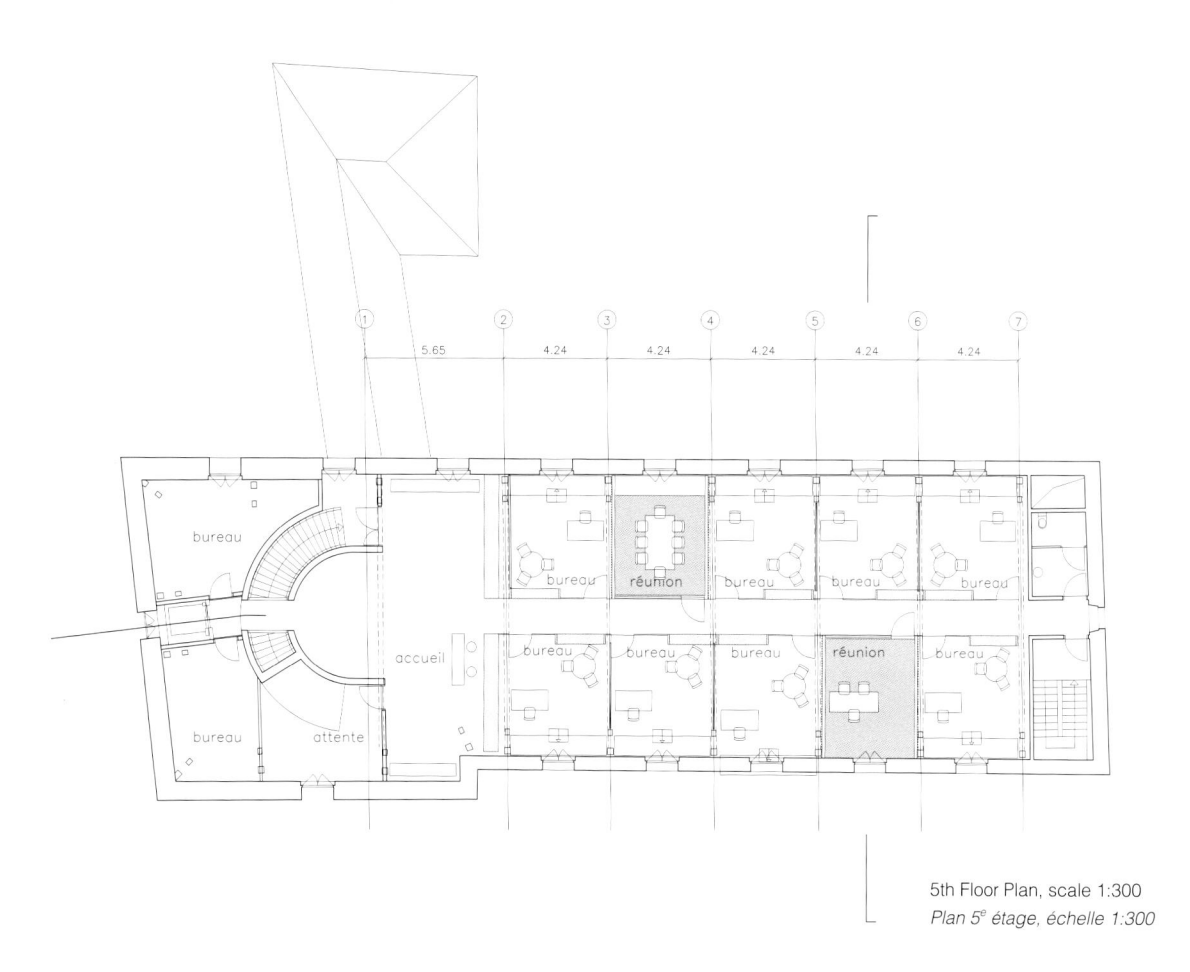

5th Floor Plan, scale 1:300
Plan 5ᵉ étage, échelle 1:300

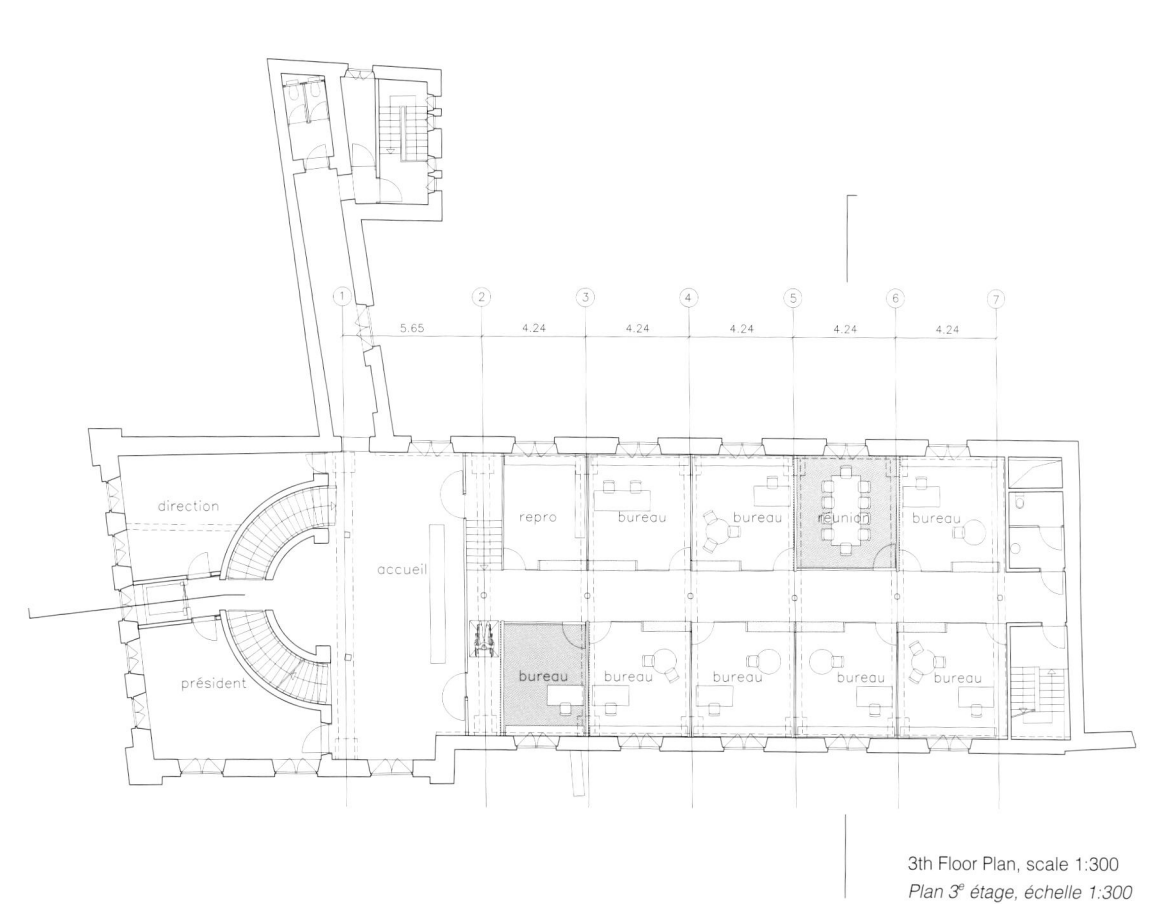

3th Floor Plan, scale 1:300
Plan 3ᵉ étage, échelle 1:300

①	②	③	④	⑤	⑥	⑦
5.65	4.20	4.24	4.24	4.24	4.24	

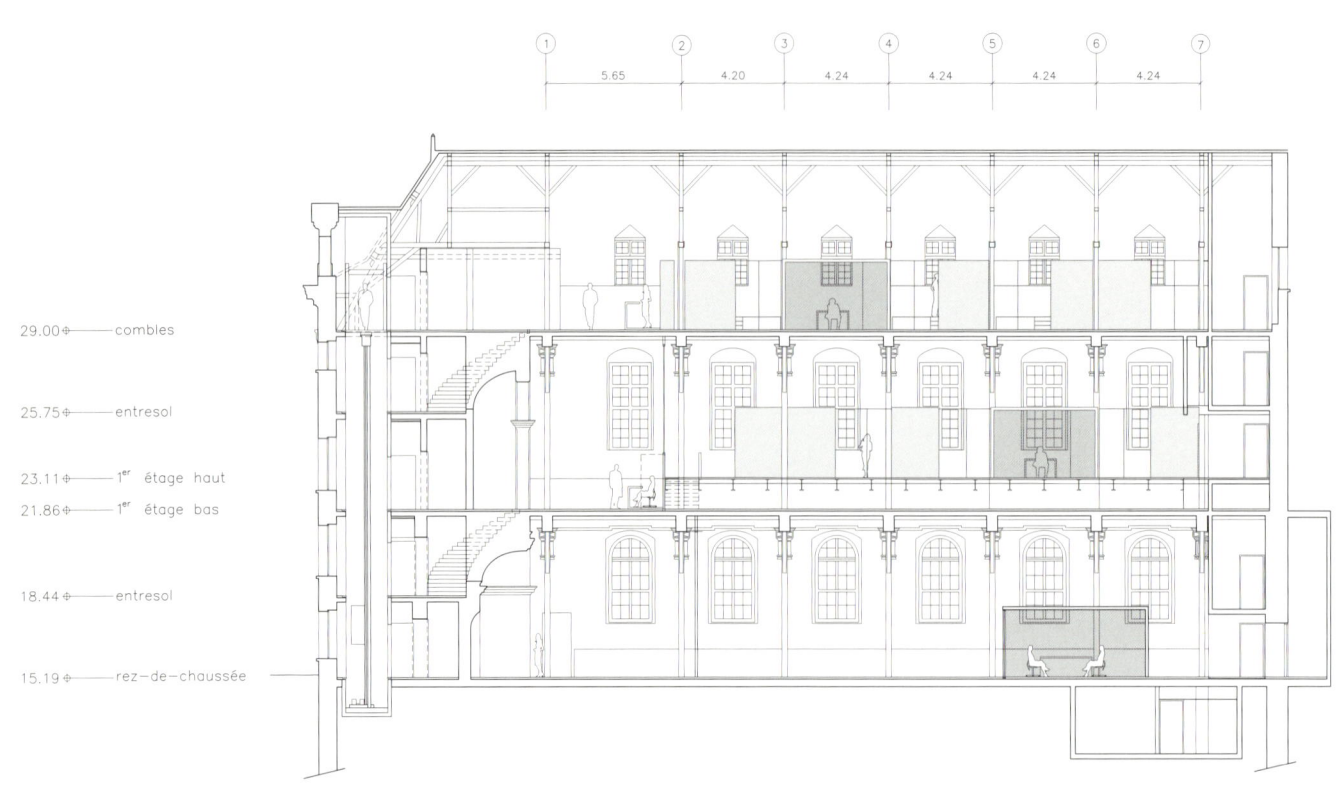

29.00 — combles
25.75 — entresol
23.11 — 1er étage haut
21.86 — 1er étage bas
18.44 — entresol
15.19 — rez-de-chaussée

Longitudinal Section, scale 1:300
Coupe longitudinale, échelle 1:300

Transverse Section, scale 1:300
Coupe transversale, échelle 1:300

Shop Signs
Enseignes publicitaires
Osaka, Japan / *Japon*

Skins
Enveloppes

Screen Wall in the Fin Garden
Claustra dans le Jardin de Fin
Kashan, Iran 16th century / *16ᵉ siècle*

Jali in the Tomb of Itmad-ud-Daula
Jali dans le mausolée d'Itmad-ud-Daula
Agra, India / *Indes* 1628

To regulate and attire

In the design of building skins questions arise concerning the relationship between use and ornament, the regulation of atmosphere and its appearance. There are two problematics that each take on either greater or lesser importance in the two types of projects represented under this chapter: a design of a high-performance façade for public housing projects that border the highway that circles Paris, and two projects with a principally commercial vocation. Commissioned by a French luxury goods retail giant, these commercial projects deliberately play on the role of ornament as an historically privileged subject of imaginative exploration. The reference here to the themes of skin, envelope and clothing is understood in the broadest sense. Investigations into the acts of signifying and covering, touching and dissimulating set the stage for an ongoing research into interaction of light and shadow. This research offers an opportunity to explore not only the rationalisation of ornamental concepts and their execution, but also the role of the building skin as an essential determinant of built form. Conceived for a large ensemble of apartments that are currently subjected to incessant air and noise pollution, the high-performance façade system is comprised of prefabricated loggias that regulate the site conditions. By substituting the entire highway-side façade, they also improve the appearance of the building. In this way, this design incites reflection on our capacity to reinvest in the functionality of extant public housing, while improving its exterior public presence.

Réguler et parer

Par la mise en forme de l'enveloppe d'un projet, les questions se posent de la régulation du milieu, mais aussi du paraître, de l'ornement et de son usage. Deux arguments dont la pondération s'inverse avec les deux types de projet réunis sous cette rubrique : un projet de façade à haute performance pour des appartements sociaux en bordure du boulevard périphérique à Paris et deux projets à vocation principalement commerciale. Liés à un grand groupe de luxe français, les projets commerciaux jouent délibérément de la question ornementale comme support privilégié de l'imaginaire. La référence aux thèmes de l'enveloppe, de la peau et du vêtement est ici entendue au sens large, où se conjoignent écriture, sens du toucher mais aussi recouvrement et mise au secret, donnant lieu à une recherche chaque fois renouvelée des rapports entre ombre et lumière. Une recherche qui donne l'occasion d'explorer, par-delà la rationalisation de la conception et de la mise en œuvre que représentent ces nouveaux ornements, le rôle de l'enveloppe comme déterminant essentiel de la forme construite. Conçu pour un vaste ensemble d'appartements soumis à une pollution atmosphérique et acoustique permanente, le projet de façade à haute performance permet, quant à lui, d'offrir une régulation accrue des conditions du milieu par l'adjonction de loggias préfabriquées. Se substituant entièrement à la façade sur le boulevard, celles-ci offrent une image renouvelée à l'ensemble des appartements. Ce projet permet ainsi de poursuivre une réflexion sur l'habitat en développant les moyens de réinvestir et sa valeur fonctionnelle et sa valeur symbolique dans le contexte difficile de ce type de projet.

Commercial Building
Immeuble commercial

Rio de Janeiro, Brazil / *Brésil*   2001 (unrealised / *non réalisé*)

In just a few years, the neighbourhood of Ipanema, between the beaches of Leblon and Copacabana, has become the most lively and fashionable spot on the Rio de Janeiro coastline.

In the heterogeneous location on the angle of rua Anibal de Mendoca and rua Barão da Torre, this project was developed as a response to a commission by the luxury accessories giant Louis Vuitton to study a possible relocation of its Rio store. Nestled up against two high buildings and taking up the entire lot, the store is spread over four levels: two below grade, and a large roof terrace intended for outdoor receptions. Appearing compact behind the unifying stone screen façade, the project establishes a spatial continuum between the street and the ground floor commercial space, blurring the distinctions with a ribbon of glass and a vertical interior open space that doubles the east façade. The façade is made up of a double-skin system that combines an interior glass curtain wall, which provides hermetic closure, with a self-supporting white granite sunscreen made up of rows of horizontal long stones separated by stone spacers. Inspired by the brand's monogram, by day the screen filters the natural light and casts shadows on the floor and the interior façade of the store. At night, the system reverses itself and the screen filters the artificial light of the store out onto the street.

A Rio de Janeiro, entre les plages de Leblon et de Copacabana, Ipanema est devenu en quelques années le quartier le plus animé et le plus prisé de la côte.

C'est dans cet environnement hétérogène, à l'angle des rues Anibal de Mendoca et Barão da Torre, qu'a été étudié un projet d'immeuble pour la marque française Louis Vuitton avant que l'emplacement ne soit abandonné. Adossé à deux immeubles hauts et occupant toute la parcelle, le bâtiment se développait sur quatre niveaux dont deux niveaux de sous-sol et une vaste terrasse destinée aux réceptions. D'aspect compact derrière une façade minérale unitaire formant une claustra, le projet déploie un continuum spatial associant l'ensemble du rez-de-chaussée – ouvert sur la rue à travers les vitrines – à un vide vertical dédoublant la façade est. La façade se compose d'une double peau combinant une paroi de verre collé assurant le clos et un brise-soleil autostable en maçonnerie de pierre dont l'appareillage alterné juxtapose horizontalement des pierres longues et des dés de granit blanc. De jour, la claustra filtre la lumière naturelle et crée des jeux d'ombres sur le sol et la façade intérieure du magasin. La nuit tombée, le système s'inverse et la claustra filtre la lumière artificielle du magasin. Inspiré par le monogramme de la marque, le motif de la façade s'anime ainsi au rythme du jour et de la nuit.

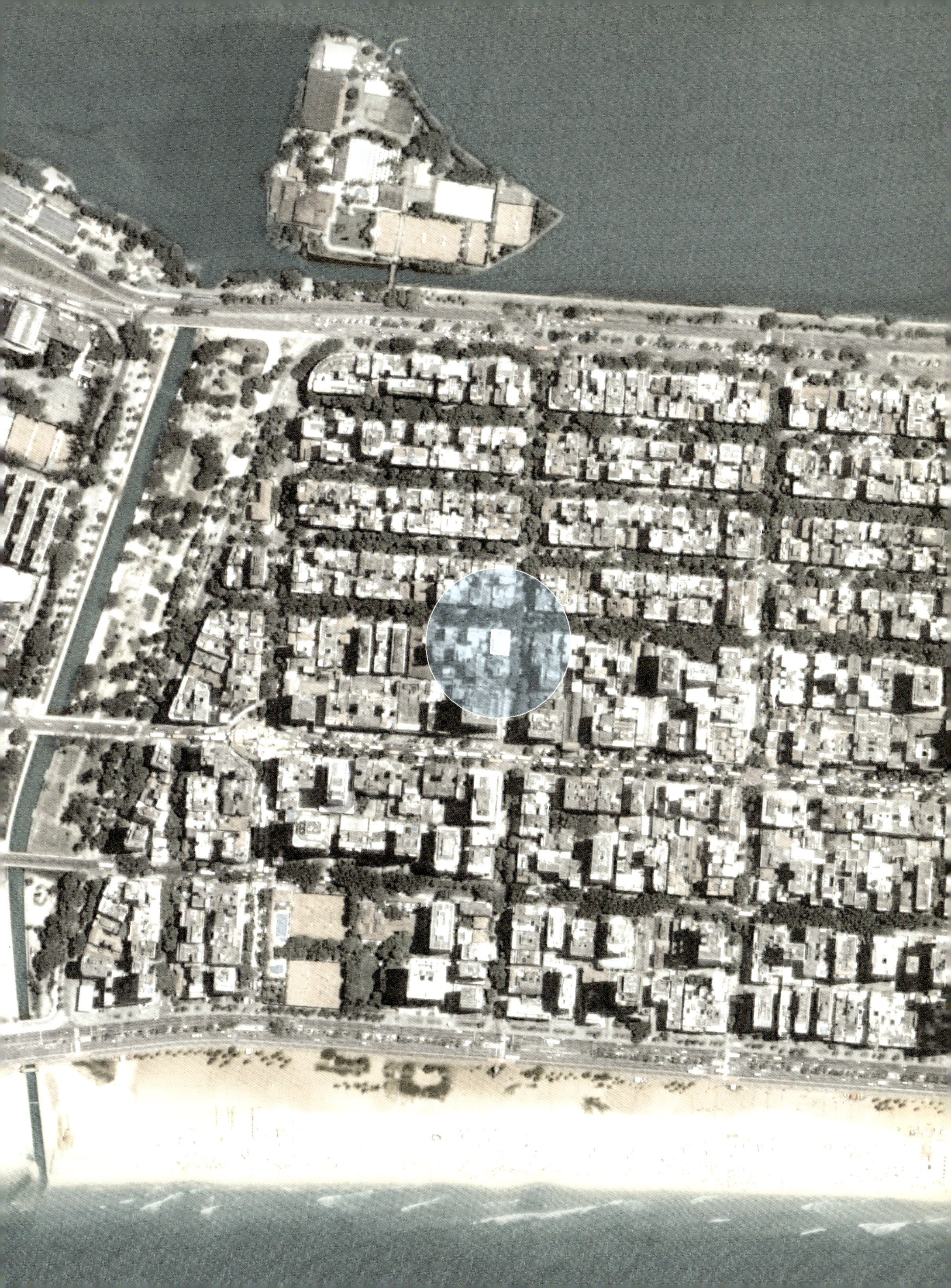

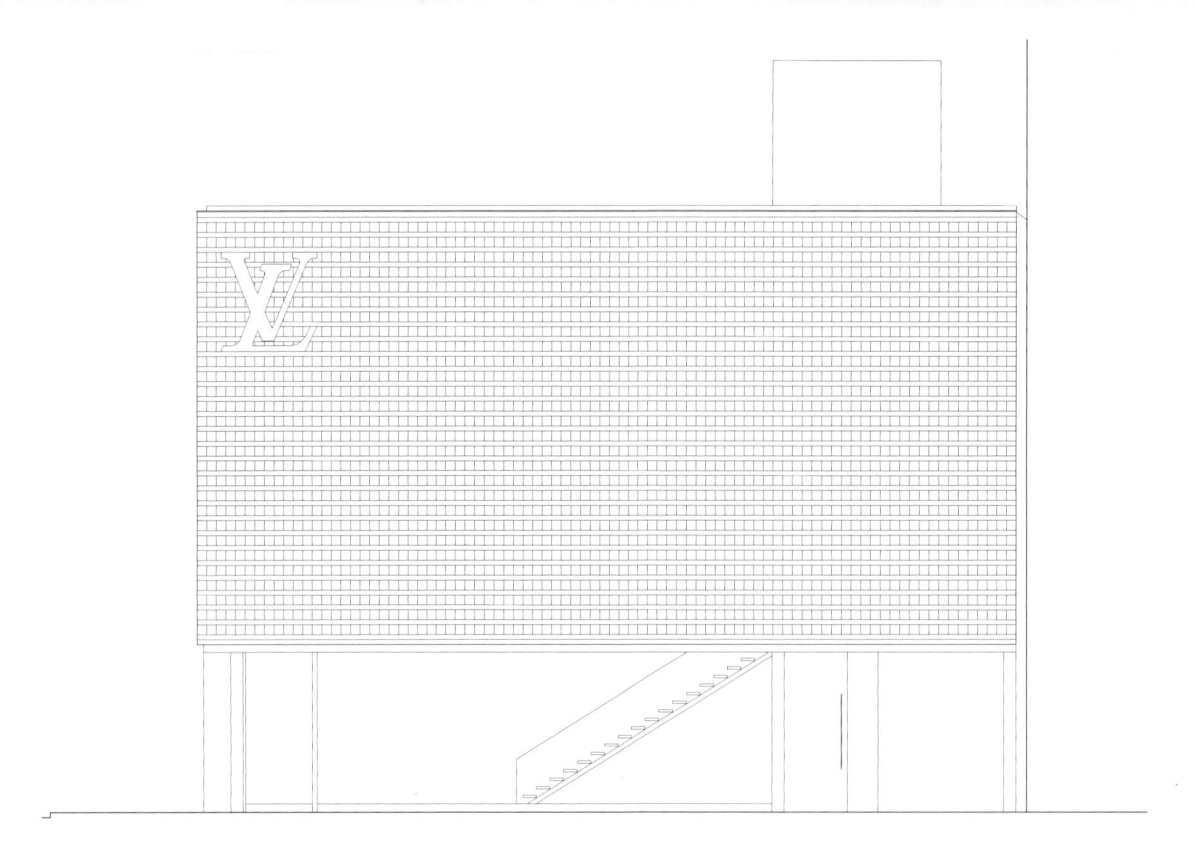

North Façade, scale 1:150
Façade nord, échelle 1:150

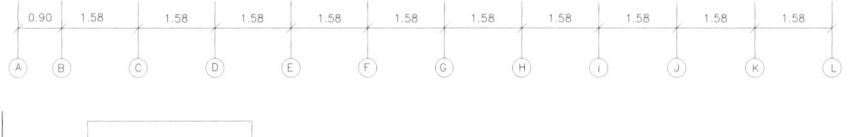

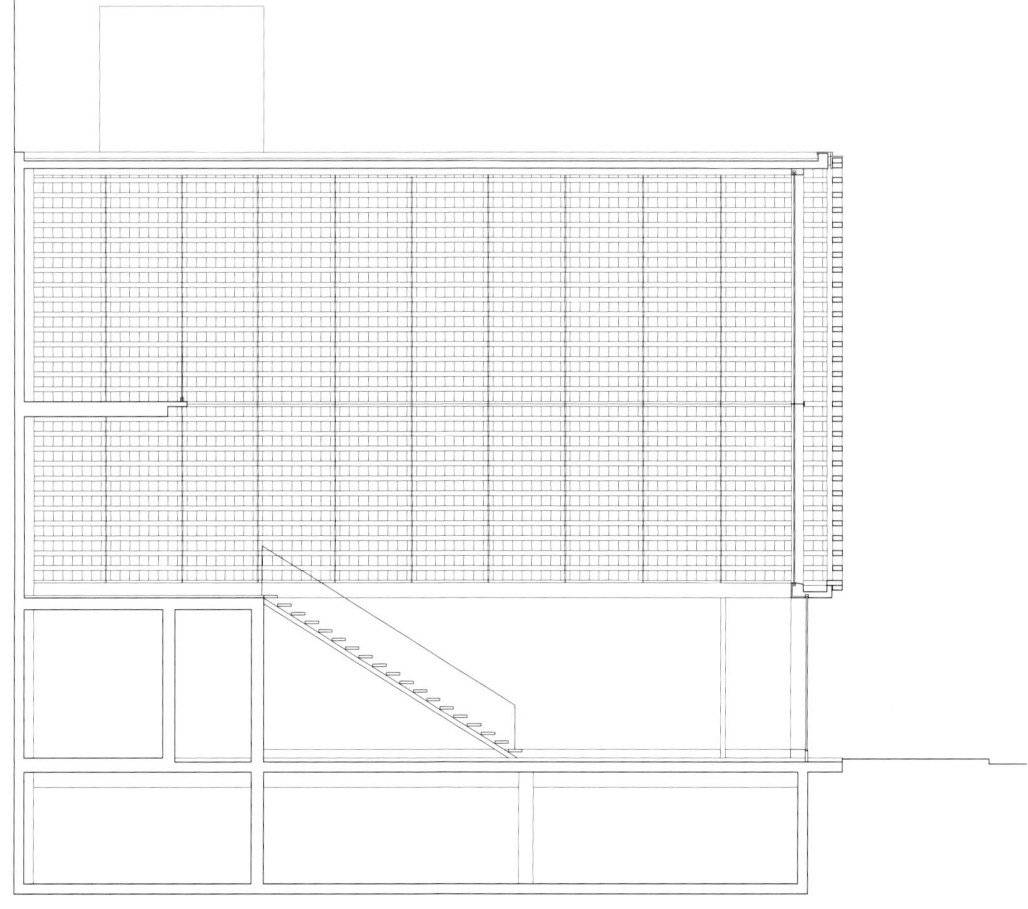

Section, scale 1:150
Coupe, échelle 1:150

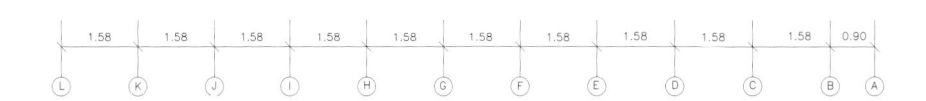

120

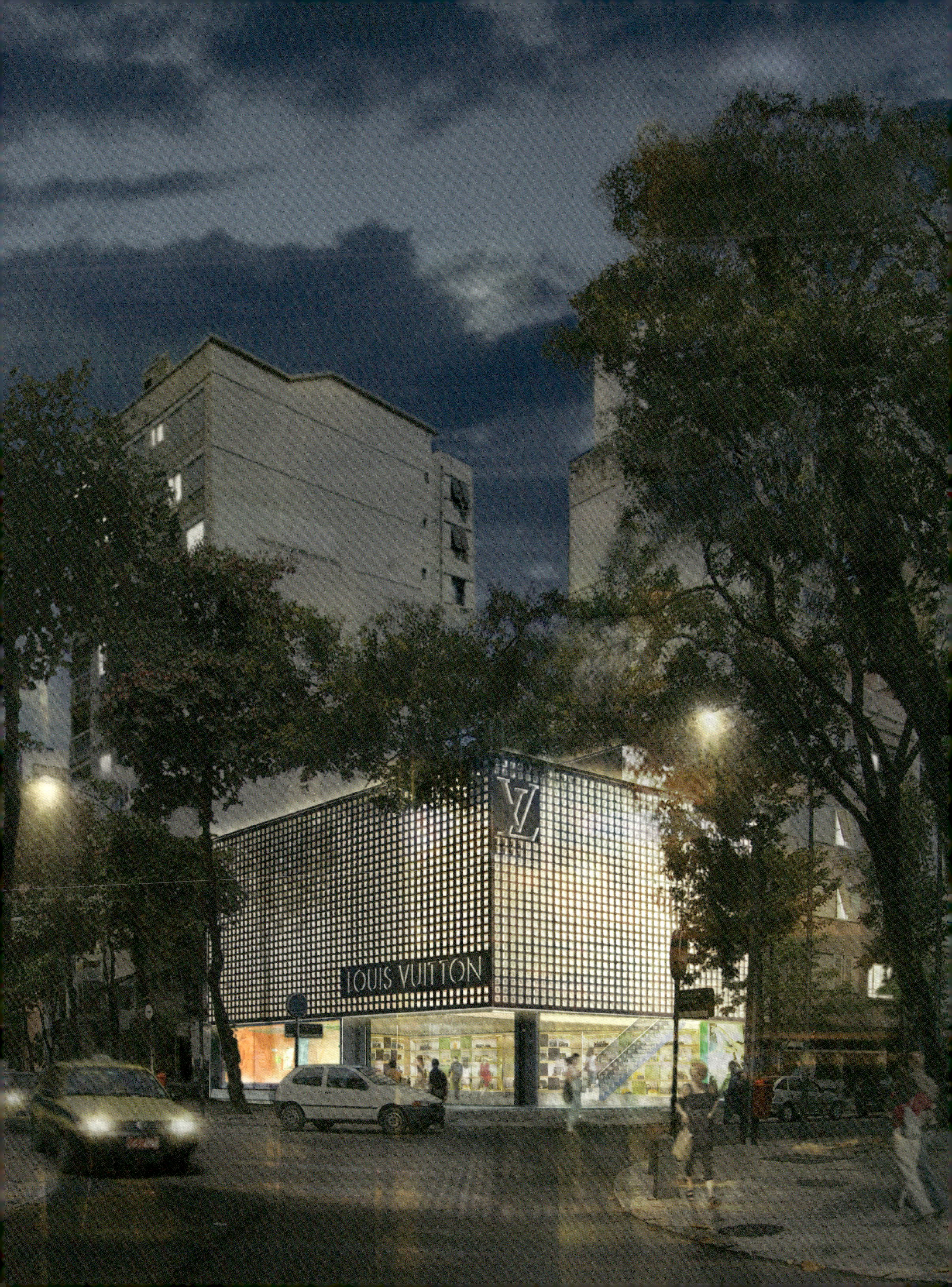
LOUIS VUITTON

Store, Upper Façade
Vertical Section, scale 1:20

1. granite block
2. granite slab
3. stainless steel welded plate girder
4. compression bar
5. galvanised steel gutter
6. stainless steel grill
7. stainless steel frame
8. stainless steelglazing bead
9. stainless steel stiffener
10. clear toughened glass
11. stainless steel ceiling hanger
12. plaster board ceiling
13. Alucore preformed cover
14. covering
15. Alucore trim
16. extraclear laminated glass
17. rain water pipe
18. stainless steel horizontal mullion
19. stainless steel tie rod

Magasin, façade haute
Coupe verticale, échelle 1:20

1. cube de granit
2. lit de granit
3. profil reconstitué soudé acier inox
4. barre de compression
5. chéneau en tôle acier galva
6. grille acier inox
7. cadre acier inox
8. parclose acier inox
9. raidisseur acier inox
10. verre clair trempé
11. suspente acier inox
12. faux plafond plaqué de plâtre
13. capotage Alucore préformé
14. couvertine
15. habillage Alucore
16. verre feuilleté extraclair
17. évacuation eaux pluviales
18. traverse horizontale acier inox
19. tirant acier inox

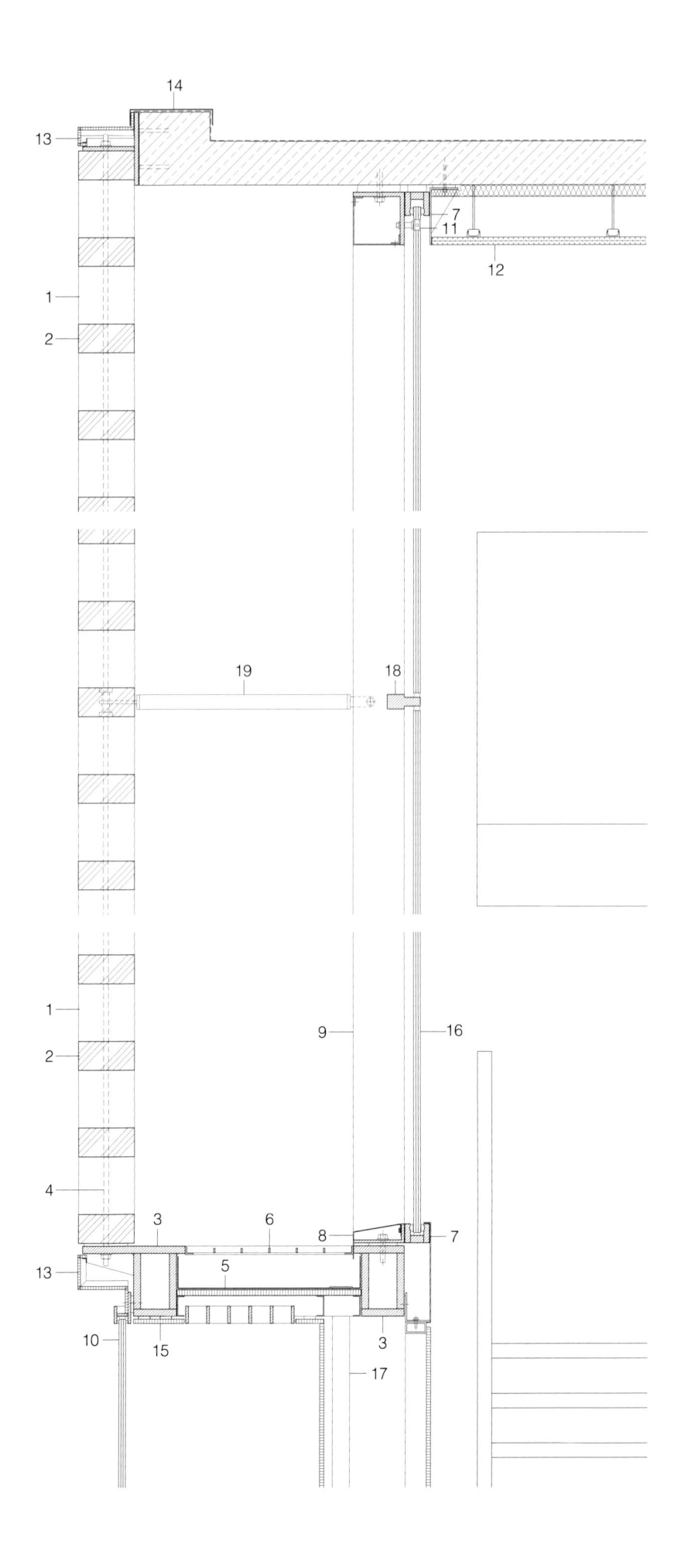

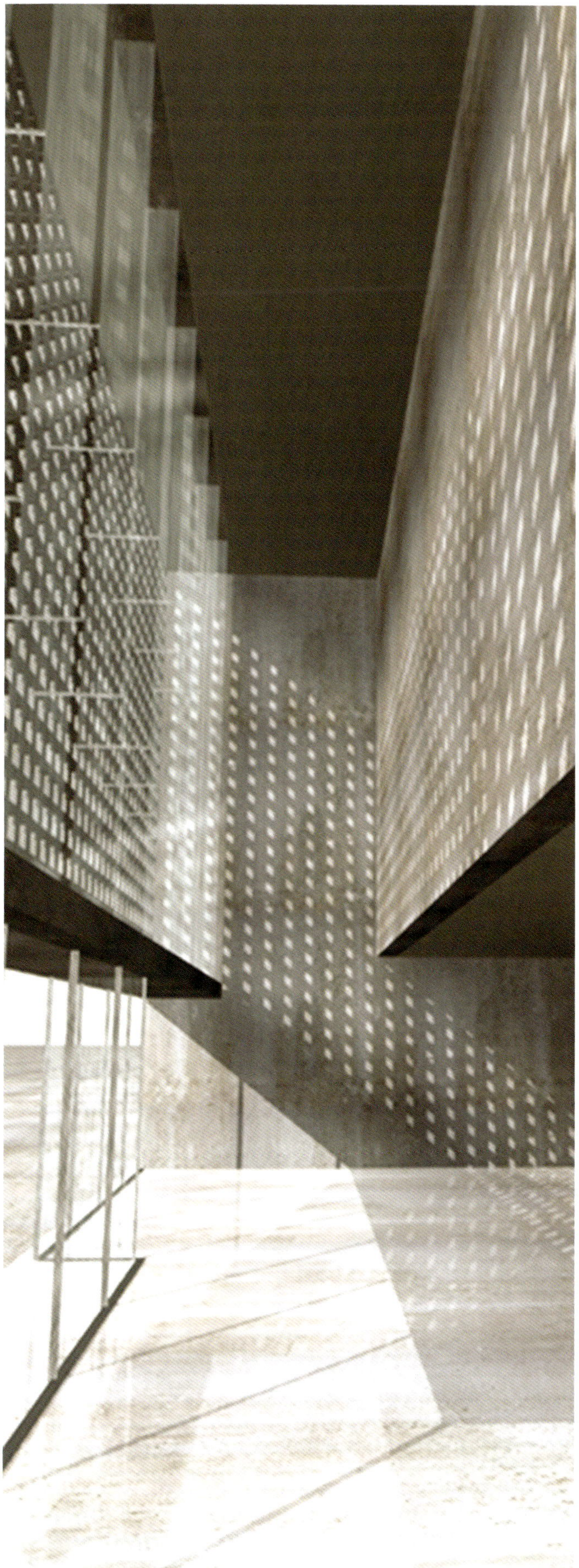

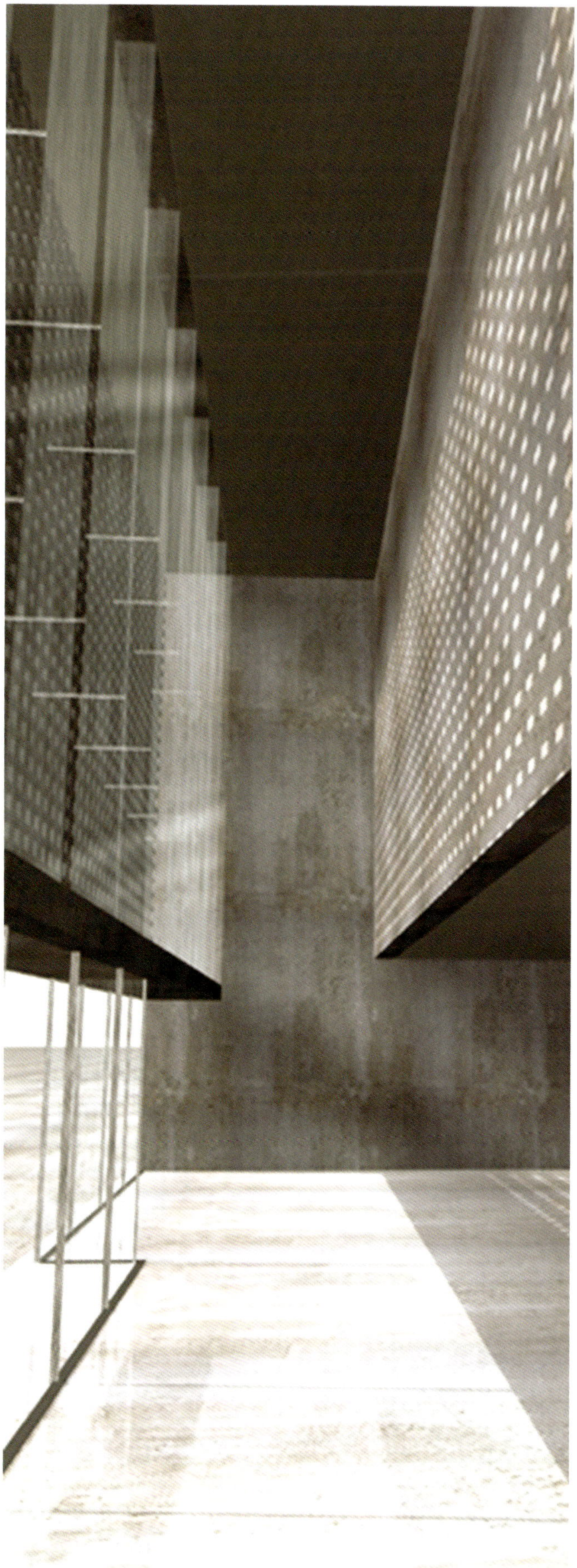

Parking and Commercial Space
Parking aérien et commerces

Kōbe, Japan / *Japon*   2000-2002

Kyu Kyoruchi in Kōbe was one of the rare ports in Japan to be open to the world in the 19th century. The neighbourhood was particularly damaged by the earthquake of 1995.

Commissioned by the French company LVMH, the Kowa Building was erected on the footprint of a building destroyed by the 1995 earthquake. In locating four levels of parking lot above two levels of commercial space, it adopts a form typical of new construction in the neighbourhood. Within its simple, rectangular volume, the design consists of three disassociated elements that organise the programmatic requirements and variety of cultural references. The distinct components of an above-ground parking structure are enunciated by inserting the elevators and fire stairs between the access ramps and the parking spaces. The façade expresses this insertion with a break between the system of alternating aluminium and prefabricated concrete panels that clads the access ramps, and the reversible system of extruded aluminium louvers that integrate light and signage and wrap the parking lot. The building as a whole is distinguished by a triple play of façades, static smooth and monochrome for the ramps at the rear of the lot, the animated louvers on the upper front inspired by the vertical signage widespread in Japan, and finally the enigmatic metal weavings behind the glass of the lower commercial façade inspired by both traditional Japanese weavings and the brand's checkerboard monogram. The ensemble celebrates fine workmanship and the authenticity and quality of materials, offering an exceptional occasion to interrogate the relationship between architecture, fashion and branding.

Kyu Kyoruchi, l'une des rares zones d'échange ouvertes sur le monde au 19ᵉ siècle au Japon, est située dans la zone portuaire de Kōbe, particulièrement sinistrée lors du séisme de 1995.

Réalisé pour le groupe français LVMH, le Kowa Building a été construit sur les traces d'un bâtiment détruit par le séisme de 1995. En superposant un parking aérien de quatre niveaux à deux niveaux de commerces, il reprend une typologie commune au quartier depuis le séisme. De forme simple, rectangulaire, le bâtiment joue des dissociations pour organiser les éléments du programme et décliner les références mêlées qui en font l'image. Plus encore, la conception des différentes façades souligne la dissociation que révèle d'emblée l'organisation du parking : les plateaux de stationnement sont distincts des rampes qui sont installées en fond de parcelle, séparées du parking par une césure qui marque l'accès aux ascenseurs et aux escaliers. Ainsi le bâtiment se signale par un triple jeu de façades : pleine, lisse et monochrome pour les rampes dans une alternance de panneaux de béton préfabriqué et d'aluminium ; ouverte, animée et expressive pour les stationnements grâce à un système réversible de lames inclinées d'aluminium extrudé intégrant images et éclairage – un système procédant ici de la fusion du dispositif d'enseigne verticale très répandu au Japon avec celui des lames en claire-voie ; et enfin ambivalente et énigmatique pour les commerces jouant des codes de la marque – damier, monogramme – et de la tradition japonaise des tressages, en exaltant savoir-faire artisanal, authenticité des matériaux et qualité, donnant là une occasion exceptionnelle d'interroger les relations entre l'architecture, la mode et une marque.

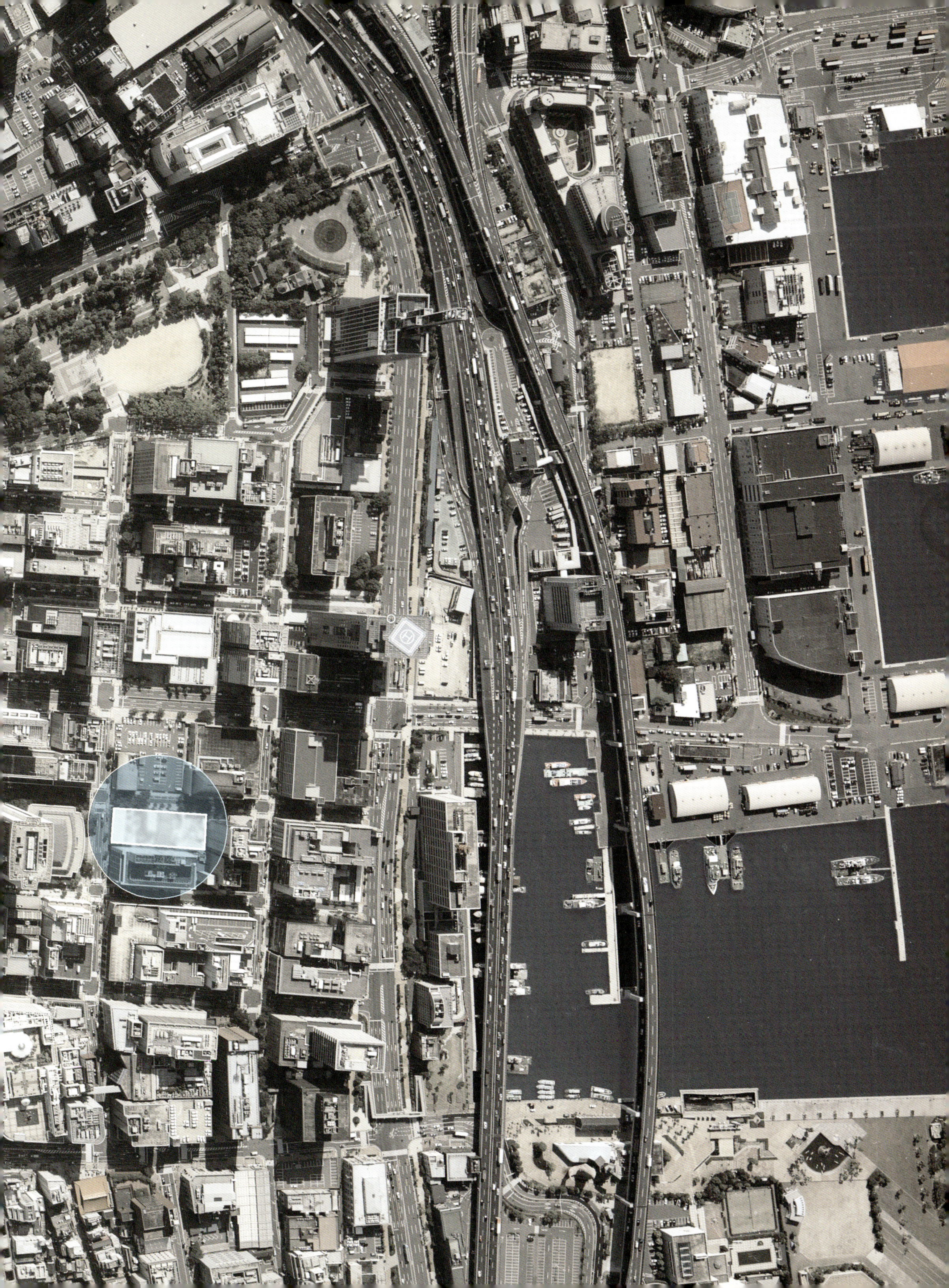

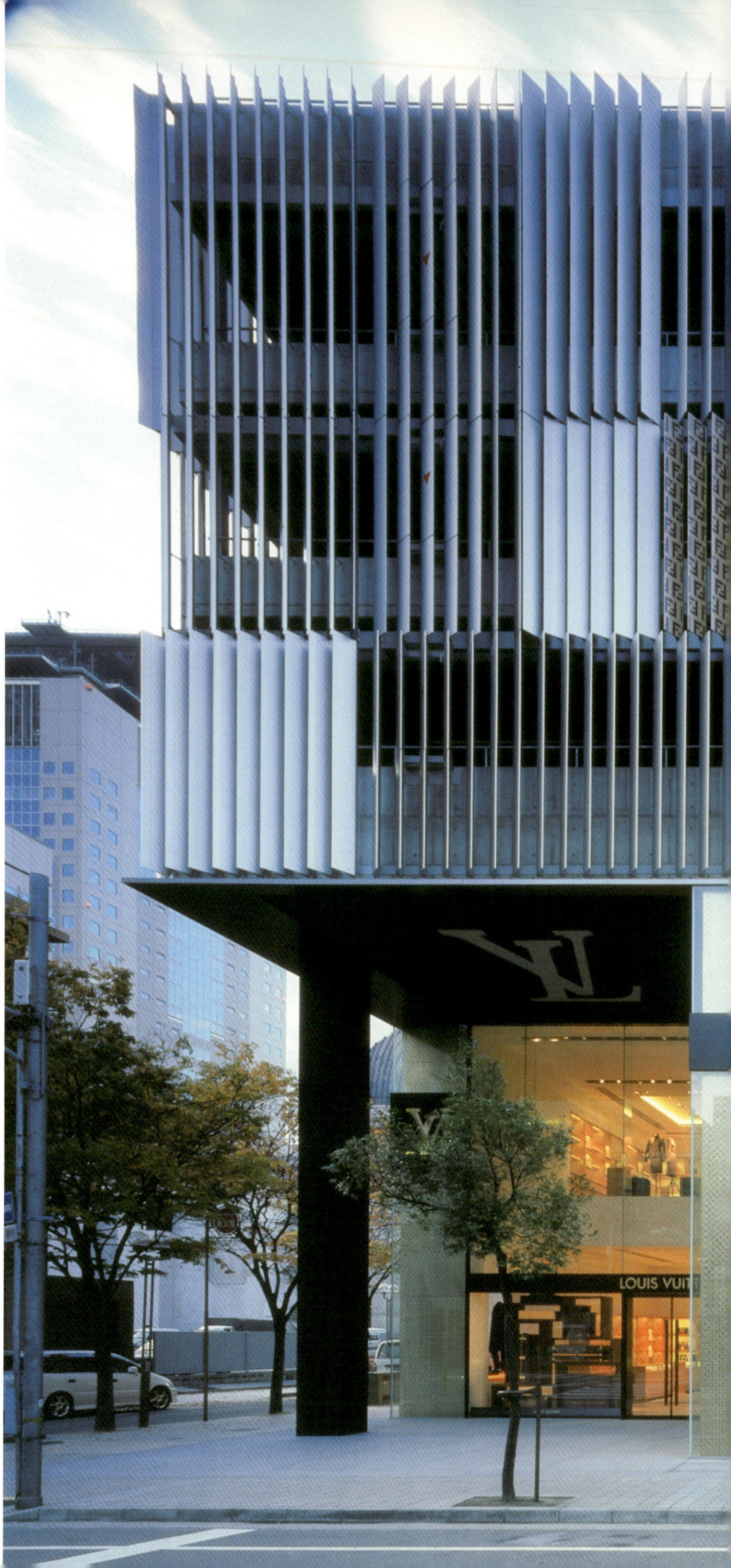
LOUIS VUITT

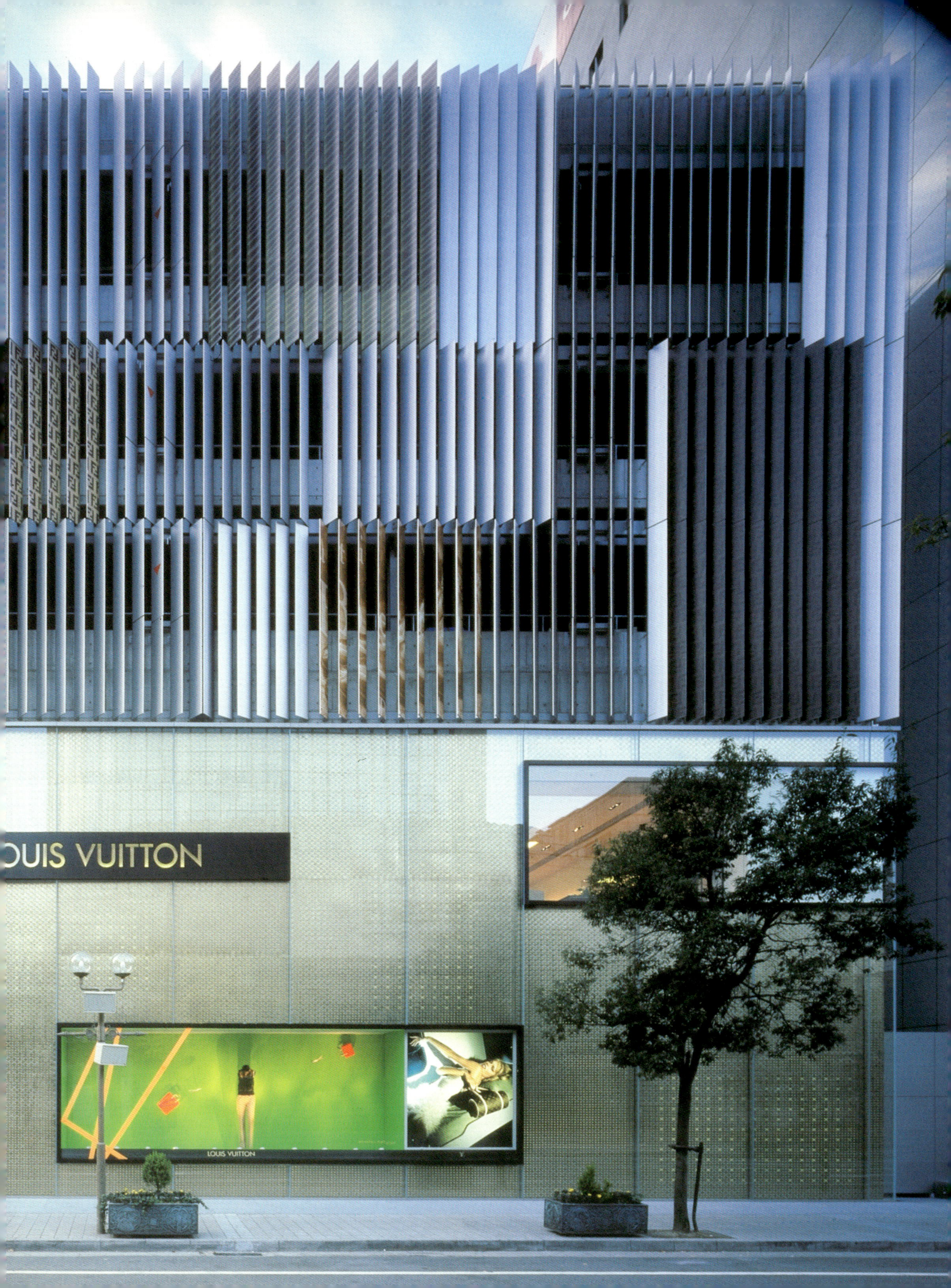
OUIS VUITTON
LOUIS VUITTON

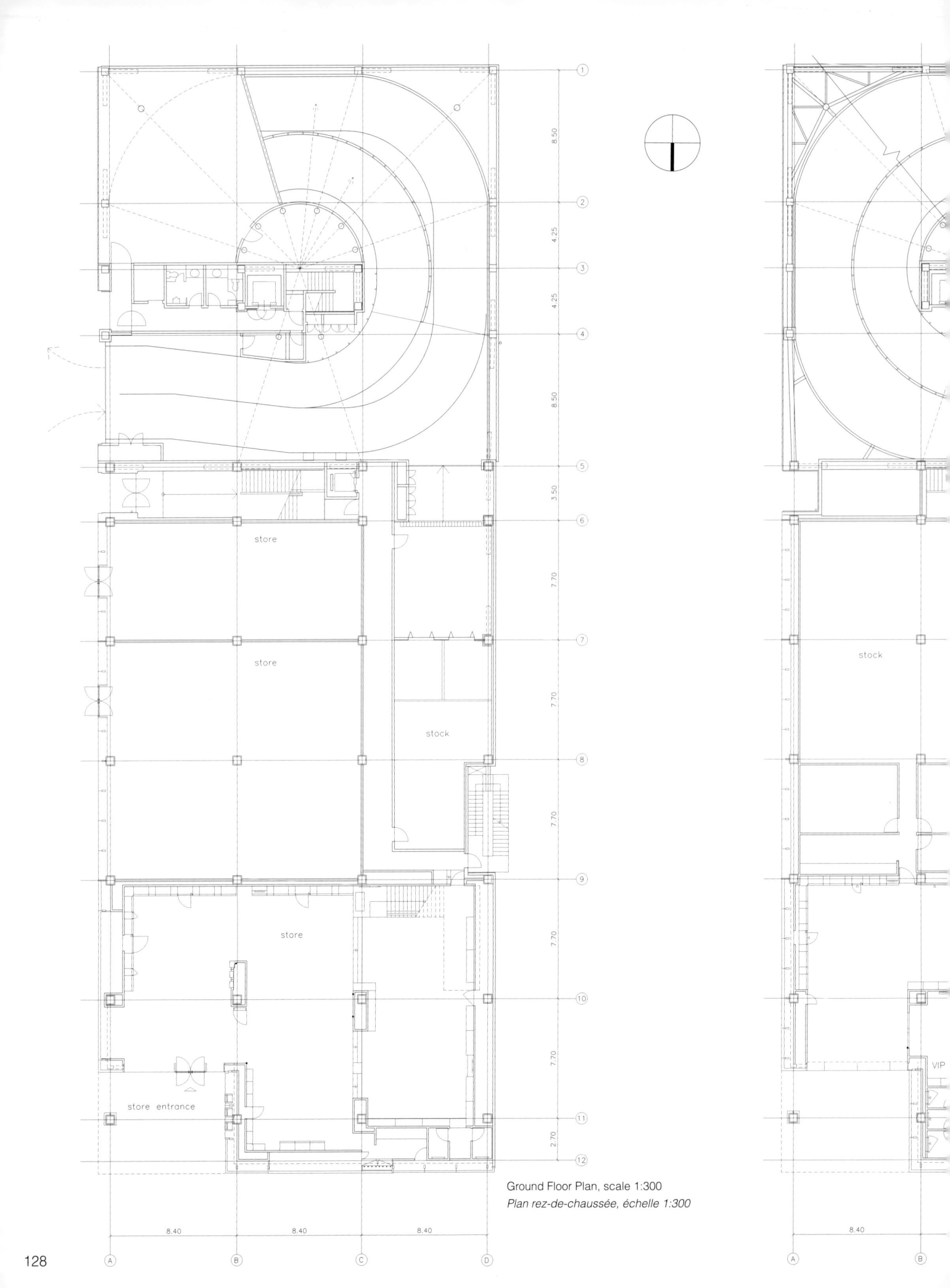

Ground Floor Plan, scale 1:300
Plan rez-de-chaussée, échelle 1:300

Office + staff room

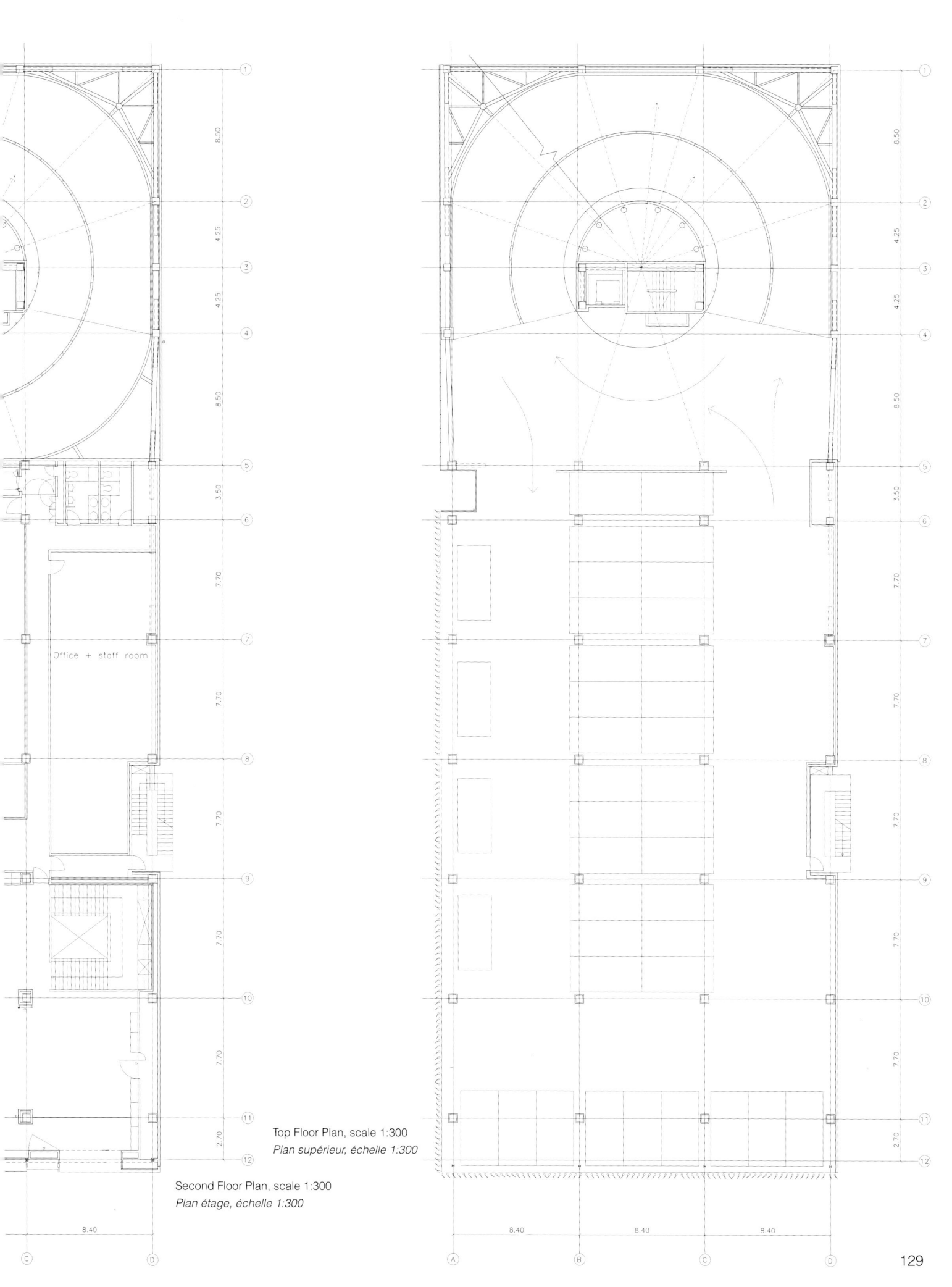

Top Floor Plan, scale 1:300
Plan supérieur, échelle 1:300

Second Floor Plan, scale 1:300
Plan étage, échelle 1:300

129

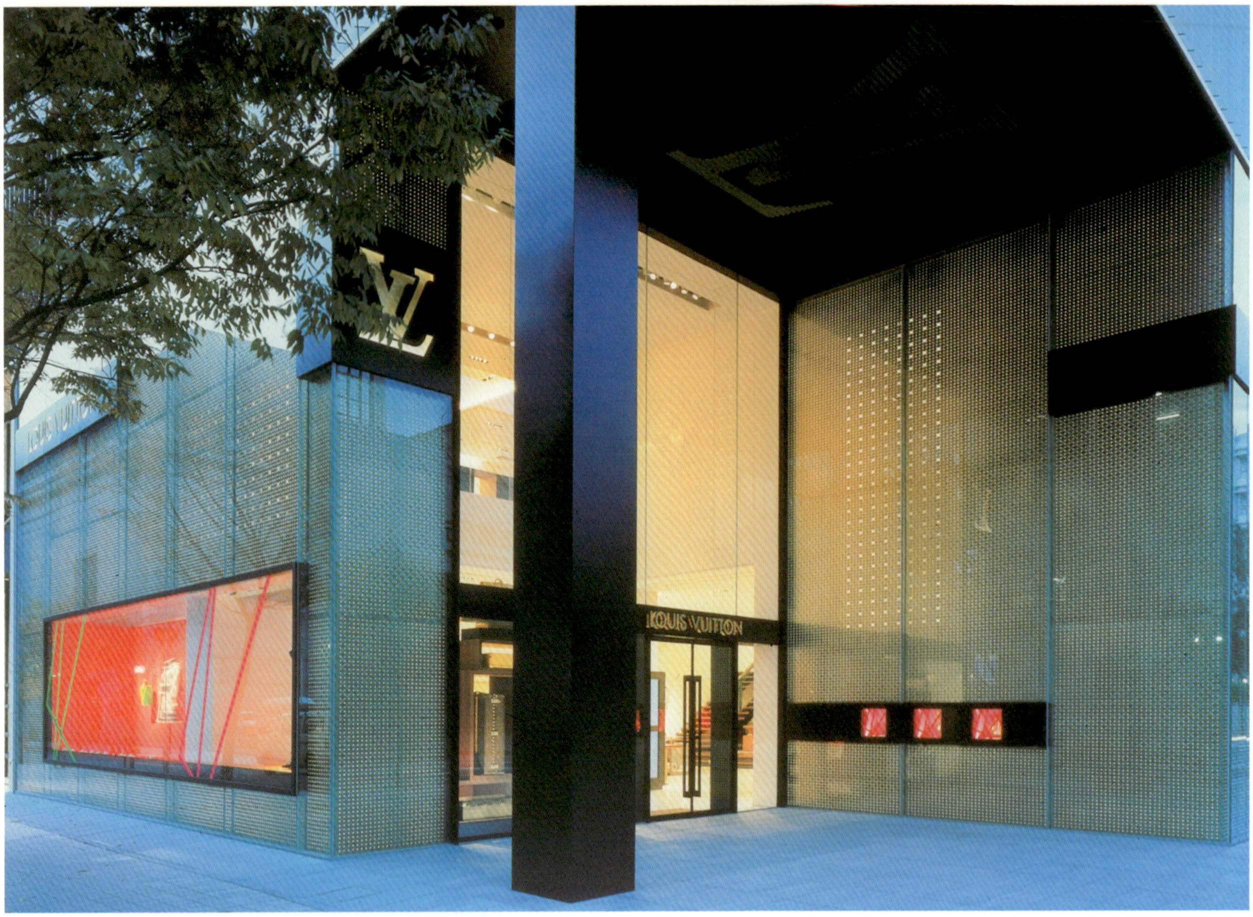
LOUIS VUITTON

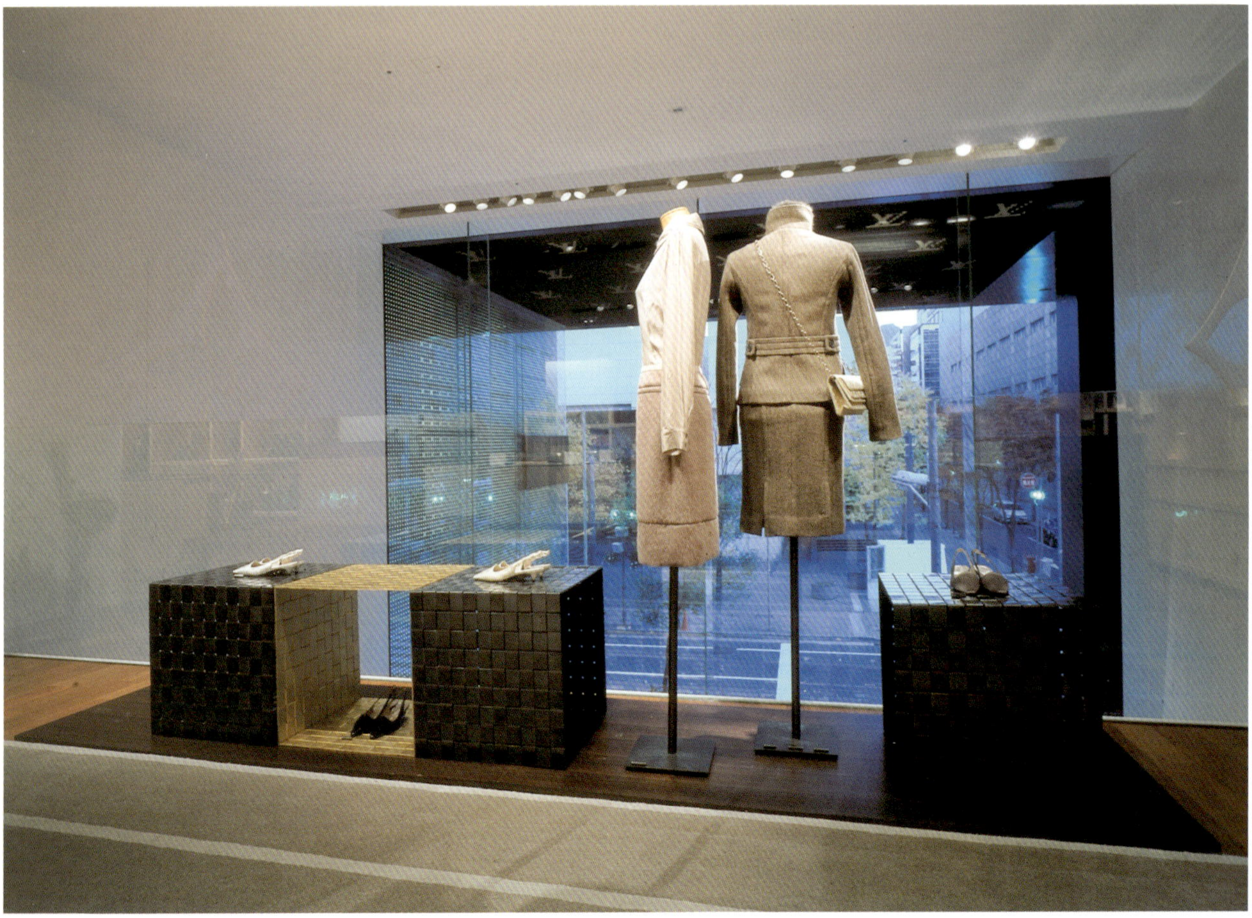

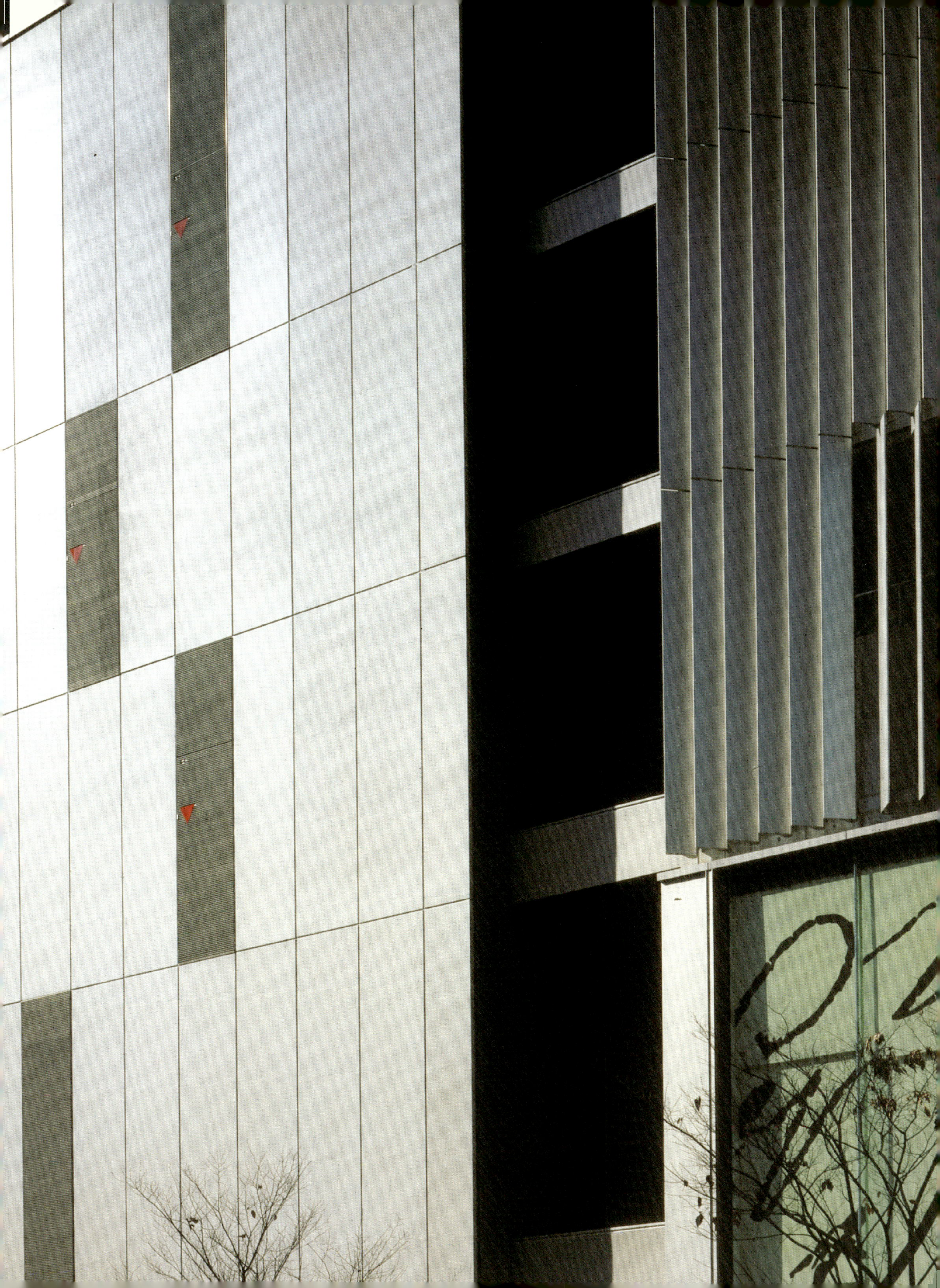

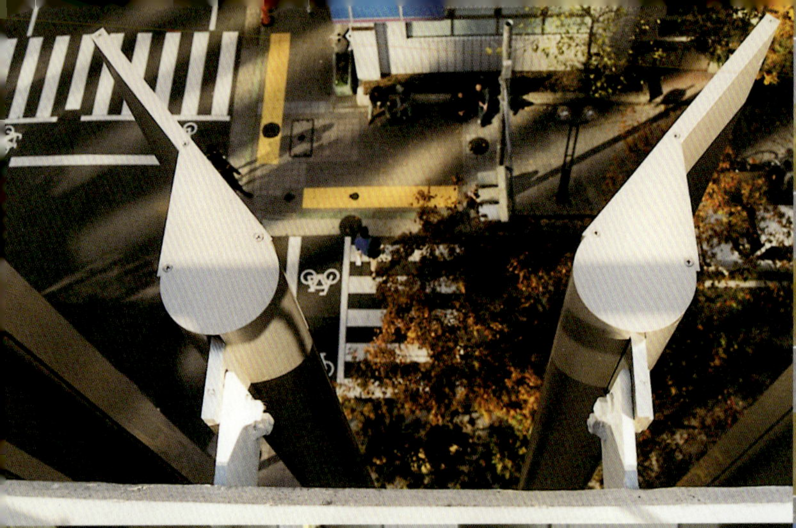
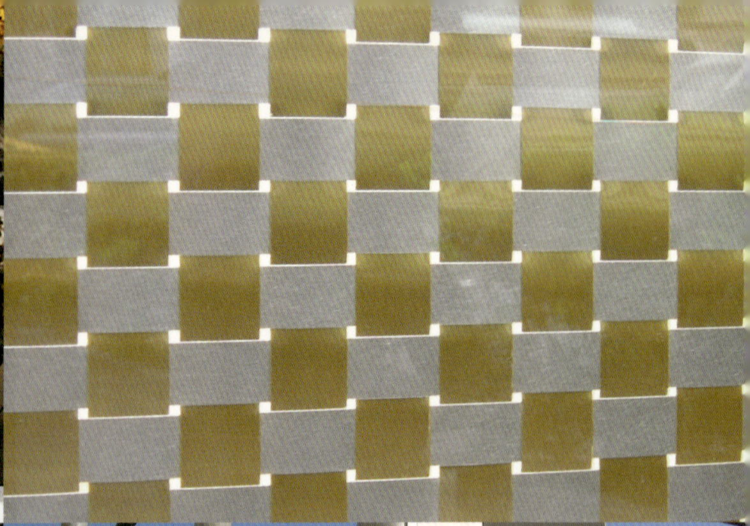
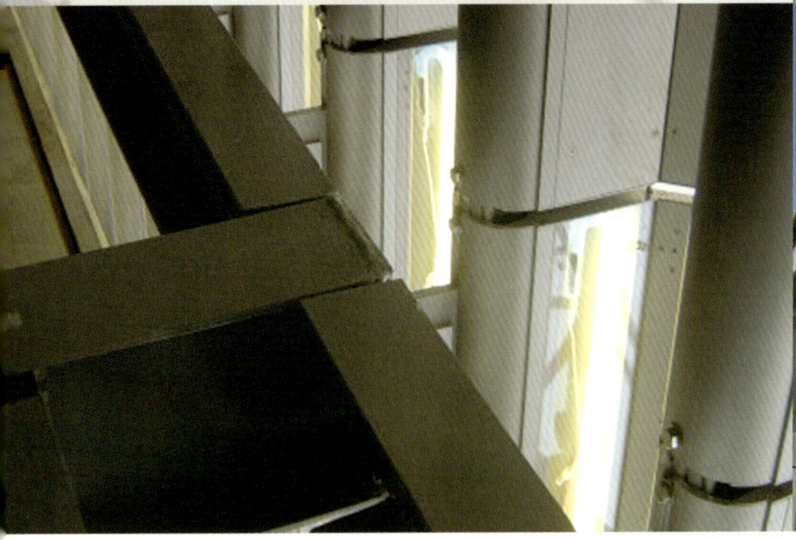
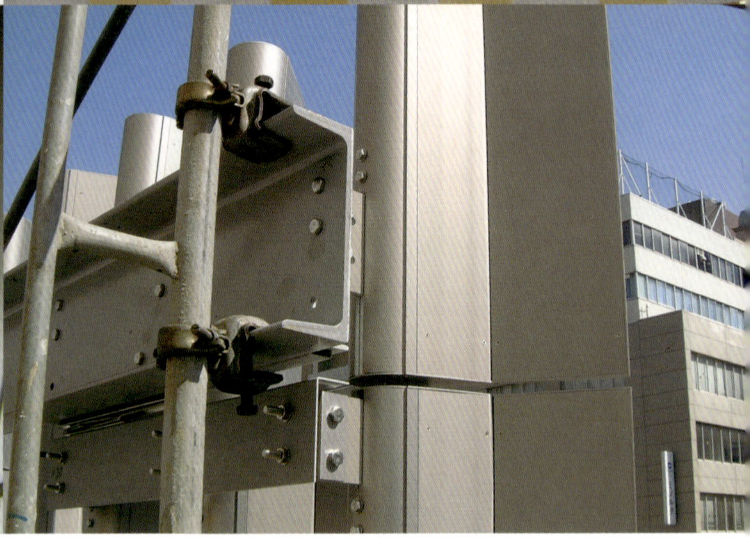

133

Parking Lot, Upper Façade
Vertical Section, scale 1:20

1. anodised extruded aluminium louvers with adhesive film with graphic motifs
2. 2 mm anodised sheet-aluminium covering
3. laminated safety glass: 2 x 10 mm flint glass
4. 0.6 metal mesh: hand-brushed brass and stainless steel
5. 19mm toughened flint glass stiffener
6. fixing fin: 2 x 230/32 mm steelflats with 19 mm toughened flint glass
7. mesh fluorescent backlighting
8. 4 mm perspex
9. 2 mm polished brass sheet
10. signage: bent steel sheet

Parking, façade haute
Coupe verticale, échelle 1:20

1. *lames aluminium extrudées, anodisées avec film adhésif porteur de motifs graphiques*
2. *tôle aluminium anodisée 2 mm*
3. *vitrage de sécurité extra clair feuilleté 2 x 10 mm*
4. *tissage métallique laiton / acier inox, 0,6 mm, brossé à la main*
5. *raidisseur en verre de sécurité extra clair 19 mm*
6. *raidisseur composite : lame acier / verre plat acier 2 x 232/32 mm avec lame de verre 19 mm*
7. *tube d'éclairage*
8. *plexiglas 4 mm*
9. *tôle laiton polie 2 mm*
10. *caisson signalétique : tôle pliée acier laqué*

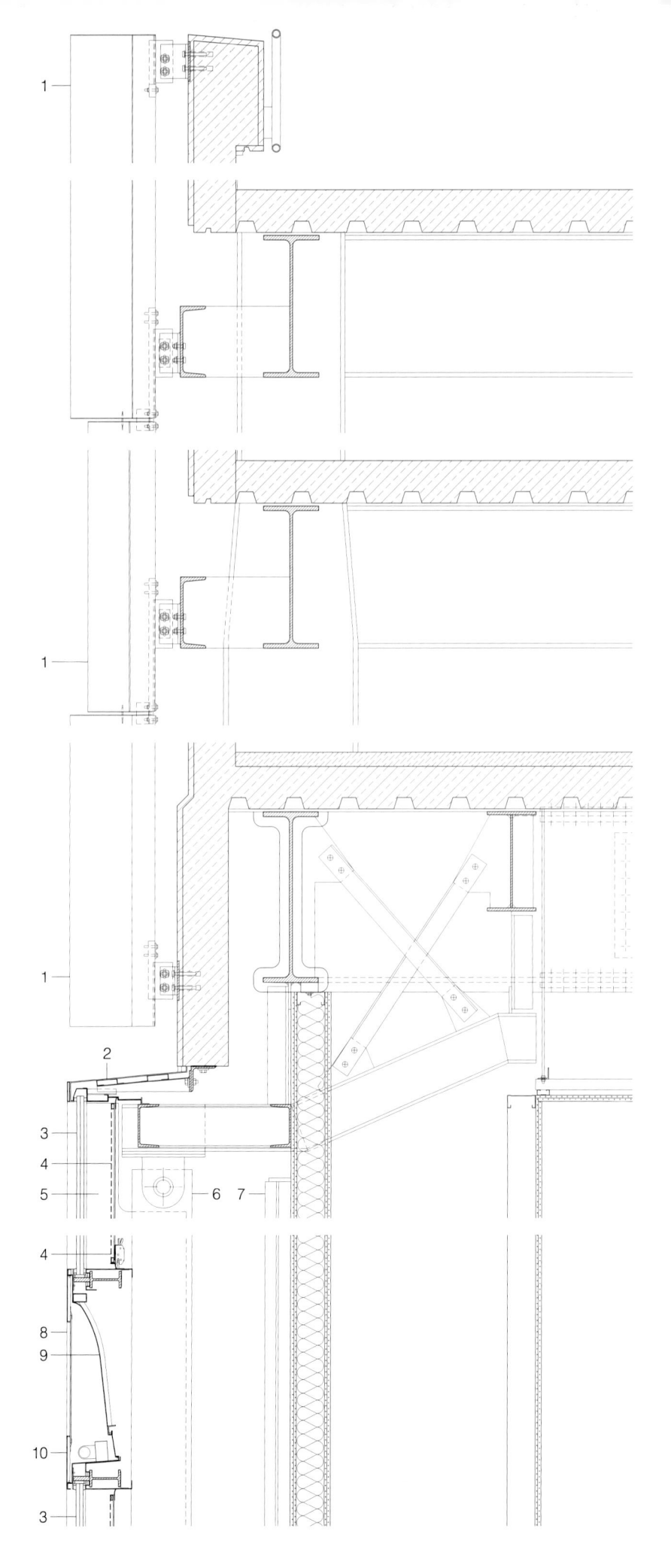

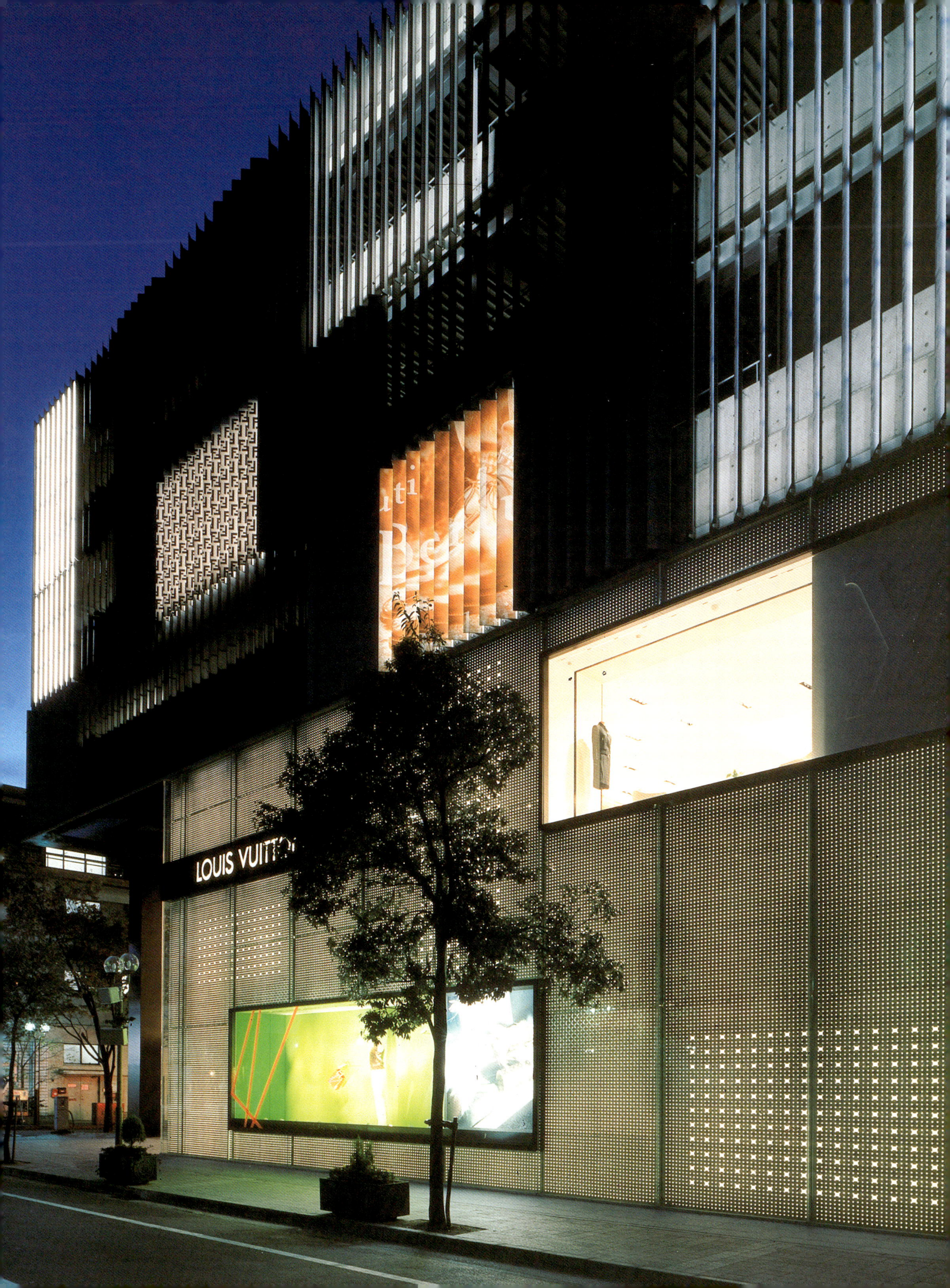
LOUIS VUITT

Double-Skin Façades
Façades climatiques

Paris, France   2004-

In the east of Paris, the very edge of the 20th arrondissement is cut off from the rest of the city by the highway that circles the city. It is a heterogeneous neighbourhood in which large housing projects were set within the traditional urban fabric.

The two apartment buildings that are the subject of this study were built in the 1960s on either side of the historic entry to Paris from the suburb of Vincennes. The principal façades face west and the highway. Noise and pollution of the traffic greatly diminish the liveability of the housing project, and therefore it was determined that the envelope of the building should be reconsidered. In opposition to the strategy adopted in the course of the first renovation, the new project does not double the existing façade, but instead replaces it and in this way increases the size of the apartments. Prefabricated loggias are set into place during the construction phase by deploying a mobile rooftop device that will later be used to suspend maintenance equipment. The loggias feature high-performing acoustic and thermal windows, sunscreens and louvers. Ventilation of the apartments is ensured by large ducts installed within the façade that function according to the principles of natural convection. Planted window boxes improve the perception of the façade on the scale of the apartment and on the scale of the city as well. On the rooftop, solar panels generate hot water for the building. A hot water tank and the rain runoff reservoir are both housed in a tower clad with LED screens, visible to the thousands of daily commuters on the highway below.

A l'est de Paris, bordé par l'autoroute urbaine qui ceinture Paris, le 20ᵉ arrondissement est un quartier populaire hétérogène où alternent îlots anciens et grands ensembles de logements.

Construits dans les années 1960 de part et d'autre de l'axe historique qui entre dans Paris par Vincennes, les deux immeubles qui ont fait l'objet de cette étude se déploient le long du boulevard périphérique parisien, exposant de la sorte 500 appartements sociaux à un inconfort permanent. Une situation telle qu'elle justifiait la réalisation d'une nouvelle enveloppe à l'ouest, côté boulevard, se substituant à la façade principale des appartements. Le principe proposé, à l'opposé de celui adopté lors de la première rénovation, ne consiste pas cette fois à doubler mais à remplacer la façade existante et à augmenter la surface des appartements grâce à des loggias. Préfabriquées, celles-ci sont mises en place grâce à une potence mobile installée sur le toit et réemployée à l'issue du chantier pour manoeuvrer la nacelle d'entretien. Les loggias intègrent menuiseries à haute performance acoustique et thermique, protection solaire et volets d'entrée d'air ; la ventilation des appartements étant assurée par des gaines installées en façade fonctionnant sur le principe de convection naturelle. Associées aux loggias, des jardinières plantées enrichissent la perception de la façade à l'échelle du logement et à l'échelle de la ville. Sur le toit, des capteurs solaires assurent la production d'eau chaude. Enfin, les différents réservoirs (eau chaude et pluviale) sont contenus dans une sorte de « château » dont les parois, offertes à la vue des milliers d'automobilistes quotidiens, supportent des écrans LED, vecteurs d'informations pour la ville.

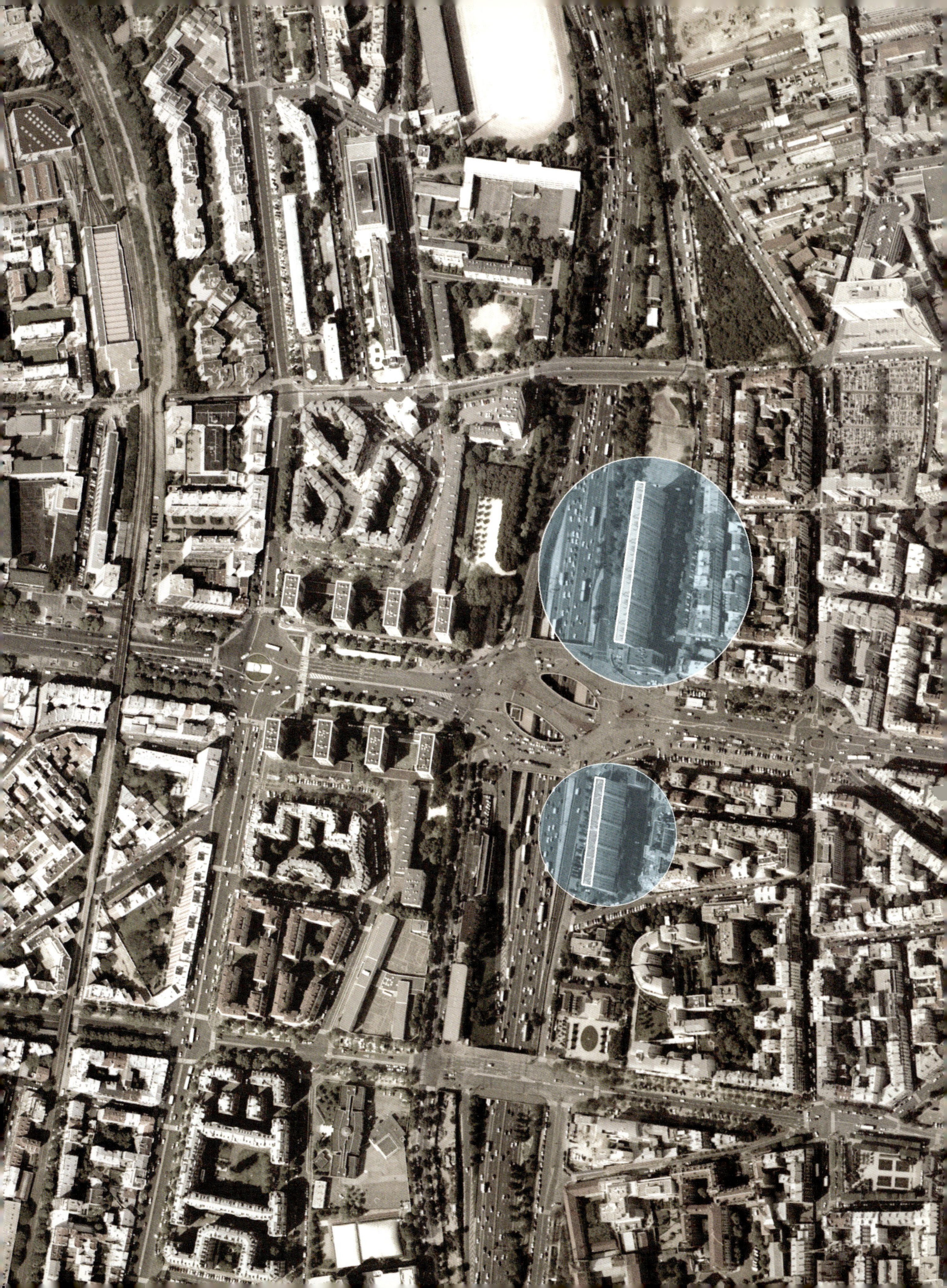

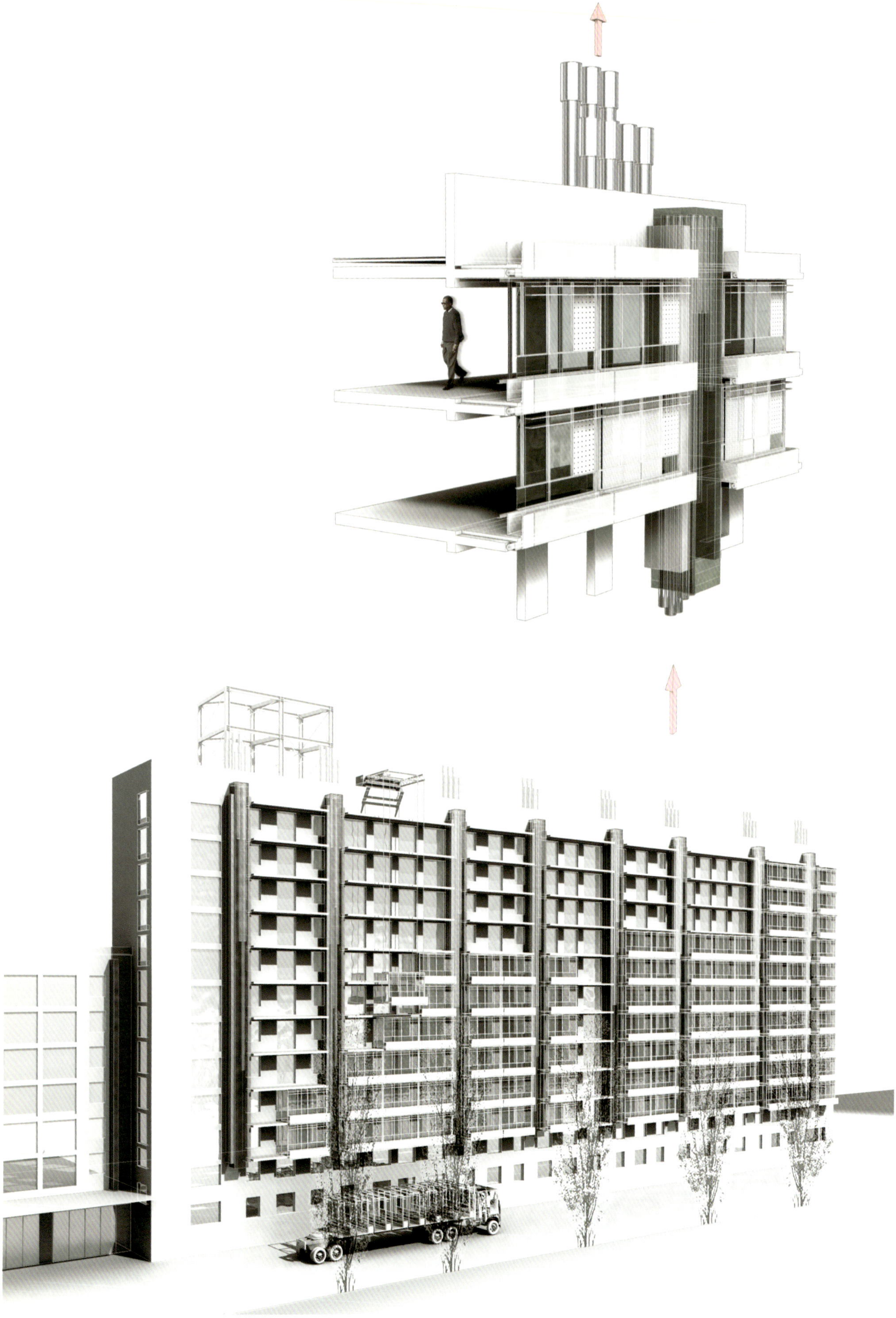

Existing Building
Immeuble existant

Daylight Evaluation:
Evaluation de la lumière du jour :

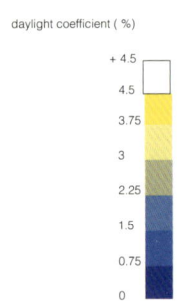

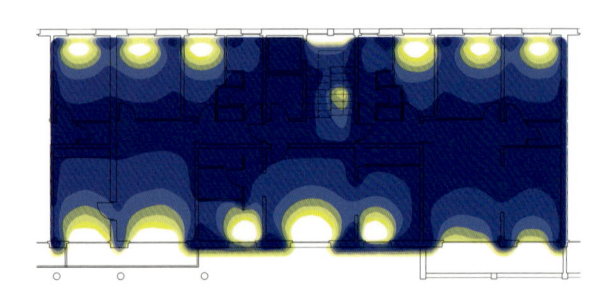

Daylight Coefficient: Existing Condition
Coefficient de la lumière du jour : Etat existant

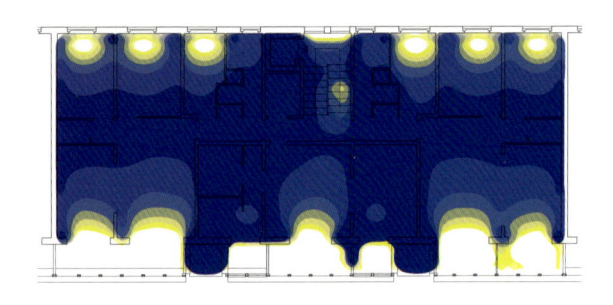

Daylight Coefficient: Proposition
Coefficient de la lumière du jour : Proposition

Thermal Evaluation:
Evaluation thermique :

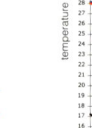

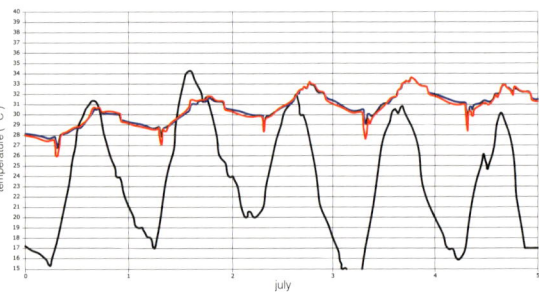

Indoor air temperature and radiative temperature versus the outside air temperature for a warm summer week: Existing Condition

Température intérieure et température de la radiation en rapport avec la température extérieure pour une semaine chaude en été : Etat existant

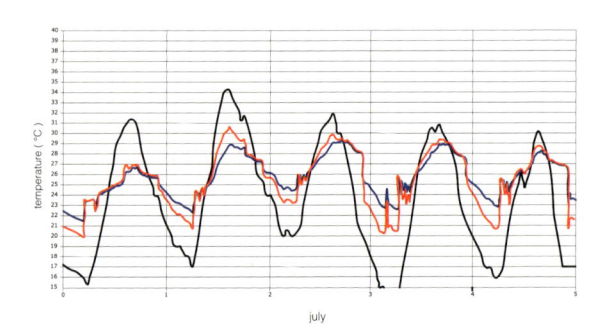

Indoor air temperature and radiative temperature versus the outside air temperature for a warm summer week: Proposition

Température intérieure et température de la radiation en rapport avec la température extérieure pour une semaine chaude en été : Proposition

141

Project List
Liste des projets

Sports Complex
Complexe sportif
Paris 19ᵉ: 1988-1990
Client / *Maître d'ouvrage :* Ville de Paris
Short-Listed Competition: Winning Entry
Concours sur invitation : Projet lauréat
Structural Engineers / *BET structure :* Sit
Mechanical Engineers / *BET fluides :* Sofrecid
Main Contractors / *Entreprises principales :* Laugel-Renouard, Parotta

Urban Plan. Glass Makers of Albi Industrial Lots
Plan d'urbanisme. Friches industrielles des Verreries d'Albi
Albi: 1988
Client / *Maître d'ouvrage :* Ville d'Albi
Open Competition: Winning Entry
Concours ouvert : Projet lauréat
Associated Architect / *Architecte associé :* Bruno Mader
Associated Landscape Architects / *Architectes paysagistes associés :* Ter

Community Centre. Transformation of an 18th-century Market Place
Salle communale. Réhabilitation de halles de marché du 18ᵉ siècle
Raon l'Etape: 1989-1991
Client / *Maître d'ouvrage :* Commune de Raon-l'Etape
Short-Listed Competition: Winning Entry
Concours sur invitation : Projet lauréat
Structural engineers / *BET structure :* Sit
Mechanical engineers / *BET fluides :* Chobert
Main Contractors / *Entreprises principales :* Barlier, Ferry, Laugel-Renouard, Paquot

Community Centre
Salle communale
La Petite-Raon: 1989-1992
Client / *Maître d'ouvrage :* Commune de la Petite-Raon
Selected on application / *Sélectionné sur dossier*
Structural Engineers / *BET structure :* Sit
Main Contractors / *Entreprises principales :* Besse, Biehlmann, Ferry, Parisot, Prieur

Contemporary Art Gallery. Rehabilitation of a Textile Factory
Galerie d'art contemporain. Réhabilitation d'un atelier de confection
Paris 3ᵉ: 1990-1992
Client / *Maître d'ouvrage :* Galerie Xippas
Commission / *Commande*
Main Contractors / *Entreprises principales :* Ferry, Laugel-Renouard, Mousques, UPB

Covered Marketplace, Day Care Center, Library and Parking Lot, 300 spaces
Marché couvert, crèche, bibliothèque et parking, 300 places
Paris 3ᵉ: 1992
Client / *Maître d'ouvrage :* Ville de Paris
Short-Listed Competition: Winning Entry
Concours sur invitation : Projet lauréat
Structural Engineers / *BET structure :* OTH
Mechanical Engineers / *BET fluides :* OTH

Modern Art Museum, Erro Foundation. Rehabilitation of an Industrial Dairy
Musée d'art moderne, Fondation Erro. Réhabilitation d'une laiterie industrielle
Reykjavik (Iceland / Iceland): 1993
Client / *Maître d'ouvrage* : Ville de Reykjavik
Selected on application / *Selectionné sur dossier*
Associated Architects / *Architectes associés* : Vinnustofa Architects
Structural Engineers / *BET structure* : Verkfaedistofan ONNSF
Mechanical Engineers / *BET fluides* : VGK-Verfraedista
Lighting Design / *Eclairagiste* : George Sexton Associates

Sports Complex. Gymnasium, two Exercise Rooms and Public Library
Complexe sportif. Trois salles et bibliothèque municipale
Ailly-sur-Somme: 1993-2002
Client / *Maître d'ouvrage* : Commune d'Ailly-sur-Somme
Short-Listed Competition: Winning Entry
Concours sur invitation : Projet lauréat
Structural Engineers / *BET structure* : Intégrale 4
Mechanical Engineers / *BET fluides* : Icofluides
Main Contractors / *Entreprises principales* : Claidière, Comutelec, Diter, Fourny, Gamm, PRM Bâtiment, Quesnel, Spapa, Techni-Plafonds, Techni-Chapes, Vergne et Verdez

76 Apartments, Commercial Spaces and Parking Lot, 110 Spaces
Immeuble, 76 logements, commerces et parking, 110 places
Paris 12e: 1994-1997
Client / *Maître d'ouvrage*: RIVP
Selected on application / *Selectionné sur dossier*
Mechanical Engineers / *BET fluides* : Alto
Main Contractors / *Entreprise principale* : SICRA

Scenography. Exhibit "Different Natures" Land Art
Scénographie. Exposition « Différentes natures » Land Art
Paris, La Défense: 1994
Client / *Maître d'ouvrage* : EPAD
Commission / *Commande*
Associated Architect / *Architecte associé* : Bruno Mader
Main Contractors / *Entreprise principale* : UPB

Sports Complex. Gymnasium, two Exercise Rooms
Complexe sportif. Trois salles
Le Havre: 1994-1997
Client / *Maître d'ouvrage* : Région de Haute-Normandie
Short-Listed Competition: Winning Entry
Concours sur invitation : Projet lauréat
Structural Engineers / *BET structure* : Khephren
Mechanical Engineers / *BET fluides* : Alto
Main Contractors / *Entreprise principale* : GCH

Public Library and City Ateliers
Bibliothèque publique et ateliers municipaux
Paris 14e: 1995-1998
Client / *Maître d'ouvrage* : Ville de Paris
Selected on application / *Selectionné sur dossier*
Mechanical Engineers / *BET fluides* : Alto
Main Contractors / *Entreprise principale* : Rabot Dutilleul

300 Vacation Villas
300 villas de vacances
Lacanau: 1997
Client / *Maître d'ouvrage* : Paribas
Commission / *Commande*
Associated Architects / *Architectes associés* : Bégat-Debost
Associated Landscape Architects / *Architectes paysagistes associés* : Ter

Housing. 54 Apartments, Public Junior High, Elementary and Nursery Schools and Parking Lot, 80 spaces
Immeuble. 54 logements, école municipale, maternelle et primaire et parking, 80 places
Paris 13e: 1997-1999
Client / *Maître d'ouvrage* : RIVP
Short-Listed Competition: Winning Entry
Concours sur invitation : Projet lauréat
Mechanical Engineers / *BET fluides* : Alto
Main Contractors / *Entreprise principale* : Thouraud

Housing. 98 Apartments and Parking Lot, 120 spaces
Immeuble. 98 logements et parking, 120 places
Saint-Jacques-de-la-Lande: 1998-2000
Client / *Maître d'ouvrage* : Arc Promotion
Selected on application / *Sélectionné sur dossier*
Structural Engineers / *BET structure* : Castel
Mechanical Engineers / *BET fluides* : Icofluides
Main Contractors / *Entreprises principales* :
 Beltrame, Bergeret, Divel, EBPI, Menuiseries Rennaises, SOPEC

Sports Complex. Gymnasium and Exercise Room
Complexe sportif. Deux salles
Cergy Pontoise: 1998
Client / *Maître d'ouvrage* : SAN Cergy Pontoise
Short-Listed Competition: Winning Entry, Unrealised
Concours sur invitation : Projet lauréat, déclassé

Paolo Roversi Studio. Rehabilitation of a Courtyard
Atelier de Paolo Roversi. Réhabilitation d'une cour
Paris 14e: 1998-1999
Client / *Maître d'ouvrage* : Paolo Roversi
Commission / *Commande*
Structural Engineers / *BET structure* : Intégrale 4
Main Contractors / *Entreprises principales* : Fumel, Samideco, SEIE, Seret, UPB, Samideco

Technical High School
Lycée professionel
Epluches: 1999
Client / *Maître d'ouvrage* : Conseil Régional d'Ile de France
Short-Listed Competition / *Concours sur invitation*
Structural Engineers / *BET structure* : Kephren
Mechanical Engineers / *BET fluides* : Alto

Diplomat's Residence
Villa de fonction d'un diplomate
London / *Londres* (Great Britain / *Grande-Bretagne*): 1999-2000
Client / *Maître d'ouvrage* : Ministère de l'Economie, des Finances et de l'Industrie
Structural Engineers / *BET structure* : MTC
Mechanical Engineers / *BET fluides* : MTC
Main Contractors / *Entreprises principales* :
 Samideco, SEIE, Seret, UPB

Junior High School for 900 Students
Collège de 900 élèves
Nanteuil-lès-Meaux: 1999-2002
Client / *Maître d'ouvrage* : Conseil Général de Seine-et-Marne
Short-Listed Competition: Winning Entry
Concours sur Invitation : Projet lauréat
Associated Architects / *Architectes associés* :
 Bégat-Debost
Structural Engineers / *BET structure* : Khephren
Mechanical Engineers / *BET fluides* : Alto
Main Contractors / *Entreprise principale* : Hanny

Housing. 20 Apartments, Conversion of an Office Building
Immeuble. 20 logements, transformation d'un immeuble de bureaux
Paris 11e: 1999-2002
Client / *Maître d'ouvrage* : RIVP
Commission / *Commande*
Main Contractors / *Entreprise principale* :
 Batirenov

Restructuring and Rehabilitation of a Vineyard Estate
Restructuration et réhabilitation d'une domaine vinicole
Le Thoronet: 1999-2004
Client / *Maître d'ouvrage* : Private / *Privée*
Commission / *Commande*
Structural Engineers / *BET structure* : Price & Myers
Mechanical Engineers / *BET fluides* : Pierini, Sommier
Main Contractors / *Entreprises principales* : Blu, CARE, Giraud, Laugel-Renouard, Mauro, Sveel, Vivian

Management Offices. Rehabilitation of a Penthouse
Bureaux de direction. Réhabilitation d'un « Penthouse »
Issy-les-Moulineaux: 2000-2001
Client / *Maître d'ouvrage* : Wanadoo
Short-Listed Competition: Winning Entry
Concours sur invitation : Projet lauréat
Structural Engineers / *BET structure* : Intégrale 4
Mechanical Engineers / *BET fluides* : SECIE
Main Contractors / *Entreprises principales* : Samideco, SEIE, UPB, West Bond

Technical High School
Lycée professionnel
Pantin: 2000
Client / *Maître d'ouvrage :* Conseil Régional d'Ile de France
Short-Listed Competition / *Concours sur invitation*
Structural Engineers / *BET structure :* Khephren
Mechanical Engineers / *BET fluides :* Alto

Diplomat's Residence
Villa de fonction d'un diplomate
London / *Londres* (Great Britain / *Grande-Bretagne*): 2000-2001
Client / *Maître d'ouvrage :* Ministère de l'Economie, des Finances et de l'Industrie
Structural Engineers / *BET structure :* Gesys
Mechanical Engineers / *BET fluides :* Gesys
Main Contractors / *Entreprise principale :* CARE

Football and Track-and-Field Stadium
Stade de football et d'athlétisme
Rémire Montjoly (Guyane): 2000
Client / *Maître d'ouvrage :* Commune de Rémire Montjoly
Short-Listed Competition / *Concours sur invitation*
Structural Engineers / *BET structure :* RFR

Stadiums and Bow-and-Arrow Range
Stades et pas de tir à l'arc
Nanterre: 2000-2003
Client / *Maître d'ouvrage :* Ville de Nanterre
Short-Listed Competition: Winning Entry
Concours sur invitation : Projet lauréat
Associated Landscape Architects / *Architectes paysagistes associés :* Ter
Associated Artist / *Artiste associé :* Studio Bastille
Structural Engineers / *BET structure :* RFR
General Engineers / *BET VRD-fluides :* EPDC
Main Contractors / *Entreprises principales :* Artdan, Eurovia, Houot, SNRB, Sylva-métal

Commercial Building
Immeuble commercial
Rio de Janeiro (Brazil / *Brésil*): 2001
Client / *Maître d'ouvrage :* LVMH
Commission / *Commande*
Structural Engineers / *BET structure :* RFR

Above-Ground Parking and Commercial Space
Parking aérien et commerces
Kōbe (Japan / *Japon*): 2001-2002
Client / *Maître d'ouvrage :* LVMH
Commission / *Commande*
Associated Architects / *Architectes associés :* Higo Associates
Structural Engineers / *BET structure :* Obayashi
Mechanical Engineers / *BET fluides :* Obayashi
Main Contractors / *Entreprise principale :* Obayashi
Interior Contractor/ *Entreprise amenagement intérieur :* Daimaru Mokko

London French Consulate. Rehabilitation of Two Historic Buildings
Consulat de France à Londres. Réhabiliation de deux immeubles classés
London / *Londres* (Great Britain / *Grande-Bretagne*): 2001-
Client / *Maître d'ouvrage :* Ministère des Affaires Etrangères
Selected on application / *Sélectionné sur dossier*
Structural Engineers / *BET structure :* Price & Myers
Mechanical Engineers / *BET fluides :* MTC

Beach and Museums. Rehabilitation of the Paulilles Dynamite Arsenal
Plage et musées. Friche industrielle de la dynamiterie de Paulilles
Port-Vendres: 2003
Client / *Maître d'ouvrage :* Conservatoire du Littoral
Short-Listed Competition: Winning Entry
Concours sur invitation : Projet lauréat
Structural Engineers / *BET structure :* Integrale 4
Associated Landscape Architects / *Architectes paysagistes associés :* Ter

Housing. 74 Apartments and Parking Lot, 68 spaces
Immeuble. 74 logements et parking, 68 places
Saint-Denis: 2003-
Client / *Maître d'ouvrage :* Citalis de Cogedim
Selected on application / *Sélectionné sur dossier*
Structural Engineers / *BET structure :* Soret
Mechanical Engineers / *BET fluides :* Idbati
Economist / *Economiste :* Michel Gammermann

Office Building. Rehabilitation of an Historic Building
Immeuble de bureaux. Réhabilitation d'un immeuble classé
Paris 8e: 2003-
Client / *Maître d'ouvrage* : LVMH
Comission / *Commande*
Shop Designers / *Architectes du magasin* : Carbondale, Peter Marino Architects
Structural Engineers / *BET structure* : Terrell Rooke
Mechanical Engineers / *BET fluides* : OCI
Main Contractors / *Entreprise principale* : Petit

Commercial Building
Immeuble commercial
Tamuning (Guam, Unincorporated Territory of the United States / *Territoire des Etats-Unis*): 2003-
Client / *Maître d'ouvrage* : Louis Vuitton
Comission / *Commande*
Associated Architects / *Architectes associés* :
 L.V. architectes - Dak Coutts, DCM, ARI
Structural Engineers / *BET structure-façades* :
 Terrell Rooke
Mechanical Engineers / *BET fluides* :
 WIT Engineering Services

Artist Studio. Renovation of Géricault's 19th-Century Studio
Atelier d'artiste. Restauration de l'atelier Géricault 19e siècle
Paris 9e: 2003-2004
Client / *Maître d'ouvrage* : M. Cheuvreux
Comission / *Commande*
Structural Engineers / *BET structure* : Intégrale 4
Mechanical Engineers / *BET fluides* : Baychère
Main Contractors / *Entreprises principales* : Berger, Briatte, Care, Laugel-Renouard, Perrault, RSCP, SEIE, UPB

Shopping Mall Façade
Façade d'un centre commercial
Hangzhou (China / *Chine*): 2004-2005
Client / *Maître d'ouvrage* : Louis Vuitton
Comission / *Commande*

Community Associations Offices. Rehabilitation of a 17th-Century Hospital
Bureaux de la communauté de communes de l'Ile de Ré. Réhabilitation d'un hôpital du 17e siècle
Saint-Martin-en-Ré: 2004-
Client / *Maître d'ouvrage* : Communauté de communes de l'Ile de Ré
Selected on application / *Sélectionné sur dossier*
Structural Engineers / *BET structure* : Bati Conseil
Mechanical Engineers / *BET fluides* : Peponnet et David
Acoustic Engineers / *BET acoustique* : PEUTZ
Economist / *Economiste*: Michel Gammermann

Sports Shelter
Halle de sport
Vanves: 2004
Client / *Maître d'ouvrage* : Département des Hauts-de-Seine
Short-Listed Competition / *Concours sur invitation*
Associated Landscape Architects / *Architectes paysagistes associés* : Ter
Structural Engineers / *BET structure* : Intégrale 4

Façade Rehabilitation of two 500 Apartment Buildings
Réhabilitation des façades de deux immeubles de 500 logements
Paris 19e: 2004-
Client / *Maître d'ouvrage* : RIVP
Selected on application / *Sélectionné sur dossier*
Structural Engineers / *BET structure* : RFR
Mechanical Engineers / *BET fluides, énergie, développement durable* : Transsolar
Acoustic Engineers / *BET acoustique* : Peutz

Office Building. Rehabilitation of the Grand Commun of the Versailles Palace.
Immeuble de bureaux. Aménagement intérieur du Grand Commun du château de Versailles
Versailles: 2004
Client / *Maître d'ouvrage* : Etablissement public du musée et du domaine national de Versailles
Short-Listed Competition / *Concours sur invitation*
Engineers / *Bureau d'études TCE* : MTC
Economist / *Economiste* : MTC
Acoustics / *Acousticien* : Impedance
Lighting Design / *Eclairagiste, Plasticienne lumière* : Raymond Bell, Sophie Bruere

Footbridge over the Seine
Passerelle sur la Seine
Boulogne: 2005
Client / *Maître d'ouvrage* : Communauté d'Agglomération du Val-de-Seine
Short-Listed Competition / *Concours sur invitation*
Associated Landscape Architects / *Architectes paysagistes associés* : Ter
Structural Engineers / *BET structure* : Terrell Rooke

Selected Bibliography
Bibliographie sommaire

Sports Complex / *Complexe sportif*, Paris
A.M.C. – n° 17   Dec. / *déc.* 1990
Techniques et Architecture – n° 393   Jan. / *janv.* 1991
Le Moniteur – n° 455   March / *mars* 1991
Casabella (IT) – n° 578   April / *avril* 1991
Detail (DE) – n° 3   June / *juin* 1992

Contemporary Art Gallery / *Galerie Xippas*, Paris
Contemporary Staircases (GB), Catherine Slessor, Mitchell Beazley Editions, 2000
Intramuros – n° 35   April / *avril* 1991
Detail (DE) – n° 2   April / *avril* 1992
A.A. Files (GB) – n° 31   July / *juillet* 1996

Housing, Parking / *Logements, parking*, Paris
Le Moniteur – n° 4790   Sept. / *sept.* 1995
Construction Moderne – n° 85   Oct.-Dec / *oct.-déc.* 1995
Techniques et Architecture – n° 423   Dec.-Jan. / *déc.-janv.* 1995-1996
A.M.C. – n° 67   Jan. / *janv.* 1996

Library and City Ateliers / *Bibliothèque et ateliers municipaux*, Paris
A.M.C. – n° 98   May / *mai* 1999
Le Bulletin de l'Institut Français d'Architecture – n° 222   Summer / *été* 1999

Housing, Public Schools, Parking / *Logements, écoles, parking*, Paris
Le Moniteur – n° 4770   April / *avril* 1995
A.M.C. – n° 103   Dec. / *déc.* 1999

Housing / *Logements*, Saint-Jacques-de-la-Lande
A.M.C. – n° 106   April / *avril* 2000

Management Offices / *Bureaux de direction*, Issy-les-Moulineaux
A.M.C. – n° 124   April / *avril* 2002

Sports Complex / *Complexe sportif*, Ailly-sur-Somme
Le Moniteur – n° 5168   Dec. / *déc.* 2002
A.M.C. – n° 130   Jan. / *janv.* 2003
L'acier pour Construire – n° 79   Dec / *déc.* 2003

Parking and Commercial Space / *Parking aérien et commerces*, Kōbe
Logique / Visuelle : The Architecture of Louis Vuitton, Mohsen Mostafavi, LVJ editions, 2003
Le Moniteur – n° 5172   Jan. / *janv.* 2003
Monthly (JP) – n° 34   Feb. / *fév.* 2003
Men's ex (JP) – n° 2   Feb / *fév.* 2003
Architecture Intérieure Cree – n° 307   Feb.-March / *fév.-mars* 2003
Detail (DE) – n° 7/8   July-Aug. / *juillet-août* 2003
L'Architecture d'Aujourd'hui – n°348   Sept.-Oct / *sept.-oct.* 2003
Plus (KR) – n° 200   Dec / *déc.* 2003
XXI (TR) – n° 20   Feb. / *fév.* 2004

Stadiums and Bow-and-Arrow Range / *Stades et pas de tir à l'arc*, Nanterre
A.M.C. – n° 127   Sept. / *sept.* 2002
A.M.C. – n° 134   May / *mai* 2003
Le Moniteur – n° 5193   June / *juin.* 2003
A.M.C. – n° 139   Jan. / *janv.* 2004
Connaissance des Arts – n° 612   Jan. / *janv.* 2004
Detail (DE) – n° 1/2   Jan.-Feb / *janv.-fév.* 2004
Construire (IT) – n° 250   March / *mars* 2004
architektur.aktuell (AT)   March / *mars* 2004
Séquence bois – n° 52   Nov. / *nov.* 2004

Philippe Barthélémy, Ludovic Masson, Bernhard Lenz, David Simonnet, Marie Ferrari, Jawad Derraji, Sandrine Forais, Brina Goldfarb, Stéphanie Robin,

Biographies
Biographies

Philippe Barthélémy

1955 Born in / *Naissance à*
Moyenmoutiers, France

1971-1972 Employed as a seasonal carpenter
Emploi de charpentier saisonnier

1972-1973 Employed as seasonal metal worker
Emploi de métallier saisonnier

1973-1980 Architecture Education / *Etudes d'Architecture*
Unité pédagogique d'architecture (UPA) n° 2, n° 5
Paris, France

1980-1982 Foreign Service
Service national de coopération
Safi, Morocco / *Maroc*

1982-1984 Freelance architect
Maître d'œuvre
Senones, France

1984 Founds Barthélémy-Griño architectes
Création de Barthélémy-Griño architectes
Paris, France

Titles and Awards / *Titres et distinctions*

1982 Institut Français d'Architecture (IFA)
1er Prix concours "Détail"

British Council of Forest Industries
First Prize "Wood Framing Systems"

1984 Architecte D.P.L.G.
France

Mention aux concours MIMAR n° 1, n° 2, n° 3 : *Revue d'Architecture Islamique*

1985 Lauréat des Albums de la Jeune Architecture

Lauréat de la Villa Médicis "Hors les Murs"

1991 Nominé Prix de la Première Œuvre :
Le Moniteur

2002 Nominé Prix de l'Equerre d'Argent :
Le Moniteur

2003 Mention spéciale Prix de l'Equerre d'Argent :
Le Moniteur

Teaching Experience / *Enseignement*

1994-1997 Studio Professor / *Maître assistant*
Ecole d'Architecture de Bretagne
Rennes, France

1995-2001 Unit Master / *Professeur de projet*
Architectural Association, School of Architecture
London / *Londres*, Great Britain / *Grande-Bretagne*

1997-2000 Studio professor / *Maître assistant*
Ecole d'Architecture de Paris La Défense
Paris, France

2000-2001 External Examiner / *Examinateur externe*
University of East London
London / *Londres*, Great Britain / *Grande-Bretagne*

2000-
Studio Professor / *Maître assistant*
Ecole d'Architecture de la Ville et des Territoires, Marne-la-Vallée
Paris, France

Camille Giuliani, Stéphane Allaire, Claire Maréchal, Matthias Silberkhul, Clément Oudin, Nadia Cereyon, Armel Néouze, Sébastien Hamonou, Sylvia Griño

Sylvia Griño

1957 Born in / *Naissance à*
Montevideo, Uruguay

1975-1981 Architecture Education / *Etudes d'Architecture*
Facultad de Arquitectura de Montevideo

1981-1982 Employeed as an assistant architect at the engineering office of Dieste-Montañez
Emploi d'architecte assistant au bureau d'études Dieste-Montañez

1983-1984 Master's thesis / *DEAA*:
The Eastern City / *La ville orientale*
Unité pédagogique d'architecture (UPA) n° 5
Paris, France

1984 Founds Barthélémy-Griño architectes
Création de Barthélémy-Griño architectes,
Paris, France

Titles and Awards / *Titres et distinctions*

1986 Arquitecta D.F.A.M.U.
Uruguay

1991 Nominée Prix de la Première Œuvre:
Le Moniteur

2002 Nominée Prix de l'Equerre d'Argent:
Le Moniteur

2003 Mention spéciale Prix de l'Equerre d'Argent:
Le Moniteur

Teaching Experience / *Enseignement*

2002 Visiting Professor / *Professeur invitée*
Ecole Spéciale d'Architecture
Paris, France

Acknowledgements
Remerciements

This publication was made possible thanks to the support of:
Ce livre a été réalisé grâce au concours de :

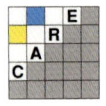

- ATELIER Blu
- ERAC
- d line
- EUROMETAL
- INTEGRALE 4
- PETIT
- RFR
- westbond
- ZUMTOBEL STAFF

We would like to thank:
Nous remercions :

Mohsen Mostafavi for his friendship and participation.
Mohsen Mostafavi pour sa contribution et son amitié.

Stéphane Allaire, Brina Goldfarb, Armel Néouze, Clément Oudin and Bernard Taboureau for their essential contributions.
Stéphane Allaire, Brina Goldfarb, Armel Néouze, Clément Oudin et Bernard Taboureau pour leur collaboration essentielle.

Julien Gineste, Bruno Person and Maryse Quinton for their support.
Julien Gineste, Bruno person et Maryse Quinton pour leur concours.

Stanford Anderson, Higo San and Jonathan Woolf for their help.
Stanford Anderson, Higo San et Jonathan Woolf pour leur aide.

Birkhäuser.

All the past and present project teams that have contributed to the firm since its founding:
Toutes les équipes qui se sont succédées à l'agence depuis sa création :

Stéphane Allaire, Loïc Aubry, Marion Baeli, Alexandre Baron, Guillermo Berruti, Christian Bischoff, Laurent Bontonneau, Guillaume Bourgueil, Xavière Bouyer, Eric Carlson, Nadia Cereyon, Yvon Chalm, Olivier Chaninel, Aurélio Clementi, Patrick Comes, Anthony Costa, Jawad Derraji, Sabine Girardin, Christian Godard, Duna Gudrumsdòttir, Marie Ferrari, Sandrine Forais, Miguel Forrestier, Vittoria Fulchignoni, Frédéric Garrigues, Camille Giuliani, Brina Goldfarb, Thierry Gros de Beller, Michael Halter, Sébastien Hamonou, Nicolas Hergott, Pascale Hauet, Susana Inara, Frédéric Janvier, Frédéric Kléber, Ivan Kroupa, Anna Lemme, Isabelle Lemoine, Bernhard Lenz, Benoît Le Thierry, José Loredo, Sandrine Lourdin, Marc Maquin, Claire Maréchal, Milka Marzano, Ludovic Masson, Ion Metulesco, Carmen Munoz, Clément Oudin, Armel Néouze, Yves Pages, Alberto Penin Lobell, Yvann Pluskwa, Karine Reusch, Stéphanie Robin, Vincent Rocques, Edouard Ropars, Nicolas Rouleau, Adeline Roure, Joël Rutten, Ana Schaffner, Arnaud Schelstraete, Céline Schiffano, Kritti Siderakis, Matthias Silberkuhl, David Simonnet, Caroline Stahl, Hanna Svensson, Susana Vittoria, Nicole Weber.

Credits
Crédits

Photography Credits / *Crédits photographiques*

© Daici Ano: 6, 124, 126-127, 130 (1, 2), 131, 135

© Archives de Saint-Dié-des-Vosges: 72 (1)

© Barthélémy-Griño architectes: 37 (1), 73 (1), 116, 128 (1), 133 (4)

© Hélène Binet: 10, 20, 24 (1, 2), 26 (1, 2), 27, 29, 31, 34 (1, 2), 35 (1, 2), 36, 37 (2), 54 (1, 2), 58, 60, 61, 62, 63 (1, 2), 65, 80, 82, 83, 84, 85, 86, 88 (1, 2), 89, 90, 93, 94 (1, 2), 95 (1-3), 96 (1-3), 97

© Estudio Dieste y Montañez: 13 (2)

© Higo Design Associates: 132 (3), 133 (1)

© Florian Holzherr: 73 (2)

© Louis Vuitton Architecture Department, Asia Pacific Zone: 128 (2, 4), 146

© Jean-Marie Monthiers: 12, 53 (3), 54 (1), 55 (1, 2), 66, 68-69, 69 (2), 71 (1, 2), 144 (1)

© Yves Pages: 8 (1, 2)

© Fonds Jean Prouvé - ADAGP Documentation Georges Pompidou: 48, 49 (1)

© Philippe Ruault: 32-33

© Kurt Stier: 117 (1)

© Henri Stierlin: 117 (2)

© Bernard Taboureau: 13 (1), 14, 16-17, 18, 19, 23, 38 (1-8), 39 (1-8), 41, 46 (1-3), 49 (2), 50, 52 (1, 2), 53 (1, 2), 74, 77 (1,2), 68 (1, 2), 79 (2), 100 (2, 3), 103 (1, 2), 104, 106, 107, 108 (1, 2), 109, 112 (1, 2), 145 (2), 151 (2)

© Jonathan Woolf: 9 (1, 2)

© Renos Xippas: 76, 79 (1)

Image Credits / *Crédits images*

Barthélémy-Griño architectes:
© Guillaume Bourgueil: 101, 123 (1, 2)

© Nicolas Hergott: 141 (2)

© Clement Oudin: 42, 44-45, 98, 100 (1), 103 (3), 110, 114, 115 (1, 2), 145 (2)

© Armel Néouze: 72 (2), 118, 121, 136, 138, 139 (1), 141 (1)

© Arnaud Schelstraette
with aerial photography by / *avec les photographies aériennes de* :
Institut Géographique National (IGN): 15, 21, 33, 43, 51, 59, 67, 75, 81, 87, 91, 105, 111, 137
Japan Map Center: 125
Terraserver.com: 99, 119

© Deis: 145 (1)

© Transolar: 140

Text Credits / *Crédits textes*

© Stéphane Allaire, Philippe Barthélémy, Maryse Quinton: 58, 66, 74, 80, 86, 90, 98, 110, 118, 124, 136

© Stéphane Allaire, Philippe Barthélémy: 11, 12, 14, 20, 30, 42, 49, 50, 73, 104, 117

to Thomas and Mathias / *à Thomas et Mathias*